ELOGIOS A
ESCOLHA SUA HISTÓRIA, MUDE SUA VIDA

"Como terapeuta, sei quão poderosas podem ser as histórias que criamos sobre nós mesmos. *Escolha Sua História, Mude Sua Vida* nos ensina como mudar nossa autonarrativa. É uma leitura obrigatória para aquelas pessoas que desejam construir um caminho diferente para si mesmas."

— Amy Morin,
Autora do best-seller
13 Coisas Que as Pessoas Mentalmente Fortes Não Fazem

"Sou uma pessoa bem-sucedida porque assumi o controle sobre minha história anos atrás. *Escolha Sua História, Mude Sua Vida* lhe mostrará como criar uma história poderosa para si mesmo de dentro para fora, que inspira e envolve outras pessoas."

— Ryan Serhant,
Fundador da SERHANT, autor do best-seller
Big Money Energy, estrela da série de televisão da *TV* Bravo

"Em *Escolha Sua História, Mude Sua Vida*, Kindra Hall descreve uma abordagem profunda, porém simples, sobre como aproveitar o poder de sua voz interior. Por meio desse guia, você será capaz de ter uma conexão mais profunda com sua voz interior e desencadeará uma mudança em sua vida."

— Gabby Bernstein,
Autora de *The Universe Has Your Back*,
best-seller nº 1 do *New York Times*

"Se você já sentiu que aquilo que o impede de alcançar a grandeza não é somente um obstáculo externo — que talvez haja algo dentro de você que o mantém preso à situação em que se encontra, você não está enganado. Em *Escolha Sua História, Mude Sua Vida*, Kindra Hall eleva o poder do storytelling a um nível completamente novo — *dentro* da mente de cada um — e mostra que a chave para o sucesso sempre esteve dentro de nós mesmos."

"Kindra Hall é mestre em contar histórias e sabe como aproveitar o poder das histórias para inspirar e transformar. Em *Escolha Sua História, Mude Sua Vida*, ela mostra como identificar as histórias ocultas por trás de comportamentos e como escrever scripts totalmente novos para qualquer aspecto de nossa vida."

— Mel Robbins,
Autora do best-seller internacional *A Regra dos 5 Segundos*

"Quando faço uma releitura de minha vida e relembro os riscos que assumi, vejo que muitos deles foram possíveis porque escolhi contar a mim mesma histórias que me encorajaram a dar o passo seguinte sem medo. *Escolha Sua História, Mude Sua Vida* é a peça que faltava para quem sente que está estagnado na vida e não sabe exatamente por quê. Basta dar uma olhada nas histórias que você está escolhendo contar a si mesmo."

— Rebecca Minkoff,
Criadora da marca global Rebecca Minkoff, autora de *Fearless*

"*Escolha Sua História, Mude Sua Vida* fará com que você se pergunte: 'Que histórias estou contando a mim mesmo neste momento? Elas são favoráveis para meu crescimento?' Uma abordagem radical sobre ter uma conversa interna e adquirir uma perspectiva pessoal, o simples processo de storytelling de Kindra Hall o ensina a encontrar, editar e, enfim, a usar as histórias que já estão dentro de você para redefinir e alavancar as finanças, os relacionamentos, os negócios e a vida."

— Patrice Washington,
Apresentadora premiada do podcast *Redefining Wealth*

"Meu negócio é inteiro voltado para ajudar as pessoas a atingirem seus objetivos de saúde física, e vejo as lições presentes em *Escolha Sua História, Mude Sua Vida* sendo colocadas em prática todos os dias em tempo real. As pessoas que escolhem contar a si mesmas histórias que estimulam sua motivação e sua crença naquilo que são capazes de fazer têm muito mais probabilidade de atingir seus objetivos de saúde do que aquelas que não o fazem. Este livro ajudará a mudar vidas."

— Autumn Calabrese,
Especialista em condicionamento físico, autora do best-seller *Lose Weight Like Crazy Even if You Have a Crazy Life*, criadora do Ultimate Portion Fix

"Kindra Hall construiu uma carreira incrível ensinando as pessoas sobre o poder do storytelling. Neste livro inspirador, ela o ajudará a escrever a mais importante de todas as histórias — aquela que você conta a si mesmo!"

— Rory Vaden,
Autor de *Suba a Escada*, best-seller do *New York Times*

"Se você está procurando melhorias com relação a saúde, negócios, família ou finanças, este é o livro que o ajudará a fazer isso acontecer. Kindra Hall expõe um processo simples para realizar grandes mudanças e o mantém entretido durante todo o caminho."

— Tristan Ahumada,
Editor de pessoas da revista *SUCCESS*

"Nosso maior inimigo, às vezes, é o copiloto pessimista voando na cabine de nossa mente. O novo livro de Kindra Hall lhe mostra como ejetar esse copiloto e retomar o controle de sua mente e de sua vida, para que você possa chegar ao destino desejado."

— Anthony Trucks,
CEO na Identity Shift

"Kindra Hall é uma das melhores contadoras de histórias do mundo, mas sua verdadeira vocação está na capacidade de ensinar aos outros como é simples e poderoso compartilhar as próprias experiências. *Escolha Sua História, Mude Sua Vida* é o guia escrito daquilo que eu a testemunhei fazer pessoalmente inúmeras vezes — mostrar às pessoas quem elas realmente são e como o fato de elas serem únicas pode ter um impacto positivo sobre os outros."

— Josh Ellis,
Editor-chefe da revista *SUCCESS*

Kindra Hall

Escolha sua HISTÓRIA, Mude sua VIDA

SILENCIE SEU CRÍTICO INTERNO e **REESCREVA A HISTÓRIA DE SUA VIDA DE DENTRO PARA FORA**

ALTA BOOKS
GRUPO EDITORIAL
Rio de Janeiro, 2023

Escolha sua história, mude sua vida

Copyright © 2023 da Starlin Alta Editora e Consultoria Eireli.
ISBN: 978-65-5520-977-8

> Translated from original Choose Your Story, Change Your Life. Copyright © 2022 by Kindra Hall. ISBN 978-1-4002-2840-9. This translation is published and sold by permission of Harper Collins Focus LLC, the owner of all rights to publish and sell the same. PORTUGUESE language edition published by Starlin Alta Editora e Consultoria Eireli, Copyright © 2023 by Starlin Alta Editora e Consultoria Eireli.

Impresso no Brasil — 1ª Edição, 2023 — Edição revisada conforme o Acordo Ortográfico da Língua Portuguesa de 2009.

Todos os direitos estão reservados e protegidos por Lei. Nenhuma parte deste livro, sem autorização prévia por escrito da editora, poderá ser reproduzida ou transmitida. A violação dos Direitos Autorais é crime estabelecido na Lei nº 9.610/98 e com punição de acordo com o artigo 184 do Código Penal.

A editora não se responsabiliza pelo conteúdo da obra, formulada exclusivamente pelo(s) autor(es).

Marcas Registradas: Todos os termos mencionados e reconhecidos como Marca Registrada e/ou Comercial são de responsabilidade de seus proprietários. A editora informa não estar associada a nenhum produto e/ou fornecedor apresentado no livro.

Erratas e arquivos de apoio: No site da editora relatamos, com a devida correção, qualquer erro encontrado em nossos livros, bem como disponibilizamos arquivos de apoio se aplicáveis à obra em questão.

Acesse o site www.altabooks.com.br e procure pelo título do livro desejado para ter acesso às erratas, aos arquivos de apoio e/ou a outros conteúdos aplicáveis à obra.

Suporte Técnico: A obra é comercializada na forma em que está, sem direito a suporte técnico ou orientação pessoal/exclusiva ao leitor.

A editora não se responsabiliza pela manutenção, atualização e idioma dos sites referidos pelos autores nesta obra.

Dados Internacionais de Catalogação na Publicação (CIP) de acordo com ISBD

H174e   Hall, Kindra
         Escolha sua história, mude sua vida: silencie seu crítico interno e reescreva a história de sua vida de dentro para fora / Kindra Hall ; traduzido por Vanessa Schreiner. – Rio de Janeiro : Alta Books, 2023.
         272 p. ; 16cm x 23cm.
 	
         Tradução de: Choose Your Story, Change Your Life
         Inclui índice.
         ISBN: 978-65-5520-977-8
 	
         1. Autoajuda. I. Schreiner, Vanessa. II. Título.
 	
2022-1269   CDD 158.1
                                                    CDU 159.947
 	
Elaborado por Odílio Hilario Moreira Junior - CRB-8/9949
 	
Índice para catálogo sistemático:
1.! Autoajuda 158.1
2.! Autoajuda 159.947

Produção Editorial
Editora Alta Books

Diretor Editorial
Anderson Vieira
anderson.vieira@altabooks.com.br

Editor
José Ruggeri
j.ruggeri@altabooks.com.br

Gerência Comercial
Claudio Lima
claudio@altabooks.com.br

Gerência Marketing
Andréa Guatiello
andrea@altabooks.com.br

Coordenação Comercial
Thiago Biaggi

Coordenação de Eventos
Viviane Paiva
comercial@altabooks.com.br

Coordenação ADM/Finc.
Solange Souza

Direitos Autorais
Raquel Porto
rights@altabooks.com.br

Assistente Editorial
Gabriela Paiva

Produtores Editoriais
Illysabelle Trajano
Maria de Lourdes Borges
Paulo Gomes
Thales Silva
Thiê Alves

Equipe Comercial
Adriana Baricelli
Ana Carolina Marinho
Daiana Costa
Fillipe Amorim
Heber Garcia
Kaique Luiz
Maira Conceição

Equipe Editorial
Beatriz de Assis
Betânia Santos
Brenda Rodrigues
Caroline David
Henrique Waldez
Kelry Oliveira
Marcelli Ferreira
Mariana Portugal
Matheus Mello

Marketing Editorial
Jessica Nogueira
Livia Carvalho
Marcelo Santos
Pedro Guimarães
Thiago Brito

Atuaram na edição desta obra:

Tradução
Vanessa Schreiner

Copidesque
Daniel Salgado

Revisão Gramatical
Kamila Wozniak
Catia Soderi

Diagramação
Joyce Matos

Capa
Gabriella Quirino

Editora afiliada à: ASSOCIADO

Rua Viúva Cláudio, 291 – Bairro Industrial do Jacaré
CEP: 20.970-031 – Rio de Janeiro (RJ)
Tels.: (21) 3278-8069 / 3278-8419
www.altabooks.com.br — altabooks@altabooks.com.br
Ouvidoria: ouvidoria@altabooks.com.br

SUMÁRIO

Introdução ix
    A Verdadeira Estrada de Tijolos Amarelos

PARTE I
VOCÊ SE TORNA SUA HISTÓRIA
AS HISTÓRIAS PODEROSAS DENTRO DE VOCÊ

1. Viciado em Histórias 3
    De Onde Vêm As Histórias Sobre Sua Vida

2. A Vida Imita a História 15
    Como as Histórias Constroem Sua Realidade

3. Escolha Sua História, Mude Sua Vida 31
    Como Reescrever Suas Histórias Pode Transformar Seu Futuro

PARTE II
O PROCESSO DE AUTONARRATIVA
RECONSTRUINDO SUA VOZ INTERIOR

4. Capture 55
    Identificando Suas Histórias Invisíveis

5. Analise 71
    Colocando Sua História Interna Sob a Lente de Aumento

6. Escolha 97
    Reescreva uma Nova História que Seja Útil para Você

7. Instale 115
    Coloque Suas Novas Autonarrativas em Ação

PARTE III
ROUBANDO SUAS PRINCIPAIS HISTÓRIAS
CONTOS DE TRANSFORMAÇÃO

8. Negócios e Carreira 141
    Escolhendo Sua Própria Experiência de Uma História de Sucesso

9. Saúde e Bem-estar. 161
    Encontre Suas Histórias Verdadeiramente Saudáveis

10. Dinheiro e Finanças 183
    As Histórias Não Crescem em Árvores...

11. Relacionamentos e Amor 205
    Conectando-se com os Personagens da Vida

12. Família e Filhos 223
    Passando Adiante

13. A Cidade das Esmeraldas 239
    Tudo se Resume a Histórias

Notas 243
Índice 247

INTRODUÇÃO

A Verdadeira Estrada de Tijolos Amarelos

Era o fim de semana de Ação de Graças. A dez mil quilômetros de distância, as pessoas estavam comendo peru e purê de batatas, compartilhando as coisas a que eram gratas e, em seguida, desmaiando nos sofás com o barulho monótono do jogo de futebol americano ao fundo.

Eu não estava fazendo nenhuma dessas coisas porque estava na... Eslovênia.

Vou ser sincera, "Estou na Eslovênia" é algo que eu jamais imaginei que diria, mas eu estava lá para falar sobre storytelling em uma conferência de Marketing. Eu e meu marido, Michael, decidimos transformar uma viagem a trabalho em uma miniférias.

Deixe-me fazer uma pausa aqui para dizer que, se você acha que já ouviu essa história antes, não é um engano; ela está nas primeiras páginas de *Histórias que Inspiram*, meu livro que fala sobre o poder do storytelling nos negócios. Nele, estão descritos os momentos antes de eu ouvir uma das melhores histórias de vendas de minha vida a respeito de um frasco de colônia e os momentos antes de eu sair daquela loja eslovena com meu marido, que queria lançar o próprio império de colônias.

Embora eu ame essa história... ainda não a contei por inteiro.

Apesar de um acordo que Michael e eu tínhamos feito de não comprar nada nas férias (lembrando bem, esse não foi um bom acordo), fui atraída para aquela loja de colônias, primeiramente, por um par de sapatos contrabandeados.

Não eram sapatos quaisquer; era um par de sapatos brilhantes e cintilantes. Um par de sapatos cujas lantejoulas estavam perfeitamente posicionadas para captar a luz da janela e os olhos de alguém como eu.

Essa é a parte da história que não contei. A história de uma mulher que sempre foi apaixonada por sapatos brilhantes e que cresceu fascinada por uma história diferente — sobre uma garota chamada Dorothy, seus sapatos de rubi, uma Cidade das Esmeraldas e uma estrada de tijolos amarelos que a leva até lá.

É por aí que *esta* história começa.

Com uma garota que amava tudo a respeito de *O Mágico de Oz*.

———

Passei boa parte da infância vestida de Dorothy. Eu costumava usar um vestido xadrez azul-claro. Tinha um par de sapatos pretos de verniz que minha mãe encharcou de cola e cobriu com glitter vermelho. Um cachorrinho de pelúcia marrom a quem chamava de Totó (embora o cachorro fosse fêmea, e o nome dela fosse Sheila), que eu costumava carregar em uma cesta que, na verdade, deveria ser usada no banheiro, para guardar o papel higiênico.

Eu me vesti de Dorothy quatro Halloweens consecutivos. Teve um ano em que obriguei minha família a participar; papai era o Homem de Lata, mamãe era o Espantalho, meu irmão mais novo era o Leão e minha irmã era uma Ursinha Carinhosa (as fantasias de Oz já tinham esgotado). Todo ano eu usava o mesmo vestido de Dorothy. E a cada ano minha Dorothy ficava um pouco mais inadequada, conforme eu crescia e o vestido não. Todos os anos, no Natal, fazíamos enfeites para presentear os amigos, os familiares e os professores da escola. Meu irmão fazia árvores de Natal e minha irmã fazia bengalas de doces. Eu, Dorothys. Embora nunca tenha aperfeiçoado o passinho da estrada de tijolos amarelos, eu sabia cantar de cor a letra da música "Over the Rainbow" e, inclusive, acertava a parte instrumental "ree-ii-deet-dee-dee-dee-dee-dee" de "We're Off to See the Wizard" todas as vezes.

Quando me recordo de minha obsessão com *O Mágico de Oz*, lembro que era a respeito de três coisas especificamente. Os sapatos de rubi, sim. Esse era óbvio. Mas (quase) igualmente fascinantes eram a Cidade das Esmeraldas e a estrada de tijolos amarelos que levava até lá.

Mesmo quando criança, eu sabia que, se a Cidade das Esmeraldas era um lugar onde um cavalo poderia ter qualquer cor, então era um lugar onde eu poderia ser qualquer *coisa*. Agora, como adulta, entendo a Cidade das Esmeraldas como uma versão da autorrealização, felicidade ou sucesso. É o lugar aonde todos desejamos chegar, em relação a todas as áreas da vida, e pelo qual trabalhamos. Na Cidade das Esmeraldas, alcançamos todo nosso potencial. Temos relacionamentos significativos, um corpo saudável e dinheiro em abundância. As paredes da Cidade das Esmeralda são decoradas com quadros de sonhos que se tornaram realidade, além de listas de resoluções de ano-novo que foram alcançadas. A Cidade das Esmeraldas é a manifestação da sua versão de sucesso e, certamente, vale a pena suportar algumas árvores arremessando maçãs e alguns ataques de macacos mutantes.

Mas estava claro que, para chegar à Cidade das Esmeraldas, você precisava de uma estrada de tijolos amarelos, e eu, encarnada no papel de jovem Dorothy, estava determinada a encontrá-la. Onde quer que fosse, eu procurava sinais da estrada de tijolos amarelos. Passei alguns finais de tarde sozinha no topo da colina que tinha vista para nosso enorme quintal em Minnesota, na esperança de avistar algum tijolo amarelo fajuto. Enquanto o Sol se punha e o céu adquiria aquele tom dourado do verão do meio-oeste, eu examinava o cenário cuidadosamente em busca de qualquer evidência de um caminho amarelo tortuoso.

Parecia tão fácil. Tão simples. Encontre a estrada de tijolos amarelos, siga-a em um par de sapatos diferente de todos os que existem por aí e encontre a Cidade das Esmeraldas. Viva feliz para sempre. Eu não conhecia a palavra *destino*. Nem sequer conhecia o conceito de realização. Mas isso não me impediu de procurar o caminho que me levaria até lá; a estrada que poderia me levar à minha Cidade das Esmeraldas.

Em um aniversário antecipado, recebi o *melhor* presente que meu coração de Dorothy poderia pedir: dois ingressos para uma produção teatral comunitária de *O Mágico de Oz*. Eu nem sabia o que *era* teatro, mas sabia que isso significava que eu *veria* Dorothy. Também sabia que significava que eu veria Totó, Glinda e os munchkins. Ou seja, eu estava *indo* para Oz. Tremi de empolgação quando me dei conta de que finalmente veria a estrada de tijolos amarelos.

Quando, enfim, chegou o dia da peça, coloquei meu vestido Dorothy, que já estava muito curto para mim, e meus sapatos pretos com purpurina vermelha, que deixavam um rastro por onde eu passava; bati os calcanhares e estava pronta. Lembro de ter me sentado no teatro antes de o espetáculo começar. Estava lotado de gente e havia um burburinho cada vez maior de empolgação — teatro comunitário em sua melhor versão. Minha mãe e eu estávamos no corredor, a cerca de doze fileiras do palco, e estávamos conversando. Sem parar. Muito alto. Eu estava fazendo muitas perguntas. O tornado vai nos machucar? O que os macacos voadores comem? Aquele homem careca na nossa frente é um munchkin? Ela respondeu a todas as minhas perguntas, como sempre fazia, mas em um tom um pouco mais baixo. Quando eu estava prestes a perguntar onde poderia conseguir minha própria bolha flutuante, a sala ficou escura, as cortinas se abriram e o espetáculo começou.

Foi *mágico*.

Vi tia Emma e tio Henry. A srta. Gulch entrou com sua bicicleta (quase indo parar direto no celeiro, que era feito de compensado pintado por alunos do ensino médio; mas tio Henry agarrou a cesta de sua bicicleta bem a tempo). Totó estava lá e só fez xixi no palco uma vez. Cantei "Over the Rainbow" toda, palavra por palavra. Eu me encolhi em meu assento enquanto a equipe técnica batia em pedaços de metal nos bastidores e a equipe de luz piscava as luzes para simular um tornado. Balancei a cabeça em concordância com Dorothy quando ela afirmou que não estava mais no Kansas. Adorei as crianças vestidas de munchkins e, até mesmo, os adultos munchkin que andavam de um lado para o outro, tentando se encaixar no papel. Quando Glinda entrou em seu vestido de baile rosa esvoaçante e sua coroa (enrolada em uma plataforma com rodas pela equipe de palco toda vestida de preto e com bolhas de ar), pensei que tinha morrido e ido para o céu. Quando a mulher verde com um chapéu de bruxa e uma gargalhada maligna subiu ao palco com uma pequena baforada de colorau, escondi meu rosto até ela ir embora.

No momento em que Dorothy calçou o par de sapatos vermelhos mais brilhantes e cintilantes que já vi, suspirei em voz alta. Eram rubis de verdade. Eu sabia. Era *tudo* real. Fiquei em silêncio em minha cadeira, hipnotizada.

E, então, chegou o momento pelo qual eu tanto esperava.

Glinda apontou sua varinha para o chão do palco e disse em um tom de voz tão doce quanto os cachos em minhas tranças: "Siga a estrada de tijolos amarelos."

E os munchkins repetiram: "Siga a estrada de tijolos amarelos."

Agora todos no palco estavam apontando para o chão e entoando: "Siga a estrada de tijolos amarelos."

Mas não havia *nada* lá.

Nenhum tijolo. Nenhuma pedra. Nenhuma pintura. Nenhum adesivo em formato de tijolo. Nem mesmo alguns pedaços de cartolina amarela e laranja para representar os tijolos. Nada que sequer *se parecesse* com uma estrada de tijolos amarelos. Olhei ao redor do teatro freneticamente — para as pessoas sentadas ao meu redor, para o homem-munchkin sentado na minha frente, para minha mãe, que tinha me levado até lá, para começo de conversa. Ninguém diria nada? Ninguém mais viu algo muito, *muito* errado nessa cena? Eu sabia que precisava fazer algo.

Então me levantei da cadeira e gritei o mais alto que consegui:

"Não tem nenhuma estrada de tijolos amarelos aí!"

O espetáculo parou. Os atores ficaram em silêncio. O público se voltou para mim.

Todos no teatro olharam para a Dorothy de um metro de altura em uma minissaia xadrez azul, com algumas partes da roupa cobertas com purpurina vermelha, segurando, em uma das mãos, um cachorro de pelúcia pendurado em uma corda e, com a outra, apontando com raiva para o palco.

Eu me arrisco a supor que você já esteve aqui antes.

Você sabe o que quer e aonde quer chegar. Pode até saber como chegar lá. Você trabalhou seu lado interior. Meditou, escreveu afirmações, definiu metas e manteve o foco no pensamento positivo. Você trabalhou com um coach executivo, otimizou sua produtividade. Conhece seu eneagrama e sua personalidade de acordo com o teste de personalidade Myers-Briggs. Talvez tenha conversado com um terapeuta ou um médico. Você dorme o suficiente, bebe bastante água e se exercita. Ou talvez não tenha feito nada disso, preferiu ouvir podcasts de grandes pensadores e ler os clássicos sobre desenvolvimento pessoal. Não importa qual seja seu método, ninguém jamais diria que você não se esforçou para chegar à sua Cidade das Esmeraldas.

Mesmo assim, você simplesmente não consegue chegar lá.

Como se não bastasse essa afronta, você está rodeado de pessoas — amigos, colegas, influenciadores do Instagram — pulando e dançando em cima de um caminho inexistente. Alguns, inclusive, movem os braços de maneira exagerada, convidando-o a "seguir a estrada de tijolos amarelos". Mesmo que sejam eles que estão apontando para algo que não está lá, é *você* que se sente um louco.

Após o choque inicial de minha manifestação, a peça continuou, enquanto minha mãe, de forma graciosa, colocava uma mão em meu ombro e me ajudava a sentar de volta em meu lugar. Fiquei chocada com a injustiça. Os ingressos podiam ter sido um presente, mas eu queria meu dinheiro de volta. Como alguém poderia chegar à Cidade das Esmeraldas se ninguém estava disposto a mostrar o caminho para chegar lá? Por que manter a estrada em segredo?! Nunca gostei de teorias da conspiração, mas até eu sabia que havia algo errado.

Minha mãe se inclinou para sussurrar que estava tudo bem. Tudo ficaria bem.

Sussurrei de volta, de um jeito que só uma criança sabe fazer, demonstrando preocupação genuína: "Se não existe nenhuma estrada de tijolos amarelos, como Dorothy vai conhecer o mágico?"

Lá, naquele teatro escuro, enquanto atores medíocres caminhavam por uma estrada inexistente, minha mãe se inclinou e falou de um jeito que só as mães conseguem: "Minha doce, Kindra. A maioria das Dorothys precisa encontrar o *próprio* caminho para a Cidade das Esmeraldas. As Dorothys da vida real *constroem* a estrada de tijolos amarelos." Então, ela redirecionou minha atenção para o palco, onde um homem se agitava no set para reclamar sobre a falta de canudo e a necessidade de um cérebro.

Mais tarde, após décadas de pesquisa, tenho certeza de algumas coisas. Em primeiro lugar, sim, a Cidade das Esmeraldas existe — é tão única e individual quanto nossas impressões digitais, quanto os flocos de neve que cobrem o Central Park no inverno e quanto o padrão de sardas no rosto de minha filha depois de apenas um minuto exposta ao Sol; mas existe.

E, sim, você precisa de uma estrada de tijolos amarelos para chegar lá.

Felizmente, a estrada de tijolos amarelos também existe. No entanto, como minha mãe disse, não basta ficar sentado, esperando encontrá-la.

Você precisa construí-la.

Dia a dia. Escolha por escolha. Ação por ação. Tijolo por tijolo dourado.

Eis a parte mais importante.

Na verdade, esses tijolos não são feitos de ouro (uma boa notícia para aqueles de nós que não estão acostumados a nadar em uma piscina de moedas de ouro). Eles são feitos de algo muito mais valioso e prevalente — literalmente, o recurso mais abundante do mundo. Você tem, à sua disposição imediata, *mais* desse material do que poderia precisar. Você tem tanto dele que poderia construir uma estrada de tijolos amarelos para uma Cidade das Esmeraldas, morar nessa cidade por um tempo, desenvolvê-la e, então, decidir se mudar para uma Cidade das Esmeraldas diferente do outro lado do país, construir uma estrada de tijolos amarelos para chegar até lá e *ainda* ter material de sobra suficiente para fazer tudo outra vez. Além disso, a cada dia, mais dessa matéria-prima é gerada. Tudo o que você precisa fazer é usá-la.

Aquela estrada de tijolos amarelos — *sua* estrada de tijolos amarelos — responsável por conduzi-lo ao destino que *você* deseja, é composta inteiramente de *histórias que você conta a si mesmo.*

A boa notícia é que você é um excelente contador de histórias. Se não for excelente, pelo menos é prolífico.

A má notícia é que nem todas as histórias são criadas de maneira igual.

Escolher as histórias certas é a única maneira de construir a estrada para o futuro que você deseja.

Sim. Você não está mais no Kansas.

APRESENTANDO O CONTADOR DE HISTÓRIAS MAIS PROLÍFICO DO MUNDO... *VOCÊ*

Quer perceba ou não, agora mesmo, você está contando uma história para si próprio. Não estou me referindo às histórias que você conta aos clientes sobre como sua empresa é ótima. Ou àquelas que você conta a seus filhos e que começam com *quando eu tinha sua idade.* Também não me refiro àquelas que você conta aos amigos durante o jantar sobre a vez em que uma mulher atraente e inteligente e um senhorzinho mais velho e amigável elogiaram seus sapatos no shopping e, durante essa conversa inocente, eles, de alguma forma, conseguiram obter sua data de nascimento e seu número de telefone e que seus amigos, chocados, perguntaram duas vezes para ter certeza de que você também não havia entregado o número de seu Seguro Social. Essas histórias podem ser ótimas, embora sejam constrangedoras, mas não são as histórias de que falarei neste livro. Não estou falando das histórias que estão mudando sua vida mesmo enquanto você lê isso.

Estou falando sobre as histórias que você conta *a si mesmo.*

AS HISTÓRIAS INVISÍVEIS QUE MOLDAM SUA VIDA

Essas histórias que você conta a si mesmo, ou "autonarrativas", são diferentes. Na maior parte, são invisíveis para você. Você continua contando-as, mas faz isso de maneira inconsciente. Elas se tornam um hábito. São tão invisíveis para você quanto seu sotaque ou o aroma de sua casa. Elas estão em sua linha de visão, mas você simplesmente não as vê. Não de verdade.

Dito isso, é quase certo que você vislumbrou suas autonarrativas. Você pode ter vislumbrado uma porque a contou em voz alta — a um parceiro, um amigo ou um membro da família. Como naquela vez em que comecei a namorar meu marido, e ele sugeriu que nos juntássemos a um grupo de amigos em uma viagem para esquiar. Eu disse não, porque odiava esquiar. Ele me perguntou quando eu havia esquiado pela última vez, e eu lhe contei que esquiei uma vez, no 4º ano e, em seguida, contei toda a história sobre como foi terrível... como se uma experiência de esqui um pouco desagradável de duas décadas e meia atrás fosse uma justificativa para nunca esquiar outra vez.

Talvez você já tenha visto uma autonarrativa uma vez na vida e analisou-a de canto de olho, desconfiado, em seu subconsciente, como quando está nervoso ou prestes a fazer algo novo. As histórias que você conta a si mesmo ficam particularmente mais fortes sempre que você sente aquele impulso de fazer uma incursão mais intencional em direção à sua Cidade das Esmeraldas, como quando decidiu arriscar, agir de maneira mais ousada ou fazer algo fora de sua zona de conforto. Mas muitas vezes — na *maioria* delas —, você conta essas histórias para si mesmo dentro de sua cabeça, onde está escuro e ninguém, nem mesmo você, pode ver o que realmente está acontecendo.

Mas não é porque você geralmente não pode vê-las que elas não estão lá.

Essas autonarrativas existem.

E é perfeitamente possível que você tenha passado a maior parte da vida sem perceber que sussurra todos os dias, o dia todo, um fluxo quase constante delas no próprio ouvido.

Você pode não se considerar um contador de histórias, mas saiba que você é um. A evolução fez com que você se tornasse um. É um legado de seus ancestrais que usaram histórias para sobreviver, construir significado e prosperar.

O que é extraordinário sobre essas histórias que você conta a si mesmo, no entanto, é que não é que elas sejam verdade — a verdade é muito mais estranha e maravilhosa. O mais louco dessas histórias é que *elas se tornam, de fato, sua vida*. Elas se transformam em histórias verdadeiras. São uma profecia contínua e autorrealizável.

Essa, acima de tudo, é a parte mais surpreendente: *nós nos tornamos nossas histórias.*

As histórias que você conta a si mesmo *são* sua estrada de tijolos amarelos. Elas determinam a maneira como você pensa e sente. Elas influenciam a forma como você age e a direção que escolhe seguir. As histórias que você conta a si mesmo são prenunciadores profundamente poderosos *do que você está se tornando e de como será sua vida.*

Mas, como eu disse, nem todas as histórias que você conta a si mesmo são criadas de maneira igual.

Nem todas elas são boas para você.

Naqueles momentos em que se sente perdido, atrasado, inadequado ou como se nunca conseguisse alcançar aquilo que sabe que merece e está cansado demais para continuar tentando, é um sinal claro de que as histórias que você conta a si mesmo o levaram a um caminho de volta para a floresta escura, após atravessar alguns campos de papoula, e o prenderam em alguma torre de bruxa em vez de o levarem até a Cidade das Esmeraldas.

Essa é a má notícia.

A boa notícia é que você tem o poder de mudá-las.

O que acontece quando você muda as histórias que conta a si mesmo?

O que acontece quando você escolhe histórias melhores?

Você muda sua vida.

ESCOLHA SUA HISTÓRIA, MUDE SUA VIDA

Pode ser perturbador perceber que há um mundo inteiro de storytelling quase invisível acontecendo dentro de você. E talvez seja até um pouco assustador descobrir que essas histórias estão determinando como sua vida está se desdobrando. Além dessa incerteza, no entanto, há uma ideia poderosa: a de que você pode assumir o controle dessas histórias e, por meio delas, assumir o controle de sua *vida*.

Eu vi isso acontecer. Vi a vida das pessoas se transformar simplesmente ao mudar as histórias que elas contam a si mesmas e escolher outras melhores. Devo admitir que houve momentos em que olhei e não acreditei no que elas estavam compartilhando sobre suas transformações e seus progressos. Como elas conseguiram passar de pessoas extremamente bloqueadas para pessoas que romperam o bloqueio de repente — tudo por causa das histórias que optaram por repetir para si mesmas. Foi tão mágico quanto a primeira vez em que vi Dorothy bater os calcanhares e perceber que ela tinha o poder dentro de si durante todo aquele tempo.

Esse poder está dentro de você. E este livro é seu par de sapatos de rubi. Nas páginas seguintes, você aprenderá:

- O que as histórias que você conta a si mesmo representam, de onde elas vêm e por que você as guarda dentro de si.
- Como colocar seu contador de histórias interno em ação e como identificar as histórias que o impedem de seguir em frente.
- Como escolher histórias melhores (não se preocupe, você as tem) e instalá-las, de maneira efetiva, em primeiro plano em sua mente para que elas estejam sempre disponíveis quando você fizer uma autoanálise.
- Como essa abordagem de autonarrativa funciona em áreas-chave para inserir de volta em você os dois ingredientes que toda vida bem vivida tem: esperança e poder.

É uma jornada positiva e fortalecedora. Ao longo do caminho, você verá como outras pessoas também mudaram sua vida para melhor, incluindo a história de:

- Roberta, a empreendedora de primeira viagem que usou uma história de seu emprego anterior para ajudar a alcançar seus objetivos empreendedores.
- Julia, que descobriu as histórias que estavam sabotando seu relacionamento e fez sua jornada de volta ao amor.
- Sam, que usou o storytelling para redescobrir seu propósito no trabalho.
- Cori, que encontrou os gatilhos relacionados à sua história e encontrou o caminho de volta para ter um estilo de vida saudável.

Todas essas pessoas aprenderam a fazer a curadoria de suas histórias com atenção e a estabelecer um caminho direto, tijolo por tijolo, história por história, para a vida que sempre desejaram ter.

E você obterá todas as ferramentas de que precisa para fazer exatamente a mesma coisa.

Isso significa que: *você está prestes a se tornar o autor da própria vida.*

A HISTÓRIA DE SUA VIDA

Este livro é sobre como mudar a história de sua vida ao mudar a voz dentro de sua cabeça. Como mudar a maneira que você é por *dentro* para, então, mudar o *exterior*. Se você está insatisfeito com sua vida financeira, por exemplo, há uma história por trás disso que precisa ser reescrita, uma vez que grande parte está oculta. Não está feliz com sua vida amorosa? Existe uma história por trás disso também. Com sua saúde? Sim. Outra história.

No momento em que você identifica uma dessas histórias que conta para si mesmo e a arrasta para a luz do dia, a mudança começa. É o momento em que percebe que cabe a você construir a estrada de tijolos amarelos. Se escolher mal suas histórias, o caminho o levará para o mesmo destino de sempre. É como uma estrada em forma de círculo, que revisita os mesmos lugares: os mesmos rendimentos, os mesmos problemas de relacionamento, as mesmas inseguranças, as mesmas decepções.

Mas, se escolher suas histórias com sabedoria, você construirá um caminho para alcançar a grandeza. É o caminho da prosperidade. Aquele em que é possível encontrar a verdadeira conexão no amor e nos relacionamentos. É a estrada que o levará a desenvolver a confiança necessária para prosperar no trabalho e nos negócios. Uma estrada em que é possível ter abundância em todas as áreas da vida.

Escolha Sua História, Mude Sua Vida trata da descoberta da verdade sobre como você construiu a vida que tem hoje e dos passos claros que pode seguir para construir a vida que *deseja*. Todas as ferramentas de que você precisa para reescrever suas histórias serão descritas a seguir, além das narrativas de pessoas como você que já conseguiram fazer isso.

As ideias e as histórias nas próximas páginas o farão refletir sobre a ideia que você tem de como sua vida é construída e de como as mudanças acontecem. Você pode se surpreender com aquilo que descobrirá — sobre as histórias que determinaram seu caminho e como você nem sequer percebeu isso. Em alguns aspectos, o que estou prestes a lhe ensinar é terrivelmente simples, chega a ser constrangedor. Não se deixe enganar pela simplicidade. Em vez de levá-lo a subestimar o que é possível, a simplicidade deve inspirá-lo a reimaginar sua vida de uma maneira que você nunca fez e lhe dar confiança para saber que essa vida é possível.

Uma de minhas partes favoritas de *O Mágico de Oz* é o final, quando Glinda chega e diz a Dorothy e a seus companheiros de viagem que o poder sempre esteve dentro dela. O Espantalho, em tom de acusação, dirige-se à Bruxa Boa do Sul e pergunta: "Então por que você não lhe contou isso antes?"

Glinda responde: "Porque ela não teria acreditado em mim. Ela teve que aprender isso sozinha."

Não existe uma estrada de tijolos amarelos pronta, à espera de ser encontrada — ao menos não uma que fica ali, na periferia da cidade, com uma placa enorme indicando o caminho, ou uma que inicia na segunda entrada após a rotatória —, mas saiba que você também tem o poder dentro de si. E espero que, assim como Dorothy, ao final de nossa jornada juntos, você já o tenha encontrado.

Independentemente de ser um apreciador apaixonado por sapatos brilhantes ou não, sua formidável história começa aqui.

PARTE I

VOCÊ SE TORNA SUA HISTÓRIA

As Histórias Poderosas Dentro De Você

1

VICIADO EM HISTÓRIAS

De Onde Vêm As Histórias Sobre Sua Vida

*Mesmo quando o corpo dorme, a mente
permanece acordada a noite inteira, contando histórias para si mesma.*

— JONATHAN GOTTSCHALL

Conheça Mike.

Você conhecerá muitas pessoas ao longo deste livro. Começar pelo Mike é excelente, porque ele é um cara simplesmente formidável. Ele é engraçado, curioso, carismático e leal. É pai de três filhos, um marido dedicado e trabalhador. Ele está sempre trabalhando — nos fins de semana, trabalha no jardim de casa e, durante a semana, faz uma viagem diária de uma hora de ida e uma hora de volta até o escritório em que trabalha como diretor de programas para uma grande organização sem fins lucrativos. Ele é bom no que faz e, por isso, está subindo os degraus na hierarquia da empresa. Embora não goste de ter que fazer esse deslocamento diário (principalmente no inverno), embora realmente não goste de seu salário (uma fração do que seus amigos que escolheram o caminho corporativo ganham) e embora, às vezes, se questione se o estresse e o trabalho intenso apenas o levarão para a cova mais cedo (os programas atendem, principalmente, criminosos e vítimas de violência doméstica) e, se quisesse ser totalmente honesto, mesmo que tenha considerado encontrar algo melhor praticamente desde que começou... ele decidiu ficar. Era um trabalho bom e estável. Ele conseguiu proporcionar uma vida boa (não grandiosa, porém boa) para sua família e, para ele, isso era bom o suficiente. Certo?

Ou não?

Então, um dia, ele obteve sua resposta.

Mike tinha sido designado para um novo supervisor que, por qualquer motivo, simplesmente não gostou dele. O supervisor sabotou os projetos dele, realocou seu financiamento e bagunçou toda a sua equipe que já estava bem organizada. Não importava quanto Mike trabalhasse, não importava as grandes ideias ou as iniciativas que ele apresentasse. O supervisor questionou todas as suas decisões, minou sua autoridade e criticou publicamente seu trabalho. No momento de sua avaliação anual, Mike se sentou do outro lado da mesa enquanto o supervisor fez uma avaliação contundente de seu desempenho, dando-lhe as classificações mais baixas que ele já havia recebido.

Após anos de dedicação e esforço, *esse* era o reconhecimento que ele recebia?! Ter suas realizações ignoradas e ser forçado a trabalhar sob a supervisão de um gerente perverso, que estava decidido a tirá-lo de lá?

Não. O trabalho não era mais "bom o suficiente". Essa foi a gota d'água. Aquele era o fim. No caminho para casa, Mike começou a pensar em todas as outras coisas que ele poderia fazer. Ele tinha um mestrado, então tinha estudo. Era experiente, ótimo com as pessoas e tinha muitos contatos no setor em que atua. Ele não só era bom no que fazia, como também dava treinamento a outras pessoas! Outro dia, ele estava ensinando a um cara novo todos os seus métodos e mostrando seu material de apresentação. Sim, Mike definitivamente tinha o que era preciso para realizar outro trabalho. Esse foi definitivamente o fim para ele. Ele encontraria algo novo.

Você pode se identificar um pouco com Mike. Talvez tenha pensado em largar o emprego, embora seja bom no que faz, porque simplesmente não aguenta mais. Ou talvez esteja sonhando com algo completamente diferente — que pode ser finalmente entrar em forma, se apaixonar ou abrir uma empresa. Também pode ser algo como colocar as contas em dia ou ter um relacionamento melhor com seu irmão. Seja o que for, o que importa é que seja algo que *você não tem*. Algo que você ainda não alcançou.

Em meu livro *Histórias que Inspiram*, chamo isso de vão: o espaço entre onde você está agora e onde deseja estar. *Histórias que Inspiram* tratou dos vãos nos negócios; o vão entre um produto e o cliente que não entendia que precisava dele. O vão entre uma iniciativa importante e obter a adesão da equipe. O vão entre a marca e a forma como o mercado a vê e a entende. As empresas que melhor preenchem os vãos nos negócios vencem.

E o mesmo acontece em outras áreas.

Nós também temos vãos na *vida*. Esse espaço entre nossa situação atual e a posição que queremos alcançar e que, em algum nível, acreditamos que podemos. Esses vãos pertencem à natureza humana. Sem eles, não teríamos esperanças nem sonhos. Não aspiraríamos por algo melhor, não nos esforçaríamos ou conquistaríamos nada. Sem vãos, não seríamos *humanos*.

No entanto, embora não haja nada mais humano do que sonhar em atravessar um vão, existem poucas coisas mais desanimadoras do que olhar para um vão *e nunca fazer nada a respeito*. Principalmente se, assim como Mike, você encarou esse vão por 25 anos.

Sim. Na época daquela avaliação desastrosa feita por aquele supervisor abominável, Mike não trabalhava na empresa há apenas alguns anos, ou mesmo uma década... ele estava lá há *25 anos*. E ele tinha considerado sair da empresa diversas vezes, todos os anos.

Talvez você já tenha tido um trabalho como esse (ou um relacionamento), em que, a cada dois meses, mais ou menos, você se questiona: *O que estou fazendo aqui?!* Por muitas vezes, no passado, Mike teve certeza de que a melhor coisa que ele poderia fazer era pegar suas coisas (e talvez alguns pedaços extras de chocolate da mesa da recepcionista), sair correndo e nunca olhar para trás. Mas ele nunca fez isso.

Em 25 anos, ele nunca foi embora... ele sempre ficou.

E dessa vez não foi diferente.

Após o fim de semana, aliviado pelo choque e pela frustração iniciais depois daquela avaliação desanimadora, ele chegou ao trabalho na segunda-feira calmo e com postura profissional. Afinal, isso é o que ele era... um profissional. Ele continuou fazendo seu excelente trabalho e, na avaliação anual seguinte (sim, após mais um ano inteiro), ele finalmente conquistou a confiança de seu exigente supervisor, que o promoveu ao topo de sua, embora escassa, hierarquia de funcionários... e assim Mike permaneceu. Mais uma vez. No entanto, o fato de ganhar mais dinheiro não fez com que ele acalmasse o pensamento sutil de que, talvez, houvesse algo mais para ele lá fora.

Mas seja lá o que fosse, ele nunca fez um movimento a fim de descobrir se havia mesmo. Porque uma força não identificável, vinda de algum lugar, o manteve estagnado na beirada do ponto A, olhando para o vazio, para um ponto B indeterminado, incapaz de dar o primeiro passo e atravessar o vão.

POR QUE MIKE ESTÁ ESTAGNADO?

É uma boa pergunta. Mike é inteligente e motivado — pelo menos quando se trata da maioria das coisas. Ele tem talento, conexões e um objetivo. Mesmo assim, toda vez que dá o primeiro passo (na verdade, bem, *se demitindo*), ele vacila. E não é que ele não tenha oportunidades. Elas continuavam aparecendo — ideias diferentes sobre o que ele poderia fazer se largasse o emprego. Ele poderia abrir a própria empresa, trabalhar em um escritório particular. Surgiram diferentes oportunidades de diversas outras empresas ao longo da jornada, algumas que se encaixavam perfeitamente em suas habilidades únicas, mas cada vez que ele sonhava em sair... Aquela vozinha em sua cabeça falava: *Você tem um bom emprego, e isso é bom o suficiente.*

Essa pequena declaração inocente é o que chamo de momento *ponta do iceberg*. Há muito mais a dizer sobre isso nos próximos capítulos, mas, por enquanto, tudo o que você precisa saber é que, como os icebergs de verdade, a parte que você vê é apenas um vislumbre de algo muito maior. É uma espiada nas histórias subjacentes que Mike vem contando a si mesmo há mais tempo do que ele imagina. E são essas histórias que o mantêm estagnado.

Você e eu não somos tão diferentes dele. Também temos nossos momentos ponta do iceberg, pequenos vislumbres das histórias maiores que guiam nossa vida.

Para reescrever essas histórias, em primeiro lugar precisamos entender *por que* as contamos. Para isso, temos que voltar um pouco no tempo. Não para alguns anos atrás, para o tempo da faculdade ou, até mesmo, a infância de Mike (ou a sua). Temos que voltar muito mais, lá atrás, de volta ao ponto em que o problema *realmente* começou.

A FAGULHA DO STORYTELLING

Uma coisa muito louca aconteceu há cerca de quatrocentos mil anos: *dominamos o fogo*.

Isso é algo muito maior do que você imagina. O fogo nos permitiu cozinhar nossa comida, o que significa muito mais do que uma marca de grelha e um sabor marcante. Cozinhar os alimentos nos permitiu extrair mais nutrientes de nossos esforços de caça e coleta e ajudou a reduzir muito o tempo e a quantidade de mastigação que precisávamos exercer. (É sério: os chimpanzés, que não sabem fazer fogo, passam cerca de seis horas por dia apenas *mastigando*).

Todos os nutrientes extras que começamos a ingerir com menos trabalho permitiu que nosso cérebro evoluísse. Isso nos ajudou a ficar mais inteligentes e a usar o tempo livre para construir ferramentas, criar uma linguagem e, posteriormente, inventar o iPhone.

Mas a descoberta do fogo também fez algo inesperado: deixou o dia mais longo. O fogo é quente, seguro e brilhante, e isso naturalmente fez dele um lugar em volta do qual começamos a nos reunir em determinada hora do dia em que tendemos a diminuir o ritmo e a nos preparar biologicamente para a hora de dormir.

Ao longo do tempo, essas duas forças — o cérebro em desenvolvimento e um ponto de encontro natural — levaram a algo ainda maior do que o próprio fogo: o *storytelling*.

O storytelling funcionou como um atalho. Isso permitiu que nossos antepassados compartilhassem informações sobre tudo, desde fontes de alimentos até clima e ferramentas. Aumentou o vínculo e a confiança entre eles e acelerou o aprendizado.[1] Principalmente em relação ao fogo. Nossos ancestrais passaram a maior parte desse tempo literalmente conversando ao redor do fogo. Pesquisas sobre tribos caçadoras descobriram que mais de 80% das conversas à luz do fogo eram dedicadas ao storytelling.[2] Não é exagero dizer que o storytelling (e uma pequena fogueira) é o que *fez* de nós uma espécie.

Atualmente, aquele legado antigo da fogueira continua vivo. Mesmo que você nunca tenha dado um único passo além dos limites da cidade, já experimentou acender algumas velas e conseguiu perceber que isso pode melhorar o clima do lugar. Como uma pequena chama é capaz de criar intimidade e levar a uma conversa? Todos já percebemos como uma tela é capaz de prender totalmente nossa atenção, não é mesmo? Isso acontece porque sua biologia ancestral da fogueira está sequestrando seu cérebro. Sabe todo aquele estímulo sensorial relacionado aos stories das redes sociais? Não é de admirar que você não consiga desviar o olhar deles.

Pesquisas posteriores levaram as coisas ainda mais longe. O fogo não só nos transformou em contadores de histórias, como a habilidade recém-descoberta de contar histórias também nos trouxe uma série de benefícios. Bons contadores de histórias, ao que parece, são mais atraentes para parceiros em potencial e, inclusive, têm uma prole mais saudável.[3] Um bom storytelling pode fazer de você um líder melhor, uma pessoa mais persuasiva e ajudá-lo a ganhar mais dinheiro.

A PESSOA MAIS PODEROSA DO MUNDO

Há uma história sobre Steve Jobs da década de 1990, antes da Pixar se tornar um nome conhecido: um dia, ele entrou furioso na sala de descanso, pegou um bagel e perguntou à sua equipe: "Quem é a pessoa mais poderosa do mundo?!" As pessoas na sala de descanso, sem saber se era uma pergunta hipotética ou não, mas também sem querer evitar respondê-la, gritaram algumas ideias. Steve disse: "Não. O contador de histórias é a pessoa mais poderosa do mundo."

Na época, Jobs estava frustrado porque a Disney contava histórias melhor do que ele.

Ele disse à equipe de olhos arregalados: "Eu serei o próximo grande contador de histórias!" Em seguida, saiu furioso com o bagel na mão. Embora esse relato possa ser fictício, se esse *era*, de fato, um dos objetivos de Jobs, parece que ele o alcançou. Jobs reinventou diversos setores por meio de sua habilidade em contar histórias. Inúmeros livros e artigos de negócios dissecaram suas técnicas de marketing e seu *"one more thing..."* [mais uma coisa, em português] — a forma arrematadora pela qual lançava novos produtos. Todas são baseadas naquela fagulha de fogo de quase meio milhão de anos atrás.

Os contadores de histórias, ao que parece, herdaram a Terra.

O OUTRO TIPO DE HISTÓRIA

Não é difícil entender por que o storytelling deu uma vantagem tão incrível aos nossos ancestrais. A capacidade de ensinar, confiar e sobreviver funcionou como um reator para nossa espécie. E ainda funciona — após centenas de milhares de anos, ainda estamos contando histórias e colhendo os benefícios. O futuro ainda pertence aos contadores de histórias.

Dito isso...

Em algum momento ao longo da evolução, conforme nosso cérebro se desenvolveu, também desenvolvemos a capacidade de contar um tipo diferente de história. Desenvolvemos uma rede neural para o que alguns cientistas chamam de *monólogo interno*. Em algum lugar do cérebro, uma espécie de voz começou a se fazer presente — quase como o narrador de um filme.

Em outras palavras, não estávamos mais apenas contando histórias uns aos outros; começamos a contar histórias para *nós mesmos*.

Os pesquisadores têm muito mais nomes para a autonarrativa, como *narrativa interna*, *discurso interno* ou simplesmente *conversa interna*. Você pode dar o nome que quiser para isso, como "aquela vozinha", seu "crítico interior" ou, ainda, meu favorito, "Steven". (Sim, as pessoas nomeiam suas vozes interiores. Não julgue.)

Costumo simplesmente chamar essa voz de seu *contador de histórias interno*, porque é isso que ela é. Assim como as pequenas fogueiras ao redor das quais nossos primeiros ancestrais costumavam ficar, você tem uma espécie de fogueira interna em sua mente.

E diante das chamas está o maior contador de histórias da História: *você*.

A HISTÓRIA DA FACA DE DOIS GUMES

Em sua raiz, uma autonarrativa é um hábito. É um padrão de pensamento automático do qual, muitas vezes, não temos consciência. O fato de que a evolução automatizou, no cérebro, essa habilidade de contar histórias e a manteve por tantos milênios é prova de como ela deve ser útil. No entanto, o poder da autonarrativa não é óbvio. Faz sentido dizer que nossa habilidade de contar histórias uns aos outros foi uma vantagem. Mas por que as contaríamos a *nós mesmos*?

Como você pode imaginar, é difícil estudar uma história invisível — e, na maioria das vezes, inconsciente — que está acontecendo dentro da cabeça de alguém. Mas isso não impediu os pesquisadores de tentar, e seu trabalho mostra que usamos as autonarrativas para resolver problemas, nos motivar, fazer planos, exercitar o autocontrole e fazer autorreflexão.[4]

Dê uma olhada nessa lista e você perceberá que evoluímos para usar as autonarrativas pelas mesmas razões que evoluímos para contar histórias em voz alta: *elas nos transformaram em seres humanos melhores*. Nosso diálogo interno nos ajudou a permanecer seguros, a nos encaixarmos no grupo e a dar sentido ao mundo. Isso, por sua vez, nos ajudou a viver mais e a aumentar nossa prole, uma recompensa para nosso estranho hábito de falar baixinho, bem lá no fundo. E deu-se continuidade ao ciclo. Avance diversas gerações e você chegará até Mike. E até você.

Assim como coletamos informações e as compartilhamos externamente com outras pessoas na forma de histórias, também coletamos uma vida inteira de pistas sobre quem somos, do que somos capazes, o que é bom e justo, o que é responsável, o que é "a maneira certa" de viver e compartilhamos essas histórias com um público cativo de uma só pessoa.

Mike tinha muitas dessas histórias. Filho de um encanador e de uma dona de casa, ele ouviu histórias sobre o que significava sustentar uma família. Seu pai trabalhou para a Honeywell sem faltar um dia. Era um bom trabalho, e isso era bom o suficiente. Na infância, Mike frequentou uma escola católica restrita apenas para meninos e teve as próprias experiências e memórias do que acontece quando você sai da linha. Quando jovem, ele se juntou à Marinha, depois foi para a faculdade, onde conheceu uma linda mulher. Eles se casaram, e ele encontrou um emprego bom o suficiente em sua área e estava trabalhando lá quando eles compraram a primeira casa e quando seus filhos nasceram. Ele trabalhou lá enquanto construíam sua casa dos sonhos no interior. E, ao longo dessa jornada, as histórias se desenrolaram. *Você tem um bom trabalho. Você tem segurança. Você investiu cinco... quinze... vinte e cinco anos nessa carreira; seria irresponsável jogá-la fora tão próximo da aposentadoria.* Mesmo quando um jovem colega de trabalho, a quem Mike havia ensinado tudo, saiu da empresa e fez uma pequena fortuna ao abrir o *próprio* negócio para fazer exatamente o que Mike o treinou para fazer, porém com apenas uma fração da habilidade, da experiência ou do carisma de Mike... ainda assim, Mike contou a si mesmo a história do *"trabalho bom"*, do *emprego seguro*. Uma história que o manteve no mesmo lugar.

O SOBREVIVENTE DENTRO DE VOCÊ

Assim como Mike, você tem um contador de histórias interno, e as histórias que você conta são somente suas. Elas são tão individuais quanto uma impressão digital. Algumas pessoas experimentam as autonarrativas como algo próximo a um diálogo com a própria voz. A sua pode parecer uma conversa com outra pessoa.

Seu contador de histórias interno pode ser algo mais próximo de um "crítico interno" sussurrando em seu ouvido, ou suas autonarrativas podem ser mais abstratas. Você pode ou não ouvir uma "voz" em sua cabeça, narrando seu dia como uma cena de filme. Não importa — a autonarrativa está lá de qualquer maneira.

Suas histórias têm uma função a cumprir, e é uma função que foi cuidadosamente aprimorada pela evolução. Essa função é *protegê-lo* — mantê-lo vivo por tempo suficiente para perpetuar a espécie.

Mas você não está vivendo em uma caverna, sentado ao redor de uma fogueira, tentando explicar por que ingerir aquele cogumelo em particular é, *de fato*, uma péssima ideia. Você não está lutando pela sua sobrevivência. Na maioria dos dias, está tentando preencher um vão muito menos arriscado —

perder alguns quilos, pagar as contas, encontrar o amor ou apenas lidar com um amigo ou um colega de trabalho difícil.

Mas, dentro de seu cérebro, a parte de você que está sentada ao redor da fogueira interna ainda tem um milhão de anos. E essa parte não enxerga como frustrações algo como perder o emprego, ficar constrangido, fracassar ou não conseguir um segundo encontro, mas, sim, como *ameaças*.

Então, seu contador de histórias interno começa a exercer sua função, tecendo uma história que o mantém seguro. Da mesma forma como Mike permanece em um emprego que não é mais adequado para ele em vez de pedir demissão, suas autonarrativas mantêm as coisas como estão e o mantêm vivo por mais um dia — pelo menos no que diz respeito ao cérebro.

MIKE E A HISTÓRIA QUE O LEVOU A LUGAR NENHUM

Há algo sobre Mike que não mencionei.

Ele é meu pai.

Em junho de 2009, eu estava no carro a caminho de uma aula matinal de spinning quando meu pai me ligou. Eu sabia que devia ser algo sério; ele normalmente não ligava e, principalmente, nunca ligava pela manhã. Pude perceber, em sua voz, que ele estava derrotado, estressado, perdido, exausto e, o que era mais difícil de ouvir, *envergonhado*.

"Eles me dispensaram", ele disse. Após 36 anos, sem nem sequer considerar sua posição dentro da empresa, cortaram o financiamento de todo o programa que meu pai havia criado. Ele era um dos funcionários mais experientes. Havia alcançado um dos níveis mais altos da organização. Dedicou toda a vida adulta à causa deles, suportou décadas de luta, frustração e absurdos burocráticos de escritório e, agora, eles o estavam dispensando com uma indenização mesquinha e uma fração da aposentadoria que ele estava a apenas três anos de conseguir.

Foi devastador. Para todos nós.

No entanto, lembrando bem, ainda mais doloroso do que o fato de ele ter perdido o emprego foi o que o manteve lá em primeiro lugar. Independentemente de sua capacidade extraordinária, de todas as conexões, todas as habilidades e a experiência de que ele precisava para sair por conta própria, suas histórias não o permitiram fazer isso. Sempre que chegava perto de fazê-lo, seu contador de histórias interno começava a gritar: "É irresponsabilidade deixar um emprego perfeitamente bom"; "Emprego de longo prazo é igual à segurança, e segurança é melhor do que risco"; "Não jogue fora mais de dez, vinte, trinta anos de experiência — é melhor ficar." Essas histórias tinham a função de mantê-lo seguro, mas, no final, elas o deixaram abandonado à própria sorte.

No final das contas, as histórias que têm a função de nos proteger do perigo, muitas vezes, também nos impedem de aproveitar as oportunidades.

O PROBLEMA COM SUA HISTÓRIA

Fico feliz em informar que Mike tirou o melhor proveito de uma situação ruim. Atualmente, meu pai toca em duas bandas: uma dupla de violão com seu amigo Randy (eles tocavam juntos na faculdade) e uma banda de rock com minha mãe e alguns amigos do condomínio onde moram. Além disso, ele começou a investir em imóveis, é dono de diversos condomínios em seu complexo e, aos 65 anos, tornou-se um grande magnata do aluguel por temporada, prova de que nunca é tarde para começar uma nova história... (mas falaremos sobre isso depois).

A história de Mike não é única. Milhões de outras pessoas se contentam com uma versão silenciosa da vida: elas usam histórias amarelo-mostarda para construir suas estradas de tijolos amarelos e acabam em uma cidade verde-oliva em vez de uma cidade verde-esmeralda. Algumas recebem o grito de alerta ainda no campo de papoulas, lá no início; outras recebem dias antes da aposentadoria. Algumas recebem de maneira inesperada enquanto estão isoladas, sendo educadas em casa.

Independentemente de quando ou como isso acontecerá, a fonte do problema é a mesma: *seu contador de histórias interno não está bem-alinhado com o mundo lá fora.*

O mundo lá fora mudou. Não é mais tão perigoso quanto seu contador de histórias interno acha que é. Você não *precisa* ser salvo com tanta frequência como se fosse um animal em extinção.

No entanto, essas histórias ainda o prendem. *Esse* é o problema. O problema não é que você seja um contador de histórias por natureza; esse ainda é um de seus maiores pontos fortes. E contar histórias a si mesmo também não é um problema.

As coisas se tornam problemáticas quando essas histórias estão moldando sua realidade — *e não é a realidade que você deseja.*

2

A VIDA IMITA A HISTÓRIA

Como as Histórias Constroem Sua Realidade

*Cuidado com as histórias que você lê ou conta;
sutilmente, à noite, em seu subconsciente,
elas estão modificando seu mundo.*

— BEN OKRI

Conheça Roberta.

Roberta é arquiteta paisagista. Ao que tudo indica, ela é boa no que faz. Se você quer construir um belo espaço ao ar livre — um parque, um cemitério, um condomínio residencial — Roberta é a pessoa certa.

Assim como a própria grande arquitetura paisagística, é difícil dizer quantos anos Roberta tem. Sua aparência é impecável. Cabelo longo, prateado e estiloso. Chique. Articulada. Ela pode ter 55 anos ou 85. Roberta tem essa qualidade de ser bela e atemporal.

Ao olhar para ela, você jamais diria que, recentemente, ela havia vencido um câncer em estágio três.

Ou que seu casamento havia acabado.

Ou que ela havia mudado de casa há alguns dias.

Ou que havia sido despedida.

Essa é uma lista longa de obstáculos para qualquer pessoa. E tem mais. Roberta está, agora, em processo de se reinventar como coach na área da saúde. Uma grande mudança de carreira para a idade — bem, não sei ao certo que idade ela tem (toda aquela coisa atemporal). Só sei que ela me procurou com um problema.

O problema, Roberta me disse, é que ela não é empreendedora. Ela é projetista. Ela não sabe vender coisas.

Por isso, ela não está vendendo. Incluindo a si mesma, o que é um problema. Depois de ter passado por um câncer, uma separação e uma demissão, essa é a forma que Roberta encontrou de ganhar dinheiro. Acontece que ela não está conseguindo ganhar nada.

Roberta está parada no Penhasco A, olhando para o que parece ser uma distância intransponível até o Penhasco B. Parece impossível atravessar esse vão, tanto que ela está pensando em desistir de alcançar seus sonhos de chegar à Cidade das Esmeraldas e apenas recomeçar em qualquer emprego que puder encontrar.

O mais louco de tudo é que *o vão não é tão grande assim*. Roberta tem tudo de que precisa para ter sucesso em seu novo trabalho. Ao olhar para ela, ao conversar com ela, posso dizer que ela é perfeitamente capaz de fazer isso. Quanto mais Roberta fala, mais quero que ela seja *minha* coach de saúde. Ela é incrível!

Mas eu sou a única pessoa com quem Roberta está conversando. Ela não está entrando em contato com mais pessoas e contando a elas o que tem a oferecer. E a razão disso — sim, você adivinhou — são as *histórias dela*.

Agora sabemos que a evolução transformou Roberta em uma ótima contadora de histórias. Não apenas de histórias contadas em volta da fogueira, mas também de um tipo diferente de histórias — uma *autonarrativa* interna. A questão, agora, não é se essa história *existe*. Se você leu este livro até aqui, sabe que há todo um mundo de storytelling exercendo uma função dentro de você. A questão é: *Por que essas histórias importam?* Agora mesmo, no momento atual de sua vida. *Por que* e *como* essas histórias internas têm tanto poder, e *o que* esse poder significa?

Uma coisa é acreditar que uma autonarrativa pode ter nos mantido protegidos do perigo em um mundo em que os riscos eram maiores. Ou que pode ter nos unido mais intimamente com nossa tribo, a fim de nos ajudar a prosperar. Mas como uma autonarrativa nos impede de atravessar os vãos com que nos deparamos no mundo moderno, como conseguir uma promoção, encontrar um amor ou pagar as contas?

Felizmente, o número de pesquisas nessa área não para de crescer, e descobriu-se por que as histórias nos proporcionam essas coisas estranhas e maravilhosas — inclusive prever o futuro. Embora ainda haja muito a ser compreendido e descoberto, parece que o poder de uma história começa menos com *era uma vez* e mais com *era uma vez um cérebro*.

AS HISTÓRIAS FAZEM SEU CÉREBRO DE REFÉM

Conforme mencionei anteriormente, meu último livro começa com uma história sobre meu marido sendo sequestrado mentalmente por uma história. Conta a história improvável (especialmente se você conhece meu marido) de como uma história extraordinária sobre vendas convenceu Michael de que deveríamos abrir um império de colônias.

Nós não abrimos o dito império. E provavelmente essa nunca tenha sido uma boa ideia. Mas, na época, completamente envolvidos pela história que o balconista nos contou, parecia ser A IDEIA mais surpreendente do mundo!

Michael não é otário. Ele é um cara brilhante e atencioso. Mas ele também tem o mesmo legado neurológico que Roberta, você e eu temos. Somos *todos* descendentes de contadores de histórias, e isso literalmente moldou nossa biologia. Graças à evolução, antes de as histórias mudarem nossa vida, elas mudam primeiro nosso *cérebro*.

Esta é uma versão muito simplificada do que acontece no cérebro e no corpo quando você ouve uma ótima história:

1. *O storytelling prende sua atenção.* Ouvir uma história desencadeia a liberação de cortisol, o hormônio que agarra sua consciência. O que, no início, era uma ferramenta que nos ajudava a manter o foco no ruído da selva ou em passos furtivos durante a noite foi cooptado pela história a fim de mantê-lo atento.[1]
2. *O storytelling o ajuda a aprender.* Depois que o cortisol desencadeado pela história chama sua atenção, a dopamina entra em ação. Ela é parte de seu sistema de recompensa e aprendizado e dá à história a carga emocional necessária para mantê-lo engajado, fazê-lo chegar até o final e ajudá-lo a se lembrar dos detalhes mais tarde.[2]
3. *O storytelling o ajuda a ter confiança.* Por fim, a oxitocina, molécula da "confiança" ou do "amor", entra em cena. Isso faz você ter mais empatia, identificar-se com os personagens de uma história e aprofundar sua conexão emocional com o resultado.[3]

O resultado é algo semelhante a um sequestro mental, em que as histórias agarram seu sistema nervoso e o mantêm refém.

Se algum dia você já ficou tão fascinado por um filme ou tão mergulhado em um livro a ponto de não perceber a passagem do tempo, você já experimentou esse poder. Se já soltou um "Não!" enquanto assistia à sua série favorita, angustiado para assistir ao episódio seguinte, você entende o que quero dizer. Por mais que tente, é inevitável: uma excelente história agarra seu cérebro e não lhe permite pensar em outra coisa.

O CÉREBRO ACHA QUE AS HISTÓRIAS SÃO REAIS

Uma coisa é uma história ser capaz de nocautear o cérebro, de se infiltrar nele completamente e, durante esse cerco, influenciar seus pensamentos, suas emoções e seu comportamento como um mestre de marionetes segurando os cordões. Outra é a forma incrível como o cérebro reage à história — como é capaz de transformar a imaginação em realidade, a ficção em fato e o futuro em presente.

Imaginação x Realidade

Cresci na zona rural de Minnesota, em uma casa que ficava em cima de uma colina e cercada por grama alta. Para qualquer pessoa do meio-oeste dos Estados Unidos, as palavras "grama alta" são imediatamente seguidas de pensamentos sobre um inseto particularmente detestável: o carrapato. Castanho-avermelhado. Oito pernas. Duas pinças em uma boca e, se você olhar de perto, manchas brancas nas costas. (Uma curiosidade: os carrapatos de madeira machos têm duas linhas nas costas, como suspensórios, e as fêmeas têm um semicírculo em volta do pescoço, como um colar de pérolas. Seja nojento, mas esteja sempre na moda.) Lembro de me ensinarem a fazer inspeções por carrapatos quando criança e, agora, quando levo meus filhos para Minnesota no verão ou para Montauk, onde há ainda *mais* carrapatos, sou eu quem os ensina a fazer a inspeção. Basta eu ver um carrapato em meu filho para, de repente, ter a sensação de que eles estão rastejando em cima de mim. Você conhece essa sensação — que só de ler isso a pele já fica toda arrepiada?

Acontece que essa conexão estranha entre a imaginação e o corpo não é tão estranha assim. O cérebro, ao que parece, não é particularmente bom em distinguir imaginação de realidade. Por exemplo, se eu lhe pedir para ler palavras que descrevem um cheiro — como *orégano* ou *canela* — a parte de seu cérebro mais associada a odores se acenderá. Se eu lhe pedir para ler palavras como *tesoura* ou *óculos*, essa mesma região permanecerá desligada.[4] O mesmo vale para palavras relacionadas a ações corporais[5] ou texturas[6] — elas farão com que as regiões relevantes do cérebro se acendam, as quais estariam ativas se você estivesse, de fato, *fazendo* ou *tocando* alguma coisa. Para o cérebro, as palavras são semelhantes ao objeto verdadeiro.

Você pode experimentar essa conexão entre imaginação e realidade facilmente ao focar a imagem mental de um limão em detalhes — sua boca, quase certamente, começará a salivar. Para algumas pessoas, o simples fato de se *imaginar* à beira de um penhasco íngreme é o suficiente para fazer o coração disparar e os pés formigarem à medida que as áreas do cérebro associadas ao medo são ativadas. Tenho dificuldade em frequentar teatros e estádios — as escadas íngremes e inclinadas me fazem ter a sensação de que meu corpo será involuntariamente lançado ao chão, atropelando cada vendedor de amendoim e de pipoca que por acaso atravessasse meu caminho.

Essa conexão entre imaginação e realidade (ou, de modo mais exato, essa *confusão*) é uma vantagem nos negócios. É por isso que o storytelling é tão poderoso nas vendas, principalmente se você está vendendo algo que a pessoa não pode ver, sentir, tocar, segurar ou experimentar. Se você é um vendedor de seguros, não consegue entregar uma garrafa disso nas mãos do cliente em potencial e lhe pedir que sinta o aroma para ver quanto ele se sente mais seguro. É difícil vender algo invisível, e as melhores pessoas nesse ramo são aquelas que usam as histórias para explorar essa conexão entre a imaginação e a realidade. Por meio delas, conseguem fazer com que um cliente em potencial *sinta* as emoções associadas ao produto ou ao serviço.

No entanto, embora o storytelling seja ótimo nos negócios, em que as histórias são construídas de maneira consciente, as linhas tênues entre a imaginação e a realidade podem produzir efeitos negativos quando se trata da autonarrativa, feita de maneira inconsciente. Reviver, depois de adulto, a história embaraçosa de tentar fazer uma flexão (e falhar) em frente a sua classe do 1º ano todas as vezes que se matricula em uma academia pode muito bem atrapalhar seu desejo de entrar em forma. Vivenciar a história da infidelidade de um ex-parceiro(a) toda vez que sua nova paixão não atender ao telefone pode impedi-la(o) de ter um relacionamento saudável.

Ficção x Fato

Minha filha estava trabalhando em uma redação para uma tarefa do 3º ano, na qual ela deveria relembrar um momento de sua vida e contar essa história. Como você pode imaginar, meus filhos têm muita prática quando se trata de contar histórias e, alguns dias depois, minha filha nos contou que os professores adoraram sua redação. Eles elogiaram a emoção e a riqueza de detalhes presentes na história e a maneira como, com as próprias palavras, ela pintou um quadro de uma situação assustadora.

"Sobre o que você escreveu?", perguntei a ela.

"Sobre aquela vez em que dois cachorros enormes me derrubaram e me atropelaram no campo de golfe", ela disse.

Então ela começou a me contar toda a história. Como certa noite, no local onde morávamos, estávamos caminhando no campo de golfe, pelo mesmo caminho que faz o carrinho de golfe, onde havia amigos e vizinhos brincando com seus cachorros, e como alguém jogou a bola de tênis verde por meio do aparelho lançador de bolas, fazendo dois cachorros enormes correrem atrás dela, depois correrem de volta e como eles foram reto na direção dela e a derrubaram. "Lembra, mamãe? Você ficou com tanto medo."

Sim, eu me lembrava. Foi exatamente como ela descreveu — exceto por uma parte.

"Minha querida", eu disse lentamente. "Não foi *você* que os cachorros derrubaram. Foi seu irmão."

Ela insistiu que havia sido ela.

Não foi. Tinha sido o irmão dela.

Gostaria que você pudesse ver o olhar dela no momento em que percebeu que toda aquela experiência em sua vida, uma história inteira, não era realmente dela; é o mesmo olhar que você pode fazer quando começar a analisar algumas de suas histórias. Porque, independentemente de a história ser verdadeira ou não, de ela ter, de fato, acontecido com *você* ou não, seu cérebro adora uma história. E se for a história de alguém próximo o suficiente de você, mesmo que você não confunda os personagens como minha filha fez, o cérebro vai absorvê-la, adotá-la e reproduzi-la como se fosse sua.

Essa coisa do corpo absorver uma história como se fosse sua não acontece apenas com meninas de 8 anos que escrevem redações para a escola. Tive uma amiga querida que perdeu o primo em um trágico acidente de carro. O marido, a esposa grávida e uma criança pequena estavam viajando de férias em Minnesota. Eles passaram com o carro por cima de um pedaço de gelo escuro na pista, quando o carro saiu de controle e entrou na pista em sentido contrário. Eles foram atingidos por um caminhão de 18 rodas. A esposa e a filha sobreviveram, o marido e o bebê não. Eu estava em casa, de férias da faculdade, visitando minha família em Minnesota na noite em que esse acidente aconteceu. Na verdade, estava me preparando para me encontrar com essa mesma amiga para jantar quando ela ligou para cancelar no último minuto e me contou o que havia acontecido. Havia algo nessa história que me impressionou. Soube naquele momento que nunca mais voltaria para Minnesota. Dirigir no inverno é uma empreitada apavorante — já me envolvi em diversos incidentes relacionados ao clima e perdi muitos colegas de classe em acidentes de carro no inverno.

Não me interpretem mal, existem muitos motivos para amar Minnesota e querer viver lá. Michael e eu inclusive conversamos sobre nos mudarmos para lá durante o colegial das crianças, mas, toda vez que penso nisso, eu me recordo dessa história. Estou sentada no banco do passageiro quando o carro sai de controle. Sinto minha frequência cardíaca acelerar e posso ver o caos se desenrolar ao meu redor. É como se essa história fosse minha. Mesmo que não seja, toda vez que me lembro dela, fico decidida a nunca mais voltar a morar em Minnesota.

Não apenas o cérebro pode não conseguir diferenciar a imaginação da realidade, como também nem sempre conseguimos distinguir *nossas* verdades das verdades de outra pessoa.

Falar x Fazer

Talvez o aspecto mais fascinante dessa conexão entre o cérebro e as histórias seja o fato de o storytelling não apenas fazer com que determinadas áreas do cérebro se acendam, como também conseguir *mudá-lo*. Foi revelado que a visualização muda o cérebro de atletas e de músicos, comprovando que a "prática mental" de uma habilidade pode realizar mudanças na mesma área do cérebro que se desenvolveria se você praticasse essa habilidade na vida real.

Em 2016, Michael Phelps se tornou o atleta olímpico mais condecorado de todos os tempos ao finalizar os jogos de 2016 no Rio de Janeiro com um total de 28 medalhas vitalícias.

Phelps é um fenômeno. Ele tem dons físicos genéticos de um atleta feito para nadar e a natureza competitiva de um vencedor. Mas também passou anos aprimorando suas habilidades de visualização. Seu treinador, Bob Bowman, ensinou Phelps a ensaiar nitidamente as competições em sua mente *centenas de vezes*, para que, no dia, ele estivesse no piloto automático. Phelps visualiza não somente cada etapa de uma competição bem-sucedida, mas também as possibilidades de algo dar errado — um deslize na largada, um rasgo no uniforme ou, até mesmo, um óculos de proteção com problema.

Como o treinador dele disse: "Ele pode ser o melhor em termos de visualização... durante a competição, ele já está com o sistema nervoso programado."[7]

Nas Olimpíadas de Beijing, Phelps *teve mesmo* um problema com seus óculos. Na prova dos 200 metros de nado borboleta, começou a entrar água em seus óculos assim que ele pulou. E quanto mais ele nadava, mais água entrava. No final da competição, Phelps já não conseguia enxergar a parede de chegada e estava praticamente nadando às cegas.

Foi exatamente esse o problema que ele havia imaginado. E não importava — Michael estava preparado para esse obstáculo e tinha praticado isso mentalmente tantas vezes que não *precisava* enxergar. Ele participou da competição como havia imaginado, ganhou a medalha de ouro e quebrou o recorde mundial.

A lição tirada de tudo isso? Não importa se a história aconteceu no passado, se aconteceu com você ou se *nem sequer* aconteceu. Você está contando histórias para si mesmo, e elas estão mudando você.

SUAS HISTÓRIAS O LEVARÃO EM DIREÇÃO A — OU PARA LONGE DE — SEU DESTINO

Então o cérebro adora histórias. Em um nível neurológico, ele efetivamente não sabe a diferença entre ficção e fato, entre imaginação e realidade e entre presente e futuro. Em cada caso, uma história pode fazer *coisas reais acontecerem no cérebro e no corpo*.

Mas aqui está a peça final do quebra-cabeça. Não apenas a mente é hipnotizada pelo chamado sedutor das histórias, como as histórias também *mudam a maneira como nos comportamos*.

Em 1964, um psicólogo de Harvard chamado Robert Rosenthal chegou a uma escola primária em São Francisco com um teste de QI completamente novo. Rosenthal havia recebido a permissão do diretor para administrar esse novo teste de QI — o Teste de Aquisição Infletida de Rosenthal em Harvard — para os alunos da escola primária Spruce.[8]

Os resultados foram animadores. Em cada sala de aula, o teste revelou pequenos grupos de crianças que tinham "potencial incomum" para se desenvolver intelectualmente. Rosenthal compilou listas desses candidatos talentosos e as entregou aos professores.

Mais tarde, Rosenthal voltou a testar o QI dos alunos. Certamente, aqueles que foram identificados como sendo extremamente inteligentes tiveram ganhos muito maiores em suas pontuações nos testes.

A essa altura, não é de se surpreender que crianças inteligentes tenham ficado mais inteligentes. Não há nenhuma história por trás disso. A diferença é que as crianças inteligentes nunca *foram* mais inteligentes. O teste sofisticado de Rosenthal era apenas um teste de QI comum. E as crianças com todo esse potencial intelectual? Foram escolhidas de maneira aleatória. Não foram as crianças com alto potencial que melhoraram; foram aquelas que foram *rotuladas* com o maior potencial.

As crianças não tinham ideia de que havia uma história falsa nesse trabalho — os professores da escola primária Spruce é que foram seduzidos. Com as novas expectativas estabelecidas, os professores iniciaram o ano letivo e, imediatamente, demonstraram outra falha/característica do cérebro humano: *o viés de confirmação.*

O viés de confirmação se refere à nossa tendência de favorecer informações que corroboram aquilo em que já acreditamos. Ao acreditar que um aluno era talentoso, os professores começaram a observar, recordar e interpretar o comportamento do aluno de um modo que fosse ao encontro dessa crença. Posteriormente, a crença deles nos resultados do teste tornou-se uma previsão que se realizou automaticamente. Eles trataram as crianças de maneira diferente. As crianças se sentiram diferentes. Todos tinham uma nova história. A história sobre o grupo de crianças mais inteligentes foi da pura ficção à realidade.

Rosenthal e sua parceira, Lenore Jacobson, batizaram a descoberta de Efeito Pigmalião, em homenagem ao mito grego do escultor que se apaixona pela própria estátua, a qual os deuses acabam trazendo à vida. O efeito descreve a previsão autorrealizável em que altas expectativas levam a melhores resultados. É a ciência por trás do ditado citado com frequência e atribuído a Henry Ford: "Independentemente de você pensar se pode ou não, você está certo."

O experimento de Rosenthal mostrou que *aquilo em que acreditamos importa*. Desde seu primeiro experimento, o efeito foi reproduzido em outros lugares, desde julgamentos em tribunais[9] e desempenho atlético[10] até resultados em clínicas de repouso[11] e desempenho em vendas.[12] Em cada caso, alcançamos nossas expectativas.

Ou seja, *nós literalmente nos tornamos nossas histórias.*

HISTÓRIAS TRISTES E RELATOS TRÁGICOS

Isso representa um problema.

Se somos contadores de histórias natos, se as histórias moldam nossa realidade e, enfim, nos *tornamos* nossas histórias, você poderia pensar que teríamos evoluído para sermos contadores de histórias naturalmente positivos. Infelizmente, não foi dessa forma que se deu a evolução. Em vez disso, gostamos de histórias longas e ruins.

Em uma noite gelada de novembro de 2020, eu estava na cidade com uma equipe de filmagem, parada em uma calçada, esperando para filmar minha participação em um noticiário nacional em que eu daria minha opinião sobre o fechamento das escolas públicas de Nova York durante a pandemia da Covid-19. Nós escolhemos o local, eles posicionaram a iluminação, ajeitaram meu microfone e, então, a equipe e eu conversamos um pouco antes de eu entrar ao vivo.

Tínhamos diversos assuntos relevantes para conversar, mas, em algum momento, ocorreu-me que estávamos focados nos acontecimentos ruins. Por que estávamos regurgitando os desafios da pandemia em vez de conversar sobre as notícias cada vez mais animadoras sobre as vacinas? Por que falar dos problemas sobre a economia e não do pico sazonal das vendas no varejo?

Isso virou o foco de nossa conversa. Eu pensei em voz alta: "Por que sempre conversamos sobre as histórias ruins? Mesmo em uma conversa casual? Quer dizer, essa é a primeira vez em que nos encontramos. Por que não estou lhes contando sobre algo muito legal que aconteceu com um amigo meu esta manhã ou sobre a descoberta que fiz no trabalho?"

Um cara da equipe de filmagem suspirou: "Sabe, falamos sobre isso todas as manhãs em nossa reunião com a redação — que histórias compartilharemos hoje? Embora haja coisas interessantes acontecendo, no final das contas, as pessoas só querem ouvir as histórias assustadoras."

Senti certa contradição em sua voz. Como se uma parte dele acreditasse que as pessoas precisavam de mais esperança em vez de medo. Mas esse é o trabalho deles. E são as histórias ruins, as histórias assustadoras que ajudam a pagar as contas. E é isso que atrai as pessoas para o noticiário. Como mariposas, elas são atraídas pela chama das notícias ruins; é na manchete assustadora que escolhemos clicar. Esqueça o sexo; o sexo pode até vender, mas o medo vende mais.

Embora suas histórias não sejam necessariamente notícia, essa obsessão com a parte negativa delas está dentro de cada um de nós. Se você já postou algo na rede social — inclusive algo pelo qual as pessoas poderiam julgá-lo — é quase certo que 99% dos comentários foram positivos, de torcida, de apoio e celebração. Mas *um* foi diferente. Houve *uma* pessoa que disse algo maldoso ou tentou rebaixá-lo. De qual desses comentários você mais se lembra, de cada palavra? Deixe-me adivinhar: do ruim.

Certa vez, postei uma história emocionante e cativante no Instagram. Não me lembro qual foi exatamente a história, mas *me lembro* que muitas pessoas escreveram palavras de apoio e gratidão. E teve uma mulher que escreveu: "Como você ousa não postar sobre Cristóvão Colombo no Dia de Colombo. Como ousa apagá-lo das páginas da História." Concordo que o comentário se destaca por se tratar de um nível de loucura totalmente diferente, mas *por que diabos* eu me lembro desse comentário e não de nenhum outro?

Acontece que ter uma pequena dose de negatividade nos ajudou a sobreviver como espécie. Quanto mais sintonizados com o perigo e os riscos nossos ancestrais estavam, maior a probabilidade de viverem mais tempo. Presumir que um barulho no mato fosse um urso, e não uma brisa fresca, era uma vantagem para a sobrevivência.

O resultado disso é que temos o que os cientistas chamam de *viés da negatividade*. Pesquisas revelam que tendemos a nos lembrar melhor dos incidentes traumáticos e que pensamos em coisas negativas com mais frequência. E, ainda, que aprendemos mais com as experiências negativas e tendemos a tomar decisões mais baseadas em informações negativas do que positivas.[13] Essa tendência também influencia nossas histórias, que apresentam maior inclinação para o lado negativo.

Existem duas conclusões a serem tiradas aqui. A primeira é que você não precisa se sentir mal por ter uma coleção de histórias negativas e uma tendência a se martirizar ou temer o pior. Isso não apenas é normal, como esse viés negativo é o que ajudou sua longa linha de ancestrais a sobreviver por tempo suficiente para que você pudesse existir. Se seus ancestrais que habitavam as cavernas tivessem sido otimistas obstinados, você nem estaria aqui!

A segunda conclusão é a *consciência*. É importante estar ciente de que, enquanto suas histórias estão moldando sua vida, elas tendem a ser amedrontadoras. Tenha cautela. Seja extremamente exigente. Assim, seu contador de histórias inconsciente o ajudará a se manter seguro em um mundo em que a segurança física não é sua principal preocupação. Essa é a explicação por que os tijolos com que construímos nosso caminho — as histórias que contamos a nós mesmos — não estão nos levando para mais próximo da Cidade das Esmeraldas. Eles estão apenas fazendo com que andemos em círculos, com aquela sensação de segurança, porém presos em situações que, embora possam não ser excelentes, são, ao menos, familiares.

Rosenthal, o cara do Efeito Pigmalião, estava ciente disso. Em seu experimento, ele selecionou alunos aleatórios como "estimuladores intelectuais de desenvolvimento". Ele poderia ter feito o oposto: identificar os "perdedores" intelectuais de maneira aleatória. Felizmente, ele sabia melhor do que ninguém que isso não funcionaria. Antes mesmo de testar sua teoria em crianças, Rosenthal já havia feito mais ou menos a mesma coisa com ratos de laboratório, mostrando como as expectativas dos cientistas poderiam fazer com que os ratos tivessem um desempenho diferente. Ele sabia que, quando aplicado a crianças, um rótulo negativo seria antiético e prejudicial.

No entanto, existe o oposto do Efeito Pigmalião. É o chamado *Efeito Golem*, o qual descreve como baixas expectativas levam a resultados piores. Quando deixamos nossas histórias negativas assumirem a liderança, estamos permitindo que o Efeito Golem atue em nossa vida. Rosenthal não ficaria impressionado com essa conclusão.

Quero que você se lembre disso enquanto avançamos para a parte II deste livro. Seu viés de negatividade se manifestará assim que você começar a voltar sua atenção para as próprias histórias. Saiba que, a princípio, você achará mais fácil se lembrar de suas histórias negativas — serão as mais lembradas — e que pode ser difícil inventar histórias que ilustrem outro lado mais positivo da vida. Ao fazer isso, lembre-se do viés de negatividade. Isso mostra que, de fato, existe outra versão das mesmas experiências — você apenas precisa praticar um pouco para trazê-la à tona. Seu contador de histórias interno pode, sim, ser voltado para a luz. Basta um pouco de tempo e as ferramentas certas.

ROBERTA RECUPEROU A CONFIANÇA

O que tudo isso significa para Roberta, nossa arquiteta paisagista que se transformou em coach de saúde?

Roberta percebeu que estava resistindo em fazer as coisas que precisava fazer para expandir seu novo negócio. Ela havia feito o treinamento. Estava confiante com relação a suas habilidades. Mas, como em qualquer negócio, ela precisava ter *clientes*. E não estava fazendo o que precisava fazer para obtê-los.

"Estou fazendo algumas coisas", ela me disse. "Mas não estou fazendo o que deveria fazer."

Roberta sabe que está encarando o vão. Ela pode sentir isso. Mas não consegue identificar o *motivo* oculto por trás isso.

No entanto, enquanto conversávamos, ouvi a história oculta de Roberta começar a emergir, revelando-se em pequenas frases. Pequenas afirmações na ponta do iceberg, como *Não sou empreendedora*. A certa altura, enquanto falava das vendas que sabia que precisava fazer, ela foi direto ao ponto e disse: "Não consigo fazer funcionar."

A história de Roberta, baseada em uma vida inteira de experiências que ela está sempre apontando, é que ela não é o tipo de pessoa que sabe administrar um negócio. Ela é criativa, é uma projetista. Ela não sabe vender. Ela não sabe se autopromover. Esse não é um trabalho que tem a ver com ela.

Mas essa é uma história que se concretiza de maneira automática. Cada vez que Roberta conta uma história, vívida e convincente, de seu passado sobre como ela *não* sabe vender, essa história a impede de agir. Então ela não faz as ligações que precisa fazer. Não trabalha em sua marca social. Não realiza nenhuma das centenas de pequenas ações — das quais ela é *completamente capaz*

— que resultam em novos clientes e uma pequena empresa de sucesso. Quando Roberta fala que não é um trabalho que tem a ver com ela, então *é* um trabalho para outra pessoa fazer. No entanto, na empresa dela, isso significa que não é *trabalho de ninguém*.

Roberta *é* o Efeito Golem. Ela literalmente não está fazendo o que precisa para atravessar o vão *por causa de uma história que está contando a si mesma*. Então ela está estagnada. Essa história está moldando sua realidade. Ela está atingindo o nível de suas expectativas limitadas. Sua marca d'água atual é determinada por suas autonarrativas negativas.

Mas, em última análise, nossas histórias pertencem *a nós*, não o contrário. Ao longo de algumas poucas semanas, Roberta aprendeu a mudar essa história e a substituí-la por uma nova. Ela encontrou evidências em seu passado de que *tem* tudo para ser uma empreendedora. Na verdade, ela percebeu que sabe — e sempre soube — vender.

Quando falei com Roberta pela terceira vez, foi como se eu estivesse falando com uma pessoa totalmente diferente. A mesma Roberta, porém diferente. Atemporal e elegante como sempre. Mas agora uma Roberta *cheia de energia*. Munida de novas histórias, ela está tomando uma atitude em relação às coisas que sempre soube que deveria fazer. E está valendo a pena. Ela agendou dois novos clientes e está ganhando dinheiro. Ela está reescrevendo a própria história.

UMA NOVA HISTÓRIA PARA FECHAR O VÃO

Assim como Roberta, todos estamos encarando o vão entre os pontos A e B. Entre esse vão, existem *histórias* — as histórias que *constroem* o vão, conforme descobriremos, e as histórias que podem *preencher* o vão. Embora as particularidades do vão dela possam parecer diferentes das particularidades do seu vão ou do meu, a batalha é a mesma: o que fazer com o espaço entre a situação em que você se encontra e a situação em que gostaria de estar.

É difícil determinar o que fazer com relação a algo que parece ser uma combinação perfeita:

- Somos altamente influenciados pelas histórias — elas têm conexão direta com a mente.
- Além disso, o cérebro nem sempre consegue distinguir a realidade da imaginação, o fato da ficção, o presente do futuro.
- Por fim, as histórias, independentemente de serem verdadeiras ou falsas, mudam nossas crenças a respeito de nossa capacidade e, por sua vez, nosso comportamento.

Ou, ainda, conforme apontou o *New York Times* de maneira bastante sucinta, as histórias "estimulam o cérebro e, inclusive, são capazes de transformar nossas atitudes diante da vida".[14]

Quando você faz um cruzamento entre uma história poderosa e a realidade, *a realidade é alterada*. A história, seja ela verdadeira ou falsa, altera seu futuro para melhor ou para pior. Conte uma história a seu cérebro, e ele encontrará uma forma de torná-la realidade.

Preencher esse vão é algo extremamente desafiador.

Ou não é?

Conseguimos entender, agora, que sua vida não é uma história sobre as coisas que aconteceram com você; as coisas que aconteceram com você *tornam-se* uma história que você contou a si mesmo e fizeram com que você sentisse, pensasse, agisse e *vivesse* de determinada maneira. As histórias que você conta a si mesmo são como uma previsão que se concretiza de maneira automática.

A vida que você tem agora é resultado de muitas, muitas histórias. Algumas pequenas, outras maiores. Algumas poderosas, outras quase insignificantes. Combinadas, elas ajudaram a moldar a realidade em que você vive — os amigos que tem, o dinheiro que ganha, as decisões que toma.

Então, se as histórias que você tem contado a si mesmo o levaram à situação em que você se encontra agora, mas, na verdade, você queria estar em outra situação... o que acontece se você mudar essas histórias? O que acontece se escolher histórias diferentes?

3

ESCOLHA SUA HISTÓRIA, MUDE SUA VIDA

Como Reescrever Suas Histórias Pode Transformar Seu Futuro

A história que contamos a nós mesmos poderia muito bem focar as coisas que aconteceram em nosso passado e que não podemos mudar — mas não podemos mudar essas coisas. O que podemos mudar, se quisermos, é a história que contamos a nós mesmos.

— SETH GODIN

Era uma linda tarde de quinta-feira de outubro. Eu estava sentada em meu restaurante favorito na cidade, comendo e editando meu próximo artigo, quando meu telefone tocou. Era minha agente, ligando para ver se eu poderia palestrar em um evento de um de seus clientes.

Eu estava prestes a dar outra garfada quando ela falou o nome da empresa.

Deixei cair o garfo e quase caí da cadeira.

Sabe aquilo que as pessoas falam sobre fazer uma lista dos clientes dos sonhos? Aqueles pelos quais você faria *qualquer coisa* para trabalhar? Ou como aquelas listas de celebridades com as quais você e seu parceiro podem sair se tiverem a chance? Desconsiderando qualquer problema que eu poderia ter com Michael, um convite para palestrar em um evento de um cliente como esse pode ser comparado a um convite de Bradley Cooper ou de Zac Efron para ser seu par em um evento de gala do Met.

A diferença, porém, era que esse evento não seria tão fácil quanto desfilar no tapete vermelho. Esse evento seria intenso. Era um negócio *e tanto*! Seria um evento com uma sala repleta dos principais líderes da empresa — pessoas inteligentes, habilidosas e bem-sucedidas que não brincam em serviço. Eles reconhecem a excelência quando a veem, então fazer algo malfeito ou forjado não era uma possibilidade. E não apenas isso; lá no fundo, eu sabia que, se me saísse bem nesse evento, isso poderia me abrir outras portas no futuro. O que também significava que, se falhasse, estaria tudo acabado.

Felizmente, eu estava totalmente preparada. Eu conhecia bem esse público. Fazia um tempo que os acompanhava e os estudava. Eu costumava fazer palestras para outras empresas no espaço deles. Eu já estava mais do que preparada e sabia disso. *Esse* era o momento pelo qual eu estava esperando e, caramba, finalmente ele chegou!

Imediatamente comecei a me imaginar em pé no palco deles na primavera seguinte, compartilhando minha história e vivendo meu sonho — então minha agente disse: "Na verdade, é uma espécie de emergência. O palestrante que eles originalmente contrataram não poderá mais estar presente no evento. Eles precisarão de você no sábado. Então você precisa pegar um avião amanhã."

Meu coração parou.

Amanhã? Eu não conseguiria pegar um avião *amanhã*. Geralmente, os eventos são agendados com seis a doze meses de antecedência. Eu não conseguiria elaborar uma apresentação para o dia seguinte.

Por outro lado, eu estava diante do cliente dos meus sonhos. O que poderia ser um dos maiores momentos de minha carreira. O *sim* mais fácil de todos.

Em vez disso, perguntei: "Posso retornar para você daqui a pouco?"

Houve uma pausa. Minha agente também sabia quão incrível era essa oportunidade e ficou surpresa quando não concordei imediatamente.

"Você tem uma hora", ela disse. Desligamos o telefone.

Eu estava em uma encruzilhada de autonarrativas. Era como se o mato alto tivesse desaparecido de repente, e a estrada de tijolos amarelos estivesse sendo revelada em toda sua glória bem diante de meus olhos, e a Cidade das Esmeraldas estivesse logo ali. A resposta era óbvia: grite *Sim!* Faça as malas e pegue o próximo voo para Las Vegas.

Em vez disso, por meio dessa oportunidade única, foi acionado, em minha mente, um conjunto de autonarrativas automáticas — histórias que eu nem sabia que estavam *lá*.

Você é capaz de adivinhar quais histórias estavam me impedindo de dizer "sim" imediatamente? Pelo que contei até agora, você pode pensar que eu estava me questionando como profissional. É claro que eu estava "preparada", mas será que estava preparada o suficiente para o maior cliente de minha carreira até o momento e, assim, sem aviso prévio? De jeito nenhum. Talvez eu estivesse contando a mim mesma uma história sobre quanto tempo eu precisaria para estar "100% preparada" para uma oportunidade tão grande, ou outra sobre a vez em que eu "não estava pronta" e fracassei. Essas seriam as suposições óbvias para as histórias que estavam me impedindo de agir.

Sim. São boas suposições. Mas estão todas erradas. Eu estava pronta e sabia disso.

As autonarrativas em jogo eram ainda piores, ainda mais debilitantes.

O tempo todo em que considerei a oportunidade de mudar de carreira, tudo em que conseguia pensar era: *sou uma péssima mãe*.

Eu já tinha um voo marcado para domingo para um evento na segunda, outro na terça e mais um na quarta. Se fosse daqui a seis meses, eu poderia fazer, mas amanhã?! *Que tipo de mãe deixa seus filhos por tanto tempo? Com tanta frequência?*

Foi aí que minha máquina de storytelling começou a funcionar para valer. Contei a mim mesma as histórias de todos os passeios que perdi. Das vezes em que deixei de levar ou de buscar meus filhos na escola. Do número de vezes que eles tiveram que ir à casa de outra pessoa porque eu não estava na cidade para ser a anfitriã da festinha. E, não contente, ainda fiz comparações! Contei a mim mesma as histórias sobre o fato de minha mãe sempre estar em casa durante minha infância e o ensino fundamental. Como ela deixou de lado a carreira para ficar em casa cuidando dos filhos.

E aqui estava eu, pensando em uma viagem espontânea para Las Vegas?

Andei as duas quadras do restaurante até minha casa em um tipo de transe. Quando passei pela porta e disse a Michael que tinha novidades, ele achou que alguém havia morrido. E quando lhe disse quem queria me contratar, ele ficou visivelmente confuso.

"Mas você adora eles", ele disse. Eu concordei com a cabeça.

"Você sempre quis palestrar em um evento deles", ele disse. E eu concordei com a cabeça.

"Mas... você está..." sua boca se abriu um pouco... "*triste* por causa disso?"

Abaixei minha cabeça e mais uma vez concordei.

(Homens. Às vezes eu realmente sinto pena deles.)

Eu lhe disse, em seguida, que tinha menos de uma hora para tomar minha decisão. Entrei no banheiro, ajoelhei-me no chão e chorei.

Uma hora depois, tomei uma decisão.

E eu não estava enganada. Foi uma das melhores decisões da minha vida.

SE É TÃO FÁCIL, POR QUE É TÃO DIFÍCIL?

Quando conto essa história para meus amigos e colegas que sabem como é o ramo de palestras e conhecem essa empresa em particular, eles ficam transtornados pelo fato de eu não ter gritado *SIM!* antes mesmo de a agente terminar de falar. Embora pudéssemos passar a vida inteira dando palpites, tentando analisar as escolhas que fizemos em cada uma dessas diversas encruzilhadas de autonarrativas, existe um padrão que liga todas elas.

Com base no que sabemos até agora, é hora de fazermos uma análise mais profunda sobre a diferença entre o modo como *pensamos* que o mundo funciona e como ele *realmente* funciona. Como você já deve ter percebido que existe uma grande diferença, o modo como vemos os acontecimentos em nossa vida e como tomamos decisões é um pouco mais complicado do que pode parecer para os pouco experientes.

Fomos ensinados que a maneira como atuamos no mundo é *clara* — que os pensamentos e as ações são conscientes e racionais. Nós achamos que reagimos às coisas que acontecem e que é dessa forma que obtemos resultados. Um pacote organizado que se parece com isto:

Um evento acontece. Reagimos a ele. E há um resultado.

Muito simples, não é? Essa sequência de eventos acontece todos os dias, o dia todo e de uma centena de maneiras diferentes em todas as áreas da vida, e a natureza linear faz com que tudo pareça muito simples.

Os "eventos" podem ser qualquer coisa: às vezes, envolve outras pessoas e pode ser uma conversa ou uma interação; outras, é virtual — um e-mail, um comentário, um texto. Às vezes, é um evento real, como uma festa de aniversário ou uma consulta médica. O evento pode ser, também, verificar a conta bancária. Uma notificação no celular ou o momento em que o garçom traz o cardápio de sobremesas e pergunta se você deixou espaço para uma (como se a sobremesa estivesse sempre relacionada a um espaço físico no sistema digestivo).

Qualquer coisa para a qual você possa ter uma reação conta como um evento, e o resultado é o que vem depois. Esse resultado pode ser, sim, imediato, mas também pode se agravar lentamente com o tempo e deixá-lo lá parado, balançando a cabeça e se perguntando: "Como eu *cheguei* até aqui?"

Vejamos alguns exemplos:

1. Seu alarme toca no início da manhã. (Evento.)
2. Você aperta o botão soneca de uma hora. (Reação.)
3. Você não se exercita naquele dia porque dormiu durante o horário do treino. (Resultado.)

1. Alguém estende a mão para você do nada com uma grande oportunidade. (Evento.)
2. Você começa a esboçar algumas ideias, mas nunca chega a apresentar uma. (Reação.)
3. Você perde a oportunidade. (Resultado.)

1. Você encontra os sapatos, ou o creme facial, ou o carro que deseja muito ter, mas não pode pagar por esse item. (Evento.)
2. Você compra mesmo assim. (Reação.)
3. Você fica ainda mais endividado. (Resultado.)

1. Você conhece alguém novo, tem uma ótima conversa e gostaria de ver essa pessoa novamente. (Evento.)
2. Você não pede o contato dessa pessoa. (Reação.)
3. Você nunca mais a verá. (Resultado.)

Independentemente de você ter passado por uma dessas situações pessoalmente ou de ter amigos e familiares que passaram, você não sente vontade de gritar ao ler isso? *Puxa vida! É óbvio que, se você está procurando ser mais saudável, não pressione o botão soneca. Se está tentando alcançar um objetivo na carreira, envie uma proposta o mais rápido possível. Se quer ganhar mais dinheiro, não compre coisas caras parceladas no cartão. Se está procurando um(a) parceiro(a), não deixe uma pessoa incrível escapar sem, pelo menos, se esforçar.*

No entanto, é exatamente isso o que acontece. Não fazemos o óbvio, o que, pensando bem, é tão dolorosamente claro e simples.

Nitidamente, há algo acontecendo aqui. Se o caminho do ponto A até o B é uma linha reta do evento à reação e ao resultado, então por que não estamos todos dançando e *cantando felizes* ao redor de nossas Cidades das Esmeraldas neste exato momento?

Deve haver mais do que isso. E há.

A PEQUENA CAIXA PRETA

Vamos parar um momento para revisar o que já sabemos:

1. Como seres humanos, estamos programados para contar e ouvir histórias. Nós gostamos disso. Queremos ouvi-las. Encontramos significado em contá-las e compartilhá-las. As histórias fazem parte de nós tanto quanto o ar que entra e sai dos pulmões e o sangue que flui em nossas veias.
2. Não apenas compartilhamos e absorvemos histórias com e de outras pessoas, como também há um mundo inteiro de storytelling dentro de nós que está sequestrando nosso cérebro e criando uma realidade por conta própria, a qual nos leva para perto ou para longe do destino que desejamos.

Você provavelmente suspeita que, embora superficialmente pareça muito fácil refazer os passos que nos levaram a esses resultados, há *algo mais* acontecendo. Há algo mais entre o evento e a reação que leva aos resultados indesejáveis.

A verdade é que existe uma etapa invisível no processo da qual mal temos consciência.

A etapa da *história*.

Em vez de responder de maneira direta e consciente ao mundo ao nosso redor, estamos usando histórias para *interpretar* e *informar* o que acontece conosco, e essas histórias estão mudando a forma como *reagimos* e *nos comportamos*, o que, por sua vez, impacta diretamente os resultados que obtemos. Desta forma:

Entre o evento e a reação, algo acontece dentro de nós. Algo tão rápido quanto um truque de mágica, quando uma pomba é transformada em um coelho sob um pano preto; quase indetectável. Cada evento que acontece em nossa vida vai para uma "caixa preta" de storytelling interna para ser processado. Nessa caixa, as histórias se confundem com a realidade e, somente *após* essa combustão, é que agimos.

Essa caixa preta — o mundo oculto do storytelling que existe dentro de nós — contém o segredo para fechar o vão entre você e tudo aquilo que deseja. Se você já teve a sensação de que há uma barreira invisível que o impede de alcançar aquilo que deseja, é porque ela existe! E você não precisa fazer nada além de controlar as histórias que está contando a si mesmo.

Embora eu nunca tenha dito que obter o controle sobre essas histórias é fácil (falaremos mais sobre o que está trabalhando contra você logo mais) e embora algumas pessoas possam ter mais histórias negativas para discutir do que outras em virtude de desigualdades sistêmicas, algumas mudanças podem ser bastante incríveis se você as fizer.

A DIFERENÇA QUE OBTER O CONTROLE SOBRE UMA HISTÓRIA É CAPAZ DE FAZER

Nas últimas semanas de 2020, apresentei a um grupo de 28 pessoas o poder da autonarrativa. Cada uma delas notou que havia uma área da vida em que velhas histórias poderiam estar impedindo-as de seguir em frente. Por meio de uma série de sessões em grupo e quatro sessões individuais de trinta minutos, acompanhei-as ao longo do processo que estou prestes a lhe ensinar. Assim como fizemos até agora neste livro, primeiro discutimos o poder que as histórias que contamos a nós mesmos têm sobre nós e por quê. Em seguida, trabalhamos em cada etapa do processo de autonarrativa que compartilharei na parte II deste livro, para identificar as histórias que as estavam impedindo de seguir em frente e obter controle sobre elas, substituindo-as por histórias mais bem *selecionadas*.

Antes da primeira sessão, os participantes preencheram uma pesquisa com uma série de perguntas destinadas a determinar a satisfação deles com a vida em geral, bem como mais algumas categorias relacionadas, como medo do fracasso, otimismo e ansiedade.

Vinte e seis participantes concluíram todo o programa e, após pelo menos duas semanas de implementação dessa abordagem, receberam a pesquisa uma segunda vez. Os resultados, de natureza direcional, em virtude do pequeno tamanho da amostra, foram encorajadores.

Em geral, mais da metade dos participantes que estavam insatisfeitos anteriormente experimentaram uma maior satisfação com relação à sua vida, relatando que agora estavam perto do ideal e descrevendo suas condições de vida como excelentes. Além disso, seus níveis de otimismo aumentaram, enquanto os participantes relataram, também, uma redução do medo de fracassar. Antes do programa, 88% dos participantes sentiam que tinham medo de falhar em situações muito complicadas e pelas quais eles eram os únicos responsáveis. Esse número caiu para mais de 40%. Posteriormente, o número de pessoas com medo de tarefas de difícil resolução caiu para mais de 50%, enquanto a sensação de ansiedade caiu para 39%. Além disso, antes de iniciar o programa, 19% das pessoas achavam que era inútil continuar trabalhando em algo que parecia ser muito difícil para elas. Após o programa, esse percentual caiu para zero.

Por mais impressionantes que esses números sejam, o sentimento dos participantes durante as sessões finais teve um impacto ainda maior:

- "Me sinto mais leve, menos preocupada. Você é boa o suficiente. Você é mais do que boa o suficiente. Esse foi o sentimento que começou a vir em meus pensamentos e em minha mente;... isso foi poderoso para mim. Uma mentalidade muito diferente."
- "[Meu marido disse]: 'Você mudou nas últimas semanas.' Pensei nisso e percebi minha mentalidade... Está completamente diferente. Eu me sinto mais positiva agora porque estou dizendo coisas boas para mim mesma."
- "Eu comecei e pensei: Não sei quão útil isso será... Mas sinto que minhas emoções não controlam mais tanto meu comportamento. Ficou mais fácil tomar boas decisões."
- "Não me vejo mais como um fracasso porque fui capaz de descobrir as histórias que eu estava contando a mim mesmo e percebi que eram completamente falsas, algo que criei em minha cabeça."

- "Sinto-me muito mais aberto e livre. Também tenho mais confiança — para aproveitar uma oportunidade para a qual eu poderia ter dito antigamente: Bem, isso não é para mim. Não sou bom o suficiente. Por que deveria me importar?"
- "Olhando para tudo isso e juntando os pontos, é como se eu pudesse sonhar novamente; consigo visualizar o futuro."
- "Definitivamente funcionou. Tudo o que fui capaz de contar, escrever e fazer deixou uma impressão duradoura. Foi uma transformação completa para mim. Isso vai mudar tudo, sou muito grato por isso."
- "Desenvolvi muita resiliência. Eu sempre escolheria o caminho da complacência e deixaria tudo como está... [Agora] é como: Bem, isso não é verdade; consigo mudar isso."

Essa não é a última vez que você ouvirá falar desses participantes. Na verdade, muitas de suas histórias e subsequentes transformações estão descritas nos capítulos posteriores, para servir como prova ou, ao menos, inspiração e exemplo do que é possível quando você segue o processo de autonarrativa.

"TUDO O QUE VOCÊ PRECISA FAZER É..."

Temos uma brincadeira que sempre fazemos em casa. Sempre que Michael ou eu traçamos um plano que é *muito* mais simples falar do que fazer, e nos pegamos fazendo isso, seguimos o plano dizendo com uma voz boba: "Tudo o que você precisa fazer é..."

"Tudo o que você precisa fazer é escrever cinco mil palavras por dia durante duas semanas e você terá um livro", quando um *período* de escrita de cinco mil palavras pode ser mentalmente excruciante.

"Tudo o que você precisa fazer é ter uma virose de três dias e perderá cinco quilos", quando está enfrentando a pior virose da vida.

"Tudo o que você precisa fazer é aumentar o número de seguidores no Instagram para um milhão", quando sabe que obter esse número é um processo *longo*.

Começamos a usar essa frase muitos anos atrás, quando ganhei um conjunto de DVDs (eu disse que foi há muitos anos). Michael e eu assistimos aos

DVDs juntos uma noite enquanto eu dobrava a roupa. Eles foram filmados em um evento ao vivo, no qual um guru estava ensinando seus alunos como eles também poderiam ser capazes de ganhar milhões.

"A fórmula é simples", ele dizia em um tom igualmente encorajador e condescendente. "Tudo o que você precisa fazer é vender uma assinatura mensal para 500 pessoas pelo preço de US$49 por mês, vender 100 cursos digitais para 250 pessoas a US$500 a aula e organizar quatro eventos por ano para 100 pessoas, cobrando US$2 mil pelo preço do ingresso e você ganhará mais de um milhão de dólares ao ano."

Parece simples, não é? E suponho que, de certa forma, seja. É basicamente uma conta de multiplicação. Mas dizer que é *fácil*? Ah, sim! Pergunte isso para quem já tentou. Mesmo que algumas pessoas tenham conseguido alcançar esse objetivo financeiro, se disserem que é fácil, *estarão mentindo*.

O mesmo se aplica a assumir o controle sobre as histórias que você conta a si mesmo.

"Tudo o que você precisa fazer é contar a si mesmo uma história melhor."

Parece fácil. Mas, na verdade, é muito, *muito* difícil.

O que levanta a questão: *Por quê?* Por que é tão difícil ter total controle sobre nossas autonarrativas?

INVISÍVEIS, ENGATILHADAS, REPETITIVAS... AH, MEU DEUS!

Controlar suas autonarrativas é extremamente difícil em virtude de um conjunto quase impossível de características colocadas contra você. Por natureza (e devido à evolução), as autonarrativas são subconscientes, facilmente engatilhadas, automáticas e habituais. Leia novamente:

As autonarrativas são:

- *Subconscientes*. Basicamente invisíveis ao olho humano.
- *Engatilhadas*. Iniciadas por um evento, uma ocorrência ou uma interação.
- *Automáticas e repetitivas*. Um hábito. Uma máquina bem lubrificada. Tão ininterrupta quanto a respiração.

Se você já tentou controlar um hábito, como roer as unhas, limpar a garganta quando está nervoso, parar de fumar ou de falar "tipo" antes de cada palavra, então sabe como é difícil. O mesmo acontece com relação a essa pequena caixa preta de histórias que está afetando seus resultados. Eis uma visão mais detalhada do que você está enfrentando.

SUAS AUTONARRATIVAS SÃO (EM SUA MAIORIA) INVISÍVEIS

Viver na cidade de Nova York em 2020 foi uma experiência e tanto — tenho certeza de que só serei capaz de entender isso totalmente muitos anos adiante a partir de agora, quando o tempo e a sabedoria me ajudarão a juntar as peças e entender a história. Como você pode imaginar, durante muitos meses, nossa única interação com o mundo exterior consistiu em caminhar até um Central Park vazio (literalmente vazio) e observar o mundo da janela do quarto andar de nossos quartos voltados para a rua.

Há tantas histórias que eu poderia contar, histórias que testemunhei daquela janela, da pré-pandemia e muitas outras. Mas a única que me vem à mente enquanto escrevo este capítulo é uma história sobre *ratos*.

Sim. Receio que ratos e autonarrativas estejam relacionados.

Em uma noite de maio, as temperaturas mais altas e a sensação de perigo imediato diminuindo aos poucos trouxeram um pouco mais de movimento para a rua do lado de fora de minha janela. Ao entardecer, enquanto via casais caminhando pelas ruas, observei duas jovens que passavam pela Dos Toros, uma loja de tacos em frente ao nosso apartamento. Elas estavam conversando e rindo — lembro que me chamou a atenção porque parecia tão *normal*. Um grande contraste, bastante surpreendente, com os dois meses anteriores.

Esse momento de tranquilidade foi rapidamente quebrado quando uma das mulheres soltou um berro de gelar o sangue. Ela apontou para a calçada, quando sua amiga se juntou a ela em uma estranha dança do tipo "o chão está cheio de lava quente", pulando freneticamente de um pé para o outro.

Exceto pelo fato de que não era lava. Eram *ratos*. A loja de tacos havia depositado seu lixo na calçada para ser coletado naquela noite e, enquanto as pessoas passavam, os ratos iniciaram sua rotina noturna de correr pela calçada até a pilha de lixo, para pegar comida mexicana para o jantar, e correr de volta para seus esconderijos. Naquela noite, os dois mundos — o mundo dos roedores e o mundo dos seres humanos — colidiram, deixando essas duas amigas desavisadas horrorizadas com o vislumbre de uma verdade que elas preferiam não ver: há ratos *por toda parte*.

Especialistas dizem que, neste exato momento, há milhões de ratos vivendo na Big Apple. "Não existe um censo confiável", diz o *Wall Street Journal* (os ratos são famosos por não responderem ao censo demográfico), mas eles certamente estão lá.[1] No entanto, apesar do fato de que os ratos podem, mesmo, estar em maior número na cidade do que os seres humanos, alguns nova-iorquinos insistem que nunca viram um. E eu acredito neles. Por quê? Porque essa é a natureza dos ratos. Eles são especialistas em não ser pegos. Dispositivos muitas vezes destrutivos, eles são praticamente deixados por conta própria, correndo apressados entre grades e frestas, infestando todos os cantos, locais para os quais os humanos raramente olham — inclusive mastigando fios de veículos e causando milhares de dólares em danos.[2]

Mas não se engane. Só porque você pode ser um dos sortudos que nunca viu um, não significa que eles não estejam lá. Os ratos estão sempre lá. Mesmo enquanto Carrie Bradshaw vagava pelas calçadas imaculadas em seus saltos Manolo, uma leve panorâmica da câmera para a esquerda e um rápido zoom revelariam um mundo inteiro de roedores que pouco se importam com a moda, apesar de ter o corpo coberto por uma pelagem.

O mesmo vale para nossas histórias. A primeira razão pela qual elas são tão difíceis de controlar é que quase não percebemos que elas estão lá.

Mas elas estão. Nossas histórias estão correndo de maneira selvagem logo abaixo da superfície de nossa consciência. *Milhares* delas. Histórias do ensino fundamental. Histórias daquele verão reunido com os primos. Histórias das vezes que você tentou, mas fracassou. A história de quando uma criança zombou de você no caminho de ônibus para casa. A história da época do colégio, quando o time perdeu o jogo mesmo após fazer aquele lance épico. Aquela vez em que você descobriu que um grupo de mães se reuniu após o jogo de futebol das filhas e não a convidaram. A vez em que você errou apenas uma palavra no teste de ortografia, mas essa única palavra foi exatamente sobre o que seu pai comentou. A vez em que você achou que tinha se saído bem na entrevista, mas, quando recebeu a resposta, eles disseram que escolheram "ir em uma direção diferente".

Histórias de uma década atrás, do século passado e do último sábado. De cada canto e fresta da pessoa que você foi, é, tem sido ou espera ser. Essas histórias correm pelo espaço vasto e inexplorado de seu inconsciente da mesma forma como os ratos correm soltos e indomáveis pela cidade. E, assim como os ratos mastigando a fiação de carros, o abandono imprudente das histórias que você conta a si mesmo pode ter um impacto significativo naquilo que está guiando sua vida — sua felicidade, seu senso de controle e seu nível de satisfação com a vida em geral. Conforme o psicólogo suíço Carl Jung teria afirmado: "Até que você torne o inconsciente consciente, é ele que direcionará sua vida, e você o chamará de Destino."

Se você ainda tem alguma esperança de assumir o controle de suas histórias e realizar mudanças significativas em sua vida, deve começar a enxergar essas histórias quase invisíveis como elas são de verdade.

SUAS AUTONARRATIVAS SÃO FACILMENTE ENGATILHADAS

Você já configurou um toque diferente no telefone para quando recebe uma chamada de determinada pessoa ou grupo de pessoas? Tenho uma amiga que tinha um toque específico para qualquer pessoa relacionada ao trabalho dela. Quando estávamos com um grupo de amigos em um happy hour e o telefone dela tocava, sem nem mesmo olhar para ele, imediatamente seu semblante se fechava e seu humor mudava.

Como os cães treinados por Pavlov, o toque de "trabalho" era capaz de lembrá-la de histórias que a levavam a um sofrimento profundo. Embora minha amiga pareça estar ouvindo alguém falar das próximas férias e a discussão sobre uma nova marca de equipamento para treino, ela está se afogando em um mar de autonarrativas negativas engatilhadas pelo toque do telefone. A história sobre quando ela foi ignorada em uma Stand Up meeting matinal. Sobre a época em que o gerente ficava ligando para ela, embora ela estivesse de licença visitando a mãe, que estava em tratamento para um câncer de mama. Sobre a vez em que ela fez um projeto inteiro e seu colega levou o crédito, embora ele tivesse duvidado até o último segundo que o projeto seria um sucesso (e ela sabia que seria). A história do cliente que ligou e a repreendeu por um problema que ela não causou. E como se isso não bastasse, há também as histórias sobre sua irmã mais velha, que teve a sorte de se dar bem logo após sair da faculdade e, agora, é uma celebridade nas redes sociais. E sobre aquele negócio que uma pessoa da igreja dela abriu, convidou-a para fazer parte, ela recusou e, agora, o negócio está bombando.

Toda essa autonarrativa foi engatilhada por um telefonema que ela nem sequer atendeu.

De acordo com o que acabamos de aprender, a lembrança dessas histórias aconteceu sem que ela tivesse uma percepção total da presença delas. Ela participou da discussão sobre as férias e, inclusive, sugeriu um restaurante que nossa amiga deveria experimentar durante a viagem. Ela confirmou que a nova marca de equipamentos para treino fabricou o melhor top esportivo de todos os tempos. Todo esse tempo sendo completamente torturada pelas histórias que, assim como os ratos de Nova York são acionados pelo lixo da loja de tacos na calçada, foram engatilhadas por um toque de telefone específico.

Você poderia culpar Dorothy se alguma vez ela tivesse pensado em desistir?

Um toque de telefone é apenas um exemplo. Os gatilhos vêm em muitas formas e em diferentes formatos. Podem ser eventos planejados ou acontecimentos espontâneos. Podem ser pessoas. Podem estar em artigos que você lê, enterrados em conversas que você tem e apegados às emoções que você sente. As infinitas oportunidades de engatilhar autonarrativas subconscientes e automáticas são outra razão pela qual elas são tão difíceis de controlar.

AS AUTONARRATIVAS SÃO AUTOMÁTICAS E SE REPETEM

A Netflix tem um recurso que, de vez em quando, após um episódio e antes de reproduzir automaticamente o episódio seguinte, mostra uma tela com a pergunta: *Tem alguém assistindo a...?*

Quando estávamos vivendo a vida "normal", eu gostava dessa tela. Se não respondesse, a Netflix presumiria que você adormeceu no sofá e não transmitiria o episódio seguinte, para que você não perdesse uma temporada inteira. (Admito que, durante a pandemia, eu me senti julgada. "Pare de perguntar se ainda estou assistindo! O que mais eu deveria estar fazendo?! Isso é tudo o que me restou fazer!")

O storytelling é neurologicamente "conectado". É um processo habitual, muitas vezes inconsciente e de autorreforço que repetimos diversas vezes. As autonarrativas são muito parecidas com a atividade de assistir a um programa em excesso, exceto que não temos uma plataforma interna que verifica se ainda estamos prestando atenção ao conteúdo. O cérebro reproduzirá suas histórias contínua e repetidamente enquanto você permitir e, como qualquer hábito, quanto mais você conta uma história a si mesmo, mais neurologicamente conectada e repetitiva ela se torna. Da mesma forma que os hábitos físicos, o hábito de contar histórias a si mesmo pode favorecê-lo ou mantê-lo preso na mesma situação. O hábito de ir à academia, por exemplo, funciona a seu favor. O hábito de contar a si mesmo como você é *péssimo* em lidar com as coisas faz exatamente o oposto, impedindo-o, antes de qualquer coisa, de ir até a academia.

As autonarrativas se transformam em vincos gastos nos quais é fácil entrar e dos quais é difícil sair. E embora possa não estar completamente ciente das tendências repetitivas das histórias que conta a si mesmo, você certamente viu seus efeitos. Você pode, inclusive, reconhecê-los em alguns destes:

- A maneira como todo novo relacionamento parece ter um ótimo começo, mas desandar em algum momento.
- Cada vez que você pensa que fez um pequeno progresso financeiro e tem alguma reserva no banco, algo acontece e você precisa gastar tudo.
- Novas oportunidades na carreira e nos negócios parecem nunca se concretizar.
- Seus esforços para fazer mudanças no estilo de vida, como comer melhor ou se exercitar mais, parecem começar forte e, depois, empacar e morrer.

Esses efeitos — e muitos outros — são os impactos das histórias não trabalhadas em nossa vida. São os sintomas de um conjunto de histórias que nunca enxergamos. São os resultados que não queremos, mas que parecemos sempre colher.

Provavelmente você já ouviu a frase: "A definição de insanidade é fazer a mesma coisa repetidas vezes e esperar resultados diferentes." Embora eu não discorde dela, *acho* que a citação simplifica demais o problema. Você *sabe* o que não fazer. Você *sabe* que o que está fazendo está impedindo você de fazer aquilo que deseja e se martiriza cada vez que repete o erro. Sim, isso o deixa louco porque, se você *pode* fazer melhor, por que simplesmente não *faz*? A definição de insanidade erra o alvo ao definir que o problema começa com *fazer*. E não é por aí. Ficamos loucos porque as histórias invisíveis, habituais e automáticas que contamos a nós mesmos repetidas vezes nos *levam* a fazer aquilo que não funciona.

Eu sei que minha versão não parece tão boa e atrativa quanto aquelas frases inspiradoras. Mas, se alguma vez você já ficou louco com algum comportamento que teve, essa noção, por si só, pode mudar tudo.

Não é o comportamento que o está impedindo de seguir em frente.

É a história oculta que você conta a si mesmo *antes* de ter tal comportamento.

Ao repetir a mesma história, fazemos as mesmas coisas e obtemos os mesmos resultados sempre. Você continua a não se candidatar ao novo trabalho. Continua adiando a abertura de um novo negócio. Nunca começa a escrever aquele livro. O jeans continua muito apertado no corpo. O relacionamento continua tenso. A vida permanece em seu estado atual. O vão permanece aberto.

QUEBRANDO O HÁBITO DA HISTÓRIA RUIM

A boa notícia é que qualquer hábito pode ser quebrado e substituído por um hábito melhor e mais produtivo — e isso também se aplica aos hábitos de contar histórias a si mesmo. É exatamente o que você aprenderá a fazer, passo a passo, na parte II deste livro. Por enquanto, lembre-se disto:

1. Se existe algo, em determinada área da vida, que você deseja mudar, o caminho para chegar lá é obter o controle sobre as histórias que você conta a si mesmo.

2. As autonarrativas são basicamente invisíveis ao olho humano. Elas são contadas de maneira subconsciente.
3. As autonarrativas costumam ser engatilhadas por um evento, uma ocorrência ou uma interação.
4. Uma vez engatilhadas, as autonarrativas se tornam um hábito automático e repetitivo — um hábito que precisa ser quebrado.

Quebrar o hábito de contar histórias ruins a si mesmo requer oportunidades de *interrupção*, para descobrir e impedir que você conte a si mesmo uma história negativa e que isso destrua os fios de sua autoestima e evite que você chegue à Cidade das Esmeraldas. É possível fazer isso! Há momentos — momentos da ponta do iceberg — em que uma história se revela, apenas um pouco. Esses momentos, os quais você aprenderá a identificar no Capítulo 4, oferecem uma oportunidade de pegar a história que está na parte submersa do iceberg, que ninguém enxerga, arrastá-la para a parte visível, a parte consciente de sua mente, a fim de começar a reformulá-la em algo que funcione a seu favor.

SEMPRE HÁ UMA HISTÓRIA

Em apenas algumas páginas, daremos início à parte II deste livro, na qual você aprenderá exatamente como reescrever sua história de dentro para fora por meio de um processo de quatro partes:

1. Pegar seu contador de histórias interno no ato.
2. Analisar uma história pelo que ela é de verdade e pelo impacto que teve em sua vida.
3. Escolher a história que mais o favorece.
4. Implantar essa história em seu cérebro e em sua vida, a fim de obter melhores resultados.

Independentemente de você estar lendo isso e pensando: "Uau. Isso é tão eu. Tenho tantas histórias dentro da minha cabeça" ou "Isso está um pouco distante da minha realidade", não se engane: *não* contar uma história não é uma opção.

Não existe um plano "sem nenhuma história". O cérebro não funciona dessa forma. *Existem* histórias aí dentro. E, querendo ou não, você *está* contando-as a si mesmo.

Agora, se você está naquela situação específica da vida em que não está encarando nenhum vão e já alcançou tudo o que deseja, então talvez você já tenha treinado seu contador de histórias interno; nesse caso, espero que este livro se torne uma confirmação do que, exatamente, você fez certo. Independentemente disso, a autorrealização não significa a ausência de histórias, mas o controle sobre elas; e isso começa com o reconhecimento da existência delas.

As histórias estão aí.

Você pode assumir o controle sobre suas histórias ou deixá-las conduzir sua vida do jeito que elas sempre fizeram. A escolha é sua.

DUAS PRINCESAS E A HISTÓRIA QUE ME SALVOU

Voltando para aquele dia de outono em Nova York, quando me ofereceram a oportunidade com a qual sempre sonhei e eu fui para casa imediatamente e chorei no chão do banheiro.

É importante que você saiba que não sou o tipo de garota que "chora no chão do banheiro".

Na verdade, aquela tarde foi a primeira e a única vez que fiz isso; coloco toda a culpa por esse comportamento na intensidade da avalanche da autonarrativa. No entanto, foi lá no chão do banheiro que comecei a enxergar com clareza.

É claro que existem, sim, diversas histórias de mães que falharam — é disso que a maternidade basicamente se trata. Cometer erros grandes e pequenos e esperar que os filhos aprendam com seus erros e se saiam melhor quando a geração seguinte chegar com tudo.

Mas se eu tinha diversas histórias de fracasso, será que também não tinha — se eu procurasse bem — muitas histórias em que fui bem-sucedida? Histórias sobre a forma como educo meus filhos ou o tipo de mãe que *sou* e, inclusive, sobre como meu trabalho *favoreceu* meus filhos de verdade e fez de mim uma *boa* mãe?

Acontece que, ao focar encontrar uma dessas histórias, mesmo que apenas por um minuto, no chão, com as costas contra a banheira, consegui obter alguns resultados poderosos. Uma de minhas histórias favoritas é a que aconteceu alguns anos atrás.

Duas Princesas e o Grande Castelo

A história aconteceu quando eu estava há alguns anos em meu negócio e, mesmo assim, em dúvida se era ou não uma "boa mãe". A viagem, o estresse, a ambição — eu estava lutando contra o fato de que meu trabalho significava ter que recusar ajudar os filhos nos deveres de casa e nos testes de ortografia e não estar lá para levá-los e buscá-los de suas atividades. Eu me esforçava para participar de grupos de bate-papo com as outras mães enquanto resolvia questões sobre vendas e escalas de voos, fazia o marketing e a gestão de minha empresa, tudo ao mesmo tempo.

Certa tarde, eu estava em casa com minha filha, que tinha cerca de 3 anos na época, e estávamos construindo algo com blocos no chão do quarto dela. Eu estava distraída, tentando colocar um bloco em cima do outro, mas não *construindo* nada efetivamente; então, minha filha falou.

"Mamãe", ela falou em um tom que eu já conhecia — aquele tom que usamos quando alguém não está prestando atenção e deveria estar. "Estamos construindo um castelo." Ela apontou para a pilha aleatória de blocos. Imediatamente voltei à realidade. "Ah, sim!", eu disse, como se fosse possível dizer que aquilo era um castelo — um castelo com sérios problemas estruturais, mas, de qualquer forma, um castelo. Peguei alguns blocos e comecei a trabalhar em uma das torres.

"E este é *nosso* castelo, mamãe", ela continuou, enquanto colocava um bloco em cima do outro. "Vivemos neste castelo porque somos duas princesas." Eu gostaria que houvesse uma maneira de inserir neste livro o tom de sua voz doce de menina quando ela disse "princesas", mas infelizmente isso não é possível. Lembro-me de ter pensado em como era lindo ser vista como princesa por sua filha.

"*E*", minha filha continuou de maneira enfática. Ela parou de repente, largou os blocos que estava segurando e me olhou nos olhos, seus cachos loiros rebeldes cor de areia em torno de seu rostinho redondo. Sempre a chamei de força da natureza (minha mãe a chamava de carma); a intensidade de seu olhar quando ela olhou para mim confirmou que nenhuma de nós estava errada.

"E é um castelo *grande*, mamãe. Porque somos duas princesas que saem... para... *trabalhar*!" Ela ligeiramente acenou com a cabeça ao falar a última palavra, por sentir a necessidade de dar ênfase a ela por meio de uma expressão física; depois, continuou o que estava fazendo.

Repassei esse momento em minha mente naquela tarde de quinta-feira de outubro, sentada no chão do banheiro. Eu me permiti *revivê-lo*. Entendi que, sim, embora houvesse coisas das quais eu sentiria falta, embora nossa vida pudesse ser um pouco diferente da vida das famílias ao nosso redor, isso não significava, automaticamente, que eu estava errada. Ou que estava fazendo um péssimo trabalho como mãe.

E percebi que, talvez, ao ser fiel a mim mesma e perseguir minha paixão, eu estivesse ensinando minha filha a sonhar grande, a construir aquele grande castelo se ela quisesse, a *seguir* seus sonhos e a *vivê-los*, tendo a certeza de que as pessoas que a amam continuarão a amá-la independentemente de qualquer coisa.

Liguei para minha agente.

"Estou dentro", eu disse. "Mas preciso ir no sábado de manhã. Vou pegar meus filhos na escola amanhã para jantarmos juntos."

Continua sendo um dos *sim* mais importantes de minha carreira.

Um *sim* que quase não aconteceu porque minhas histórias me diziam *não*.

Sou muito grata por ter escolhido contar uma história melhor a mim mesma.

A ESCOLHA DA AUTONARRATIVA

Dentro de cada um de nós, existem milhões de histórias. Pequenos eventos, grandes tragédias, coisas das quais mal conseguimos nos lembrar e outras das quais nunca esqueceremos. E, sim, muitas delas não são boas. Há momentos em que fomos traídos ou traímos outra pessoa. Existem histórias de injustiça e resultados injustos, ou consequências que não merecemos. Há histórias de abandono, erros tolos, arrogância. Histórias de pessoas que nos rejeitaram, zombaram de nós, nos envergonharam ou nos trataram como se fôssemos menos do que somos. Quero dizer, só de pensar no 6º ano do colégio por si só pode resultar em uma pilha de histórias da altura de um arranha-céu.

Não estou dizendo que essas histórias não existem. Na verdade, estou dizendo que elas, *definitivamente*, estão lá e que é hora de você tomar conhecimento delas, se ainda não o fez.

O que estou dizendo, *também*, é que, além dessas, existem pilhas de histórias positivas. Muitas vezes, você supera as probabilidades. Histórias sobre ser amado e dar amor em troca. Histórias de pessoas que acreditam em você, torcem por você, além daquelas em que você acredita em si mesmo. Elas não precisam ser histórias longas. Da mesma forma como os participantes do projeto que mencionei anteriormente ficaram surpresos ao descobrir — e você também descobrirá —, algumas histórias duram apenas um momento, são apenas algumas frases mais longas e, ainda assim, existe algo na emoção por trás delas que nos traz uma onda de energia positiva quando são recontadas.

Essa parte da "história", do processo entre o evento e a reação, é *sua*. A escolha é sua. Escolher qual história, ou histórias, você conta a si mesmo pode mudar sua reação a ela, o que, por sua vez, muda os resultados. Repita isso diversas vezes e, de repente, sua vida pode se transformar em algo totalmente diferente do que era.

Embora você não tenha a opção de saber se algumas histórias estão sendo contadas ou não — goste ou não, elas estão —, a boa notícia é que *a escolha de quais histórias você contará é somente sua*. Porque, embora certamente existam histórias que o impedem de seguir em frente, que o fazem se sentir pesado e se perguntar se algum dia atravessará o grande vão, também há histórias que podem libertá-lo. Existem histórias que podem empurrá-lo para a frente. Histórias que podem ajudá-lo a superar os desafios, a romper as barreiras. Sim, enquanto escrevo isso, percebo que, neste momento, deveria ter uma música inspiradora tocando ao fundo; e sabe o que mais? *Deveria* mesmo.

Porque a ciência, a pesquisa e as evidências de cada uma de nossas experiências neste mundo difícil, maravilhoso e cheio de histórias apontam para algo poderoso:

Se você pode mudar sua história, pode mudar sua vida.

PARTE II

O PROCESSO DE AUTONARRATIVA

Reconstruindo Sua Voz Interior

4

CAPTURE

Identificando Suas Histórias Invisíveis

Sempre pensei que o som produzido por uma pessoa é apenas a ponta do iceberg, assim como a pessoa que você vê fisicamente também é apenas a ponta do iceberg.

— YO-YO MA

Uma parte significativa do meu 1º ano do ensino médio foi dedicada ao filme *Titanic*. Assisti ao filme com minhas amigas e com o garoto que eu esperava que fosse meu namorado; nós o recriamos para um trabalho da disciplina Espanhol 3 e dançamos a música do filme no baile de formatura (o.k., *eu* dancei no baile — meu "namorado" não quis dançar). A música, a tragédia e, acima de tudo, a história de amor. Agora, quase 25 anos depois (sim, é tudo isso mesmo), percebo que estou muito menos interessada na história de amor e muito mais fascinada pela metáfora desconfortavelmente adequada para vida adulta — a história de um navio que não conseguiu mudar de direção e se chocou contra o que certamente seria sua ruína.

Na vida real, os icebergs são grandes pedaços de gelo que se desprendem das geleiras e flutuam livremente pelo oceano. Não se deixe enganar pela descrição — de forma alguma eles se parecem com boias coloridas e alegres de um resort chique, descendo um rio sem correnteza. Eles são enormes. Embora nunca saibamos as medidas exatas do iceberg que fez o *Titanic* afundar, estima-se que ele possa ter até 120 metros de comprimento e 30 metros de altura. Enorme.[1]

O que levanta a seguinte questão:

Como foi possível eles não enxergarem?

Após todo o esforço e aquela engenharia meticulosa, toda a atenção aos detalhes, como o *Titanic* deixou passar algo tão óbvio em seu caminho quanto uma massa de gelo daquele tamanho? Embora existam algumas teorias sobre tempestades solares interromperem a navegação pelo modelo magnético, a realidade é que, embora uma massa gigante de gelo em um oceano vazio fosse muito fácil de detectar e evitar, 90% da massa de um iceberg está escondida abaixo da superfície da água, invisível aos nossos olhos.[2]

Imagine isso. Algo que tem a capacidade de mandar um navio inafundável para o fundo do mar em menos de três horas, mas que é praticamente *invisível*. E embora a história do *Titanic* seja definitivamente trágica, na verdade, não se trata de um navio que afundou há mais de um século.

Isso é sobre você.

Quando você pensa sobre sua vida, independentemente da abordagem que escolheu para construí-la — talvez você seja uma pessoa obsessiva que gosta de definir metas ou está comprometido com a meditação e acredita na manifestação daquilo que deseja, ou talvez seja alguém que prefere deixar as coisas correrem e ver o que acontece — muitas vezes, há aquela sensação de que, embora nem sempre seja tão abrupto ou agressivo quanto uma massa de gelo abrindo um buraco no casco de um navio gigantesco, há algo escondido sob a superfície que o mantém ancorado e incapaz de alcançar o destino pretendido.

Você não está sozinho. Cerca de 80% das pessoas admitem se sentir presas em suas rotinas.[3] Menos de 20% delas mantêm suas resoluções.[4] Mais de 50% estão infelizes no trabalho.[5] Todos estamos encarando vãos entre a posição em que nos encontramos e aquela em que queremos estar — seja com relação ao amor, aos negócios, à saúde ou ao dinheiro — e não conseguimos descobrir por quê. O que está nos impedindo de seguir em frente? O que está nos mantendo empacados sempre na mesma situação?

A resposta para nós não é diferente daquela que afundou o navio "impossível de afundar": uma massa enorme, porém invisível. Mas, para nós, essa massa não é formada por gelo. É formada por histórias.

MOMENTOS ICEBERG: SINAIS DAS HISTÓRIAS DE 20.000 LÉGUAS SUBMARINAS

Vamos revisar a grande ideia do capítulo anterior — que as histórias estão determinando os resultados que você obtém na vida:

As histórias estão se inserindo em nossa vida, mudando a forma como pensamos, sentimos e agimos. O problema é que não conseguimos enxergar boa parte delas! Embora geralmente os eventos que desencadeiam suas histórias estejam visíveis e você consegue enxergar suas reações e os resultados que está obtendo, a história em si — a coisa toda que está, de fato, moldando sua vida — é muito mais difícil de enxergar. É um iceberg quase completamente submerso, como este:

Não importa para que lado você vire seu navio, as histórias estão lá, se sobrepondo e cruzando as linhas de latitude e longitude de sua vida. Existe um iceberg para cada encruzilhada da vida para a qual você quer dizer "sim", mas acaba dizendo "não". Toda vez que você recusa um convite? Iceberg. Quando você deixa de se candidatar para um cargo ou uma posição porque acha que não é qualificado? Também existe um iceberg para isso. Quando você se mantém calado durante uma reunião de trabalho: iceberg. Quando você pula o treino: iceberg!

Para cada vez que você desistiu cedo demais, esquivou-se ou pegou o caminho errado, uma força quase invisível havia entrado em ação. Se você fosse capaz de prender a respiração, mergulhar nas águas glaciais de sua consciência e ter a coragem de abrir os olhos, veria um castelo de gelo de histórias que o estão impedindo de seguir em frente.

Se houver alguma esperança de realizar mudanças significativas na vida, é necessário fazer o famoso "mergulho polar". A mudança começa, em primeiro lugar, ao enxergar essas histórias.

Mas como capturar uma história invisível?

Felizmente, assim como os icebergs, nossa massa de histórias não é completamente *invisível*. Há esperança de capturá-la em seu radar e navegar ao redor dela. Às vezes, mesmo que por um momento, uma história se projeta acima da superfície da consciência e deixa ondulações perfeitamente visíveis na água, caso esteja prestando atenção, que revelam a grande massa de histórias abaixo delas. Pode ser que seu contador de histórias interno esteja trabalhando em segredo abaixo do nível da consciência, mas, inevitavelmente, esse trabalho emerge acima da superfície, mesmo que só por um momento.

Esses breves instantes em que uma história em andamento se revela são o que chamo de "momentos iceberg" e são uma oportunidade.

Momentos iceberg são pistas para suas autonarrativas. Podem ser pequenas. Podem ser fugazes e difíceis de detectar, mas não deixam de ser pistas. E o momento de captura delas é quando a mudança em sua vida se inicia.

O restante deste capítulo tem um objetivo peculiar: ajudá-lo na primeira etapa desse método — capturar as autonarrativas em ação, a fim de conseguir identificar as ondulações na água, por vezes turbulenta, da vida — temos que admitir — como um sinal para olhar abaixo da superfície e enxergar o que existe lá.

Você já ouviu falar sobre assumir o controle de sua vida; isso começa aqui. É hora de configurar seu radar para que, da próxima vez em que se deparar com um de seus momentos iceberg, ele não abra um buraco no casco do navio de sua vida e o afunde enquanto você está ocupado reorganizando as espreguiçadeiras.

"ICEBERG BEM EM FRENTE, SENHOR!": CAPTURANDO A AUTONARRATIVA EM AÇÃO

Conheça Amie.

Amie trabalha para uma startup financeira. De sua casa no Arizona, ela gerencia, de maneira remota, uma equipe de atendimento ao cliente cuja base fica nas Filipinas. Em uma segunda-feira de manhã, ela recebeu a notícia de que havia ocorrido uma discussão feia durante um telefonema entre um de seus funcionários, Joseph Scott, e um cliente.

Aparentemente, o cliente perguntou de maneira brusca: "Joseph Scott é seu nome verdadeiro?" Como política de atendimento, todos os membros da equipe de Amie nas Filipinas usam nomes americanos, a fim de facilitar a comunicação. Quando Joseph Scott respondeu isso ao cliente, este começou a gritar, chamando o funcionário de mentiroso e dizendo que não confiava mais na empresa.

Foi um momento de grande carga emocional para todos. Agora era trabalho de Amie resolver isso. Ela ouviria a ligação, para ter uma visão objetiva de como exatamente as coisas saíram dos trilhos, depois conversaria com o cliente e, por fim, com Joseph Scott.

Agora Amie sabe o que houve de errado na ligação. Essas coisas são corriqueiras em seu trabalho, e ela é boa no que faz. Mas, durante a reprodução das fitas, um sentimento de naufrágio começou a consumi-la. E quanto mais ela ouvia, pior se sentia.

"Isso estragou minha semana", ela disse. "Comecei a ficar muito nervosa. Isso estava me corroendo por dentro. Minha mente estava entrando em parafuso."

Não tinha nada a ver com o conteúdo da chamada em si ou com as ações que seriam necessárias para resolver a situação. Foi basicamente um estudo de caso retirado diretamente do manual de políticas e procedimentos. Então, o que estava causando essa reação adversa tão extrema em Amie?

"São as histórias, eu pensei."

Amie participou de um grupo que conduzi ao longo de seis semanas por meio do método descrito neste livro. Todas as segundas-feiras, tínhamos uma sessão de grupo via Zoom, em que expliquei cada etapa do método e lhes passei tarefas. Então, conforme mencionei anteriormente, me reuni com cada participante individualmente para discutir seu processo de autonarrativa e para dar uma orientação personalizada a cada um sobre como usar o poder das histórias que existem dentro deles.

Em nossa primeira sessão individual, dei a cada participante uma estratégia para identificar os sinais de uma história oculta em ação — para enxergar os momentos iceberg. Após anos praticando esse método sozinha, descobri que existem quatro tipos de momentos iceberg: *verbal, fisiológico, comportamental* e *emocional*. Cada um deles é uma pista para uma história mais profunda em andamento.

MOMENTOS ICEBERG VERBAIS

Ao final da primeira sessão em grupo, pedi aos participantes que prestassem atenção ao longo da semana para ver se conseguiam identificar pistas em sua linguagem que pudessem marcar as próprias declarações verbais em forma de iceberg. Para deixar isso claro, essas declarações nem sempre são verbalizadas *em voz alta*. Às vezes, são "ditas" dentro da própria cabeça.

Naquela semana, cada participante veio até mim com uma lista diferente de coisas que diziam a si mesmos com certa regularidade. Estas são apenas algumas delas — talvez algumas possam lhe parecer familiares:

- Nunca atingirei todo meu potencial.
- Preciso ter cuidado para não me machucar (então não posso malhar).
- Não me importo.

- Sou azarado.
- Apenas tenho sorte.
- Estou falhando com meus filhos.
- Sou péssimo com as finanças.
- Nada dá certo para mim.
- Não fui feito para o sucesso.
- Sou um péssimo pai.
- Não sou bom o suficiente.
- Não sou digno disso.
- Estou muito velho.
- Não sou bem-sucedido fora da minha zona de conforto.
- Eu só consigo ir até determinado limite.
- Se não consegui fazer até agora, nunca conseguirei.
- Prefiro sempre ser cauteloso e não correr riscos.
- Não tenho dinheiro suficiente.
- Não sei vender.
- Estou muito ocupado.
- Sou um fracasso.

Passei horas conversando com essas pessoas em suas salas de estar, no pátio atrás de suas casas e em seus escritórios improvisados em um canto ou no porão ou, ainda, no galpão de seu quintal e as observei enquanto liam em voz alta uma lista das coisas terríveis que pensavam sobre si mesmas, uma ladainha de frases que elas diziam a si mesmas todas as semanas ou todos os dias, quando não a cada hora. Após compartilharem suas listas, eu sempre perguntava como havia sido identificar essas afirmações.

Muitas dos participantes ficaram surpresos com a crueldade das declarações. "Não consigo acreditar que estou dizendo isso a mim mesmo." Outros ficaram surpresos e enojados com quão exageradas essas crenças eram. "Eu me peguei dizendo isso a mim mesmo, pelo menos, cinquenta vezes ontem." Muitos balançaram a cabeça enquanto olhavam para o pedaço de papel que seguravam nas mãos — aquilo que estava escrito com a caligrafia deles eram palavras de suas próprias mentes, mas era como se as frases tivessem vindo de outro lugar. Algum lugar invisível. Embora essas pessoas desejassem desesperadamente que as declarações não fossem verdade, elas acreditavam nelas. E odiavam isso.

A boa notícia? Tomar consciência dessas declarações é o início do fim da autossabotagem e das crenças limitantes e um passo poderoso em direção à liberdade.

Descobri que as pistas verbais costumam ser o melhor lugar por onde começar, porque são as mais comuns e fáceis de identificar.

Declarações do Tipo Sou/Não Sou

Também conhecidas como afirmações, essas frases são o indicador mais óbvio de uma autonarrativa em ação. Sempre que você se depara com aquele pensamento em sua cabeça que diz que você *é* ou *não é* alguma coisa com convicção, esse é um momento iceberg. Frases que incluem as palavras *sempre* ou *nunca* também são indicadoras da presença de uma autonarrativa agindo contra você. Há, também, a meia-irmã — que diz que você *pode* ou *não pode* fazer algo — e a prima próxima que diz que você *não conseguiria* ou *não seria capaz* de fazer algo.

Se tiver sorte, você dirá essas palavras a si mesmo em voz alta e, agora que leu este parágrafo, conseguirá capturá-las. No entanto, é mais provável que essas declarações sejam ditas apenas dentro de sua mente, nunca em voz alta. E, muito possivelmente, em um tom sarcástico e condescendente, ou em um tom irritantemente frio, calmo e totalmente convincente. (Acredite, eu conheço icebergs.) Independentemente do tom ou do volume, assim que ouvir uma das frases citadas anteriormente, acione o alarme. Todos para o convés, iceberg à frente!

Desculpas Esfarrapadas

Conheça Maggie.

Maggie sabia que precisava fazer algumas mudanças em seu estilo de vida. Embora tenha sido bailarina durante toda a juventude, feito longas caminhadas com frequência, além de ser uma aventureira e corredora principiante, ela se sentia abatida por antigos ferimentos, e sua saúde estava seguindo em uma direção que ela sabia que não era boa. Apesar de estar com as melhores intenções, ela não estava conseguindo retomar sua rotina de atividades.

Ao suspeitar que isso pudesse ser um problema de autonarrativa, ela ficou mais atenta e começou a examinar a superfície de sua consciência em busca de pontas de icebergs — afirmações que poderiam ser indicadores de um problema mais profundo. Não demorou muito para que encontrasse algumas. No entanto, embora esperasse encontrar afirmações feias e óbvias, o que ela *viu* foram afirmações que pareciam, de fato, "boas". O desafio era descobrir se elas agiam a favor ou contra ela.

Maggie descobriu um movimento clássico de afirmação do tipo iceberg, difícil de identificar; esse tipo de afirmação pode assumir a forma de "desculpas esfarrapadas". Superficialmente, elas parecem ótimas. Parecem sábias. Parecem estar alinhadas com uma vida bem vivida e, em alguns casos, são tão virtuosas que questioná-las seria um total desrespeito. Por exemplo, conheci uma mulher que queria desesperadamente se apaixonar e começar uma família, mas ela estava com grande dificuldade em encontrar *um cara legal*, muito menos *o cara certo*. Era frustrante, para dizer o mínimo. Mas, se você lhe perguntasse como ela estava conhecendo esses homens, ela lhe contaria que não estava se expondo de verdade. Seu mantra era: "Deus me enviará a pessoa certa." Agora isso parece muito bom. Quero dizer, não se pode argumentar com Deus. Mas ela, literalmente, não estava falando com nenhum homem, nunca! Ela estava esperando que Deus o enviasse até a porta da casa dela. Isso significava que, a menos que o cara dos correios fosse solteiro e estivesse interessado, ela estava em apuros.

Estas são algumas das desculpas esfarrapadas de Maggie:

- *"Não consigo mudar meu jeito, nasci assim."* Isso é verdade; todos enfrentamos um conjunto de circunstâncias genéticas. Existe determinado conjunto de verdades embutido nas fitas retorcidas de nosso DNA. (Os joelhos, por exemplo. Sempre quis ter um par de joelhos diferente do meu. O meu é perfeitamente funcional, mas eu preferiria ter joelhos que, quando eu estivesse em ótima forma, se parecessem com os de Carrie Underwood. Acontece que, independentemente de eu estar em forma ou não, meus joelhos sempre se parecerão com os joelhos da vovó Phyllis.) Após um exame mais aprofundado dessa declaração, Maggie percebeu que, embora houvesse alguma verdade nela, era apenas a ponta esfarrapada de um iceberg de histórias que a mantinham presa na mesma situação. Por que tentar tanto se você não consegue mudar o jeito que nasceu?

- *"Só se vive uma vez!"* Essa é outra declaração que, superficialmente, parece incrível. Corra mais riscos! Faça as coisas! É o slogan do século; quando você está vivendo tudo o que tem para viver, não pode cometer erros. Exceto que, para Maggie, esse slogan significava: "Claro que vou querer aquela torta! Sim, outro coquetel! Por que não ficar na rua até tarde da noite e deixar de fazer algo produtivo no dia seguinte?! Só se vive uma vez!" A desculpa esfarrapada parecia boa, mas fez com que a mudança se tornasse muito mais difícil.

Se você estiver dando uma razão lógica para fazer uma escolha ou passar a ter um comportamento contrário às suas ambições, por mais que pareça bom, você pode estar encarando seu iceberg e nem mesmo se dar conta disso. As desculpas esfarrapadas podem parecer boas, mas, na verdade, são bandeiras vermelhas, indicando que você está seguindo uma direção desastrosa.

MOMENTOS ICEBERG FISIOLÓGICOS

Recentemente, entrevistei Alexi Pappas, corredora olímpica e autora do fantástico livro *Bravey* [Bravo, em tradução livre]. Durante nossa conversa fascinante, ela mencionou algo que um treinador uma vez lhe disse. Descobriu-se que o rosto, as mãos e o estômago concentram uma maior quantidade de nervos — essa é a razão pela qual nosso estômago "embrulha" quando ficamos nervosos. Em uma ocasião enquanto tratava de uma lesão, o fisioterapeuta da Alexi perguntou se ela havia notado alguma mudança em seu rosto nos dias e nas semanas que antecederam a lesão. Na verdade, ela tinha. Ela estava com uma pequena mancha estranha e inexplicável abaixo do olho, que parecia uma queimadura de sol. Havia sumido quase tão rapidamente quanto apareceu, mas não era nada — apenas um sinal de que ela estava treinando muito pesado.

Há muito se estuda a conexão entre o corpo e a mente (falaremos mais sobre isso no Capítulo 9) e, se você prestar atenção, o corpo pode enviar pistas de que há um iceberg à frente. Pense nas respostas físicas que você apresenta quando fica ansioso ou nervoso. Talvez você seja aquela pessoa que rói todas as unhas. Uma das mulheres em minha pesquisa disse que o marido comentou que ela limpava a garganta de uma maneira estranha sempre que recebia um e-mail do chefe. Um sinal fisiológico claro de que eu estou encarando um enorme iceberg é minha lombar. Em diversos momentos importantes de minha vida em que fui bem-sucedida, fui agraciada, logo em seguida, com uma inexplicável dor nas costas. Fiz uma ressonância magnética e tenho tomado medicamentos para dor. Fui à fisioterapia e me disseram que o motivo de minhas costas estarem doendo tanto era porque a gestação de meus filhos foi próxima uma da outra e porque sou baixinha. (Só para constar, tenho 1,63 metro de altura e conheço mulheres mais baixas que tiveram dois bebês em um breve espaço de tempo de 17 minutos; a diferença entre os meus foi de 17 meses.) Felizmente, um amigo sugeriu que talvez o problema não fossem minhas costas, mas minha cabeça. E, felizmente, resisti à vontade de socá-lo e descobri que a dor na região lombar é, de fato, um sinal do tamanho de um outdoor de histórias que precisam ser resolvidas.

Para ser clara, essa resolução não substitui o tratamento médico. É importante consultar um médico. Acho fascinante como o corpo e a mente trabalham juntos. Preste atenção em seu corpo para ver se ele está tentando lhe dizer algo.

MOMENTOS ICEBERG COMPORTAMENTAIS

Isso pode parecer menos óbvio para você, porém não menos revelador. Aquela vontade repentina de limpar a cozinha? A caixa de entrada de e-mail que você *precisa* verificar imediatamente, embora não esteja esperando nenhum e-mail? A necessidade repentina de enviar aquele texto? Aquela necessidade de rolar a tela do aplicativo de mídia social? A vontade de comer, fumar ou se distrair com seu programa favorito? Todos esses podem ser sinais de que uma autonarrativa está em ação em segundo plano, correndo solta e desacompanhada.

Mesmo coisas que parecem ser hábitos positivos — como fazer exercício ou trabalhar — podem ser sinais de que uma história está se escondendo e, inconscientemente, você está tentando evitá-la. Todos já ouvimos histórias de pessoas que se jogam no trabalho quando estão passando por dificuldades em casa e, depois, vê a família se desfazer. Ou sobre a jovem que passa o dia na academia, brigando com suas histórias internas que dizem que ela não é merecedora.

Achei esta única pergunta útil: Que hábitos eu tenho que são o oposto daquilo que eu quero alcançar? Se você quer perder 5kg, mas pede pizza várias vezes durante semana e devora, pelo menos, metade dela sozinho, por que faz isso? A resposta a *essa* pergunta o levará mais perto do iceberg que o está impedindo de alcançar o que deseja.

MOMENTOS ICEBERG EMOCIONAIS

Medo. Temor. Vergonha. Constrangimento. Ciúmes. As emoções que amamos odiar também são a ponta do iceberg das histórias. Você já sentiu uma onda de emoção que parece vir do nada? Talvez se sinta repentinamente irritado ou triste no meio de uma conversa ou após ler uma mensagem em seu telefone. Talvez seu coração acelere um pouco ou seu humor mude de repente. Chamo isso de UFE[*] — uma emoção voadora não identificada; aquele sentimento que você não consegue identificar.

Por exemplo, certa manhã eu estava passeando com Michael, e a notícia do momento era o lançamento da vacina contra a COVID-19. Michael estava acompanhando as notícias e me mantinha atualizada, sempre com empolgação na voz. Nesse dia em particular, percebi que eu *não fiquei* animada com a vacina e, toda vez que ele a mencionava, eu tinha aquela sensação desagradável de UFE. Como eu sabia que esse era um sinal de uma autonarrativa em ação, fui em busca do iceberg abaixo dela e o encontrei quase imediatamente.

Era outono de 2010. Eu estava grávida de meu primeiro filho e tinha uma consulta médica marcada. Lembrei-me exatamente de como era a sala de espera em que eu estava sentada (a no lado norte do prédio), o que estava vestindo (uma camisola rosa-claro da maternidade) e que meu médico não estava lá. A

---

[*] Uma referência à sigla UFO — objeto voador não identificado. [N. do T.]

mulher que *estava* lá naquele dia tinha cabelos castanho-avermelhados esculhambados e usava óculos; ela perguntou se eu aproveitaria a visita para tomar a vacina contra a gripe. Gaguejei um pouco ao responder.

"Na verdade, eu não havia pensado nisso", eu disse. "Poderia esperar até minha próxima consulta?" Afinal, pesquisei quase tudo o que entrou em meu corpo durante a gravidez — queijo e alface lavada três vezes, inclusive — parecia estranho não pesquisar um pouco sobre isso ou, pelo menos, conversar sobre isso com meu marido.

Em seguida, a mulher começou a me repreender, fazendo eu me sentir como se fosse uma odiadora de bebês assassina. "Vou sair desta sala", ela disse, "e, quando eu voltar, é melhor você me dizer que quer a injeção."

Lembro-me de tremer. E de suar. Lembro-me de me sentir confusa, assustada e atacada. Quando a mulher voltou com a seringa na mão, aceitei a injeção, ela me deu e, certo ou errado, fui para casa me sentindo coagida e não totalmente confortável com o que acabara de acontecer.

Foi isso. Esse foi o evento, a história que silenciosamente se repetia em meu subconsciente e que era a fonte daquele UFE. Foi essa a história que surgiu durante nossas discussões sobre as vacinas. Ao esclarecer isso, consegui, com relação à atual situação, avançar com mais clareza e consciência.

As emoções existem por um motivo e, muitas vezes, entram em ação baseadas em um conjunto muito maior de histórias que estão fora de nossa vista.

MOMENTOS ICEBERG DA AMIE

"São as histórias, eu pensei."

Enquanto Amie se preparava para a ligação com o cliente irritado, as pistas para seu iceberg escondido não foram difíceis de detectar. Os sentimentos de ansiedade, a mente confusa? Esses eram sinais emocionais. O coração batendo mais rápido, a sensação incômoda na boca do estômago? Pistas fisiológicas. E, acima de tudo, ao se aprofundar apenas um pouco, uma declaração verbal apareceu: "Sempre que tenho que lidar com pessoas irracionais, eu me fecho." Um momento iceberg cristalino.

À medida que Amie se aprofundava em sua história, mais do iceberg que estava abaixo dela começou a despontar. Ela encontrou uma história específica sobre um incidente ocorrido há quase oito anos, quando um homem irracional a intimidou no local de trabalho e jogou os colegas contra ela.

"Foi um momento traumático que nunca esqueci", ela disse. "Foram seis meses da minha vida." Ouvir a gravação da ligação de Joseph Scott e ouvir o cliente zangado desencadeou a velha história do valentão irracional em seu antigo trabalho. Para o cérebro de Amie, aqueles dois homens eram a mesma pessoa, e sua mente estava fazendo tudo o que podia para mantê-la segura.

Após passar por diversas sessões comigo, Amie conseguiu capturar a ponta do iceberg e mergulhar abaixo da superfície da história para ver o que havia lá. A parte difícil, entretanto, era saber o que fazer em seguida. Como ela disse ao marido: "Tenho que me concentrar nas histórias positivas. Mas não consigo pensar em nenhuma."

O marido dela não teve problema nenhum com relação a isso. Então ele a lembrou das muitas vezes em que ela confrontou pessoas que a trataram mal. Das vezes em que ela terminou relacionamentos ruins e foi capaz de lidar com eles de maneira completamente racional e eficiente. Estava claro que Amie *havia* lidado com pessoas irracionais em muitas situações e havia sido bem-sucedida. Ela simplesmente não conseguia enxergar isso no início; aquela história traumática do seu passado continuou falando mais alto.

Enquanto Amie se preparava para a reunião com Joseph Scott e o cliente furioso, ela relembrou aquelas histórias de apoio de seu passado.

"Funcionou!", ela me contou. "Consegui atender à ligação com calma e acabou dando tudo certo."

NÃO É DE TODO MAL

Assinamos o aluguel de nosso primeiro apartamento em Nova York no final de março de 2018. Começamos a comprar os móveis e a nos mudar para lá em abril, mas não nos mudamos oficialmente até agosto. Algumas de minhas lembranças favoritas dessa época são dos poucos fins de semana entre abril e agosto em que fomos ver o apartamento. Eles me lembram aqueles momentos intangíveis entre acordar e dormir, quando um sonho bom é interrompido.

Um desses fins de semana foi no início de junho, quando a cidade estava perfeitamente calorosa e acolhedora. Foi naquele fim de semana que conhecemos nossa vizinha do andar de cima, uma mulher de 90 anos chamada Danuta, que convidou Michael, eu e nossos dois filhos para um chá com leite e guloseimas.

Tínhamos planejado fazer uma visita rápida; mas acabamos ficando duas horas lá. O apartamento dela parecia estar a uma temperatura de 37 °C. Quase quebramos o bule, uma peça antiga, três vezes. Minha filha bebeu quatro litros de leite e, provavelmente, é sensível à lactose. Mas nada disso importava. As histórias de Danuta eram viciantes. O marido dela havia sido um diplomata polonês. Eles se conheceram em DC e, depois, se mudaram para Nova York. Ele havia falecido há 20 anos. E embora ela não tenha nos contado *todas* as suas histórias, uma coisa havia ficado clara: Danuta havia passado por tudo na vida. Ela tinha visto, vivido e sobrevivido a coisas sobre as quais nem sequer tínhamos lido, muito menos experimentado. Embora seu corpo fosse pequeno e sua pele fosse frágil, Danuta era forte. Até nossos filhos sabiam que havíamos encontrado alguém especial.

Então você consegue imaginar a mistura de emoções que senti em março de 2020, quase dois anos após aquele dia quente de junho, quando olhei pela janela do quarto andar para as ruas pandêmicas desertas da cidade de Nova York e vi ninguém menos do que nossa vizinha do quinto andar voltando a pé para casa com sacolas de um mercado que ficava a muitos quarteirões de distância.

Estava claro que Danuta pertencia à categoria de pessoas com maior risco de pegar coronavírus. Tudo o que tínhamos ouvido, lido e visto dizia que ela deveria estar enfurnada em seu apartamento, com medo de sair. No entanto, lá estava ela, andando pela rua tão confiante e interessante como nunca — só que agora com novos acessórios: uma máscara, luvas e, pode-se supor, um pequeno frasco de álcool em gel para as mãos. Enquanto o restante do mundo estava encolhido de medo, Danuta estava fazendo compras. Do peitoril de minha janela, senti como se pudesse *ouvir* as histórias que ela estava contando a si mesma, embora não em voz alta. Elas diziam: *Já passei por coisas piores.*

Os especialistas dirão que o comportamento dela foi irresponsável. Embora isso possa ser verdade, o especialista em histórias dirá que, às vezes, pode haver afirmações e crenças que são úteis para você. Talvez você sempre tenha ouvido e acreditado que é uma pessoa extrovertida, e essa crença permitiu que você se conectasse a diversas pessoas e que isso o levasse a lugares incríveis. Talvez você sempre tenha sido o jogador que arremessou a bola para a cesta no último minuto nos jogos de basquete do ensino médio e que, de nove em dez vezes, acertou o lance, e essas histórias o levaram a acreditar que você funciona muito bem sob pressão. Nem todas as pontas do iceberg são ruins. Às vezes, há icebergs que nos empurram para a frente, que nos encorajam a assumir riscos que outras pessoas não assumiriam e, portanto, colher recompensas que outros não colheriam. Talvez seja melhor pensar nelas como pequenas ilhas tropicais. Lugares com muito sol, alegria e descanso em meio à jornada. Suas histórias positivas estão aí, esperando por você.

MERGULHANDO SOB AS ONDULAÇÕES

Identificar seus momentos de ponta do iceberg acarreta duas coisas importantes. A primeira delas é que esses momentos desaceleram ou, preferencialmente, impedem que o processo de storytelling automático corra solto logo abaixo da superfície de sua consciência. Isso torna o inconsciente consciente.

A segunda é que eles permitem que você passe para a segunda etapa do método de autonarrativa.

O sucesso de Amie não se deu apenas devido à captura do momento iceberg. As declarações de iceberg, embora poderosas por si só, não são toda a história; são apenas uma ponta dela. A parte maior está escondida nas profundezas, estimulando correntes em seu cérebro e agindo como uma âncora para mantê-lo preso exatamente na situação em que você se encontra.

Amie conseguiu ir mais longe — analisando a história abaixo da superfície e, em seguida, encontrando um conjunto melhor de histórias para substituir aquela que não a favoreceu. Isso é exatamente o que faremos nos próximos capítulos.

Agora que você sabe como capturar uma autonarrativa em ação, é hora de, assim como Amie, começar a explorar as histórias reais que estão abaixo das ondulações.

5
ANALISE

Colocando Sua História Interna Sob a Lente de Aumento

A mente do contador de histórias é uma oficina de produção de histórias verdadeiras quando consegue, mas que, quando não consegue, produz mentiras.
— JONATHAN GOTTSCHALL

No capítulo anterior, aprendemos que, se prestarmos bastante atenção, é possível detectar os sinais sutis de uma história em ação — pequenos vislumbres do iceberg da maior parte da história abaixo da superfície.

Para começar, é essencial encontrar essas pistas. Até que consiga apontar para algo e dizer "Ah, sim. Consigo ver o que está acontecendo aqui", você nunca será capaz de interromper o processo da história inconsciente por tempo suficiente para mudá-la. Mas, assim como acontece com a maioria dos problemas, não adianta apenas apontar para eles. Esse é apenas o primeiro passo. O que vem depois é *o mergulho mais profundo* — para analisar o iceberg abaixo da superfície e para que você consiga começar a fazer escolhas diferentes.

OS ICEBERGS DIÁRIOS

Por exemplo, se você sente dificuldade para falar em reuniões, cada vez que acha que tem algo a acrescentar, você se questiona e fica em silêncio. Seu eu consciente pode se sentir tolo por esse comportamento. *É só uma reunião*, você diz a si mesmo. *Não é nada de mais.*

Seu contador de histórias interno, no entanto, não acha nada de bobo nisso. Ele só enxerga isso como um *risco*. Em uma época em que sofrer rejeição por sua tribo *era* um problema real, de vida ou morte. Na época em que era *necessário* pertencer a uma vila para sobreviver, ser expulso da sua significava morte certa. E você ainda carrega esse legado, o que desencadeia um efeito cascata de eventos bastante familiar. A situação entra em conflito com uma história, e esta elabora uma resposta individual, uma reação, a qual, por sua vez, leva a um resultado. Nesse caso em específico, você está em uma reunião, quer contribuir com algo que tem em mente, mas não consegue; então sai da reunião frustrado porque nunca tem voz.

Você não é bobo. Sabe que o fato de nunca participar nas reuniões é um problema. Você já deixou de ser promovido diversas vezes e sabe que isso continuará impedindo-o de receber uma promoção, a menos que resolva esse problema. Você leu alguns livros sobre desenvolvimento pessoal e, inclusive, conversou com um coach da área, que sugeriu, como solução, fazer afirmações e ter um diálogo interno positivo.

Na ânsia de tentar qualquer coisa, você começa a conversar consigo mesmo para encontrar algum sentido:

Tudo bem, foi apenas uma reunião. Não há nada a temer. Essas pessoas o respeitam. É por isso que você está aqui. Ninguém vai pensar que você é estúpido apenas por estar compartilhando uma ideia. Ninguém vai apontar o dedo ou rir por causa disso — esse é um ambiente profissional. Você sabe que será pior se não se manifestar. Não podemos deixar isso acontecer outra vez.

Essa é uma abordagem típica e racional para lidar com o medo. Assim como podemos dizer a um amigo que tem medo de voar que é "mais seguro do que dirigir", dizemos a nós mesmos que "não há nada a temer". É um esforço corajoso, mas raramente funciona. Falar a si mesmo para não ficar ansioso porque isso seria irracional não ajuda. Quando você fica nervoso ao falar, já *sabe* que nada de terrível pode acontecer se gaguejar um pouco ou fizer uma sugestão ruim. Mas, como o diálogo interno não o impede de ficar quieto, você tenta as afirmações positivas.

Todas as manhãs, no caminho para o trabalho, você diz estas frases a si mesmo:

Você é competente.

Você tem boas ideias.

Você é uma pessoa confiante que expõe suas ideias.

Você pertence a esse lugar.

Gosto do meu cabelo. Gosto do meu corte de cabelo.*

Sentindo-se bem agora, você comparece à reunião seguinte e... (adivinhe)... não fala nada; e o processo volta ao início. Por que isso acontece? Bem, embora o diálogo interno positivo e as afirmações consigam abordar a ponta do iceberg, lembre-se de que ela é apenas cerca de 10% do que realmente está por trás disso. O que você está enfrentando é, na verdade, muito maior e mais amplo do que jamais poderia imaginar e compreender ao longo de uma vida inteira de — isso mesmo — histórias.

À ESPREITA NO FUNDO DO MAR

Abaixo da superfície de sua consciência, estão as memórias de eventos reais que aconteceram ao longo de toda sua vida. Esses eventos, assim como cada um dos flocos de neve que se acumularam e formaram um enorme iceberg, são o que estrangulam sua voz e o mantêm calado.

Talvez você seja o filho mais novo em uma família de cinco pessoas e, embora vocês sempre se reúnam para discutir o destino nas férias, seus irmãos mais velhos compartilham alguma ideia primeiro e, então, quando chega sua vez, a decisão já foi tomada (*ou seja, sua opinião não importa*). Ou sua formatura no colégio já não foi um grande evento para a família, e você se lembra bem da pompa e da relevância que foi o evento de formatura do seu irmão — com diversas mesas dobráveis repletas de comida, todas aquelas pessoas enchendo

---

* Uma referência a um vídeo superantigo que viralizou no YouTube, de uma menina em pé na pia do banheiro falando para si mesma como ela é incrível.

a casa e ocupando o jardim da frente, e a pilha de presentes que tomou conta da sala de estar. No entanto, para a sua formatura, apenas seis anos depois, você ganhou um balão, tinha sanduíches de presunto e queijo e um punhado de amigos, vizinhos e um primo qualquer que você tem certeza de que ele estava enchendo os bolsos enormes da camisa de flanela com sanduíches de presunto e deixando um rastro de fatias de queijo por onde passava, porque era intolerante à lactose (*você não é importante*). Teve aquela vez, também, em que você estava na faculdade e teve que participar de um projeto em grupo medonho para a disciplina de Filosofia Antiga. Você se lembra muito bem de estar sentado lá no fundo da biblioteca, em uma mesa de canto, à meia-noite, duas noites antes da data prevista para a apresentação, sugerindo ao grupo que vocês reencenassem a alegoria da caverna de Platão, com cada um interpretando o papel de um prisioneiro diferente, para ganhar a nota máxima em criatividade, porém o grupo foi categórico em rejeitar sua sugestão, e o resultado foi que sua nota ficou prejudicada (*nem mesmo suas boas ideias são consideradas válidas*).

Parece bobeira lembrar-se dessas ocorrências; são tão insignificantes. Mas, pensando bem, você consegue descrever cada uma delas com uma quantidade chocante de detalhes. As cadeiras, o sofá e a mesinha de centro da sala onde aconteciam as "reuniões de família". Você consegue se lembrar do dia de sua festa de formatura improvisada e da caixa engordurada da pizza de US$8 daquela noite com o grupo da faculdade, entregue pela entrada dos fundos da biblioteca.

Só porque: a) você nunca pensa de verdade nesses momentos, e b) você *definitivamente* nunca é questionado a respeito deles, não significa que essas memórias são aleatórias *ou* insignificantes. A verdade é que esses eventos, essas *histórias* e muitas, muitas outras foram cuidadosamente coletadas, selecionadas e compactadas por seu subconsciente como uma ameaça invisível gigantesca para tudo aquilo que você sempre desejou.

Não é de admirar que ter uma conversa interna positiva é algo que não funciona para você. Não é de admirar que pareça inútil fazer afirmações. Lembre-se de que a crença limitante é só a ponta do iceberg. *Não sou bom o suficiente. Minha opinião não importa.* É como se a tripulação do *Titanic*, após ver a ponta do iceberg saindo da água, tivesse parado ao lado dela, acendido um fósforo, jogado na enorme massa glacial e limpado as mãos. Pronto, crise evitada.

Há muito mais coisas abaixo do nível da superfície da consciência — uma vida inteira de histórias que, ao contrário dos flocos de neve de um iceberg que não podem ser separados uns dos outros, são preservadas e estão lá, cada uma com suas singularidades.

Isso é o que está sustentando suas crenças limitantes.

É contra isso que você está lutando.

Lidar com *isso* é o objetivo deste capítulo.

Depois de pegar em flagrante suas autonarrativas em ação, identificando a crença limitante por trás delas, o passo seguinte é cavar mais fundo e analisá-las. A única maneira de mudar de vida é entender completamente, em toda sua glória congelada, o iceberg que sempre impede que você siga em frente. Para isso, primeiro abordaremos o que faz uma história pegar e, depois, veremos quais são as seis perguntas essenciais que você deve fazer a si mesmo para obter uma análise completa de seu catálogo de histórias pessoais.

Dito isso... Um alerta: os icebergs podem ficar esquisitos.

EU NÃO TINHA IDEIA DE QUE ESTAVA LÁ

Capturar vislumbres de histórias que estão em ação no subconsciente, apontar as crenças limitantes, parar de dar desculpas esfarrapadas e revelar a verdade nua e crua pode ser um tipo estranho de revelação. De fato *existem* histórias aí. E quando você começa a prestar atenção, percebe que elas estão por toda parte! Sempre que conduzo alguém para a Etapa Um e para a Etapa Dois, essa pessoa diz: "Não acredito que me lembro disso."

As coisas sempre ficam mais interessantes quando olhamos logo abaixo da superfície. Se a afirmação é só a ponta do iceberg, o que exatamente há embaixo dela, sustentando-a? E por quê? Os participantes do grupo de pesquisa ficaram chocados com as histórias que encontraram nestes exemplos:

- Uma mulher se lembrou de um dia, quando estava no 5º ano, em que todas as crianças foram pesadas em uma balança, e ela era a que tinha

o maior peso, até mais do que os meninos. Ela se lembrava exatamente do que estava vestindo, a camiseta e os tênis de cano alto do Michael Jordan.
- Uma mulher foi capaz de dizer cada palavra do e-mail que um cliente em potencial havia escrito para lhe explicar por que contrataria outra pessoa. E se lembrou, inclusive, de onde estava sentada quando o leu.
- Um homem se lembrou com detalhes impecáveis de uma noite em particular em um acampamento no qual seu pai e seus primos o deixaram esperando perto do fogo enquanto foram floresta adentro coletar mais lenha e levaram, o que lhe pareceu, uma vida inteira para voltar.
- Uma mulher se lembrou do dia, quando estava na escola primária, em que ficou empolgada por haver cometido apenas um erro no teste de matemática, mas que, quando mostrou ao pai, ele gritou com ela por ter cometido esse erro. Ela se lembrou do local exato em que estava no corredor e da cadeira em que o pai se sentou enquanto gritava com ela.

Essas foram apenas algumas das histórias que surgiram, cada uma delas carregada de crenças limitantes como: "Sempre fui gordinha"; "Não sou muito bom no que faço"; "Preciso provar que sou bom"; "Não sou bom o suficiente". Ou como no exemplo de falar em uma reunião: "É melhor eu apenas ficar quieto."

Provavelmente, essa também será sua primeira reação. Se você é alguém que se lembra dos aniversários de todas as pessoas que conheceu e de sua torta favorita, ou alguém que *nunca* consegue se lembrar onde colocou as chaves, ficará surpreso com todas as histórias que estão pairando em seu subconsciente.

Porém, isso não deve ser surpresa, afinal as histórias são as que pegam, e nosso grupo de pesquisa estava experimentando isso muito de perto. O desafio, agora, era entender *por quê*. Em uma vida que pode ser repleta de *milhões* de histórias, o que tornou tais histórias tão memoráveis? Por que determinado momento no baile da escola permaneceu tão vívido, enquanto mil outros ficaram perdidos no tempo? Por que aquele comentário daquele colega em uma única reunião permaneceu como um fantasma, enquanto tantas outras horas gastas em reuniões não deixaram quase nenhuma impressão?

Essa é uma pergunta semelhante à que fiz em *Histórias Que Inspiram*. Embora nesse livro o contexto fosse voltado para o storytelling nos negócios, a *resposta* se aplica a este livro também, só que para as histórias que contamos a nós mesmos. Como eu sempre disse, somos contadores de histórias poderosos por natureza, e nossas autonarrativas facilmente englobam os componentes que fazem com que as histórias peguem — os quais nossa pesquisa indicou.

O QUE FAZ UMA HISTÓRIA PEGAR?

Em 2018, minha equipe buscou entender o que, sem sombra de dúvida, faz uma história pegar. Qual é a diferença entre uma história que vendeu muitos produtos e outra que não vendeu? A quais histórias as pessoas mais se apegaram e quais não deram certo? Nossa pesquisa testou quatro componentes dessas histórias para determinar seu efeito no impacto da mensagem.

- Personagens identificáveis
- Emoção genuína
- Um momento significativo
- Detalhes específicos

A pesquisa mostrou que uma mensagem que continha apenas um desses componentes funcionou melhor do que uma mensagem sem nenhum deles. Além disso, quanto mais componentes a mensagem continha, mais atraente a história se tornava. Além de explicar o resultado eficiente de uma história para os negócios, esses componentes nos ajudam a entender por que as histórias que contamos a nós mesmos exercem poder sobre nós de maneira tão simples. Nós *englobamos* esses componentes naturalmente, de maneira subconsciente. Eles são parte do que nos torna grandes contadores de histórias natos. E estão presentes em cada história envolvente que elaboramos.

Personagens Identificáveis

Às vezes, o personagem da história é *você*. Você quando era criança, quando era um jovem adulto, um adulto formado ou um adulto mais maduro. Embora algumas lembranças possam parecer um borrão, há partes do tempo em que, talvez, você se lembre exatamente de quem e como você era. Quais eram seus sonhos, os jogos que gostava de jogar, as coisas nas quais você era bom ou nas quais queria ser. Você consegue se lembrar dos riscos que assumiu ou daqueles que deixou passar. Mesmo tendo sido um personagem passivo em uma história específica, um observador em vez do participante do evento, talvez você ainda se lembre de como foi sua experiência nesse evento.

Além das muitas versões de nós mesmos em nossas histórias, há, é claro, uma fonte infinita de outros personagens. Nossos pais ou irmãos, ou mesmo parentes distantes, melhores amigos ou piores inimigos, treinadores ou colegas próximos — o elenco de personagens de que nos lembramos abrange todos os tipos de interações aleatórias. Os participantes da pesquisa para este livro foram capazes de lembrar o nome e o sobrenome das crianças com as quais frequentaram a escola primária. Eles se lembraram de velhos vizinhos com quem raramente conversavam e de funcionários do mercado que frequentavam e que há anos não viam. Se quiser testar um pouco sua memória, basta fazer uma pergunta que envolve alguns personagens de sua vida, como: "Quem eram as pessoas que trabalharam comigo em meu primeiro emprego?" Você ficará chocado com a lista de pessoas que seu cérebro carrega.

Emoção Genuína

Algo em comum entre todos esses personagens é que eles fazem você *sentir* algo. Algo bom ou ruim, mas, de qualquer forma, alguma emoção. Você certamente ouviu esta famosa citação, muitas vezes atribuída a Maya Angelou: "As pessoas esquecerão o que você disse, esquecerão o que você fez, mas nunca esquecerão como você as fez sentir." A emoção genuína é essa frase em ação, e talvez seja o componente mais importante em nossas autonarrativas.

Um dia, pouco depois de me mudar para o Arizona sem conhecer ninguém, eu estava abastecendo o carro no posto de gasolina antes de seguir para a Califórnia na esperança de encontrar um emprego. Meu cabelo estava uma bagunça, eu estava suando, porque era o Arizona e estava muito quente, e um senhor com uma aparência gentil que estava abastecendo na bomba ao lado me disse: "Com licença, senhorita, gostaria de lhe dizer que você é muito bonita." Então ele sorriu, entrou no carro e foi embora. Só isso. Só essa frase. Nenhuma cantada barata.

Por que esse elogio se destacaria entre os demais? Não foi o único elogio que já recebi até hoje. E essa troca não durou nem trinta segundos. Então por que consigo me lembrar disso tão nitidamente?

Por causa da *emoção*. Ouvir alguém dizer que eu estava muito bonita em um dia em que eu estava me sentindo perdida, confusa, frustrada e sozinha teve um impacto muito maior do que teria em um outro dia qualquer. Isso fez com que eu me sentisse esperançosa e tranquila, embora não tivesse nada a ver com minha aparência, mas com a sensação maravilhosa de receber um gesto de bondade quando eu, de fato, estava precisando.

Quando você sente algo com relação a uma história, seja algo bom ou ruim, isso tem um maior impacto no cérebro; e é por isso que essas histórias pegam.

Um Momento Significativo

Esse componente será visto com mais importância ainda no capítulo seguinte, mas, enquanto isso, como costumo falar às pessoas interessadas em saber como funciona o storytelling nos negócios, saiba que uma história incrível não precisa, necessariamente, vir de um evento épico e grandioso. As autonarrativas são pequenos instantes no tempo. São significativas por seu impacto, não por seu tamanho. O elogio no posto de gasolina. A pesagem na escola primária. Aquele momento sentado frente a frente com um cliente insatisfeito em uma sala de reuniões com iluminação fluorescente. A euforia do encontro espontâneo com um amigo para tomar um café porque aconteceu de ambos "terem um minuto de folga". Histórias interessantes acontecem em pequenas frações de tempo. Lembre-se disso.

Detalhes Específicos

Os detalhes são memoráveis. Eles deixam as histórias mais interessantes e verossímeis. Os profissionais de marketing usam os detalhes para fazer com que as histórias sobre seus produtos ou serviços colem na mente, e o cérebro faz a mesma coisa com muito menos esforço. Adoro quando alguém compartilha uma história de que se lembrou e ouço essa pessoa dizer, incrédula, de como consegue se lembrar de tudo, detalhes aparentemente insignificantes — como o lugar específico onde estacionou o carro ao contar uma história de dez anos atrás, ao mesmo tempo que não consegue se lembrar onde estacionou o carro no shopping no dia anterior.

A importância de compreender os componentes do que faz com que as histórias peguem é duplo. Em primeiro lugar, é útil saber por que esses icebergs específicos se formam e permanecem em nossa mente. Não é necessariamente por causa de sua magnitude; claro, nos lembramos dos grandes marcos e acontecimentos importantes em nossa vida, mas esses componentes explicam por que os momentos considerados insignificantes pelo cérebro consciente não se dissiparam. Em segundo lugar, saber como fazer uma história pegar é fundamental quando, no capítulo seguinte, você começar a escolher as histórias que *o favorecerão* — você quer que essas novas histórias fiquem na memória e formem os próprios icebergs; quanto mais pegajosas, melhor.

RECONHECENDO OS DRAGÕES

Em 11 de dezembro de 2002, o então psicólogo Jordan Peterson, autor best-seller e o pensador mais proeminente da atualidade, fez uma apresentação para um grupo de ex-alunos da Universidade de Toronto. Como parte da palestra, ele leu para eles um livro infantil destinado a crianças de 4 anos chamado *There's No Such Thing as a Dragon* [Dragões Não Existem, em tradução livre], de Jack Kent.

Na história do livro, o garotinho conta à mãe que há um dragão na casa deles. A mãe responde que os dragões não existem e segue em suas atividades diárias, assim como o menino — e o dragão, que fica cada vez maior. Conforme o dia passa, quanto mais a mãe nega a existência de dragões, mais ele cresce, até que a grande besta verde fica tão enorme que é capaz de carregar a casa da família nas costas. Somente quando o menino finalmente afirma que o dragão é real e o acaricia na cabeça é que ele encolhe o suficiente para rastejar até o colo da mãe. "Por que ele ficou tão enorme?", a mãe pergunta. "Não tenho certeza", responde o menino. "Acho que ele só queria ser notado."

Foi nessa parte que os participantes da pesquisa se identificaram. Da mesma forma como o dragão, suas histórias cresceram ao longo do tempo, ocupando mais espaço na mente. Após terem passado pelo choque inicial de atestar que as histórias negativas existem e são muito vívidas no subconsciente, outra coisa que eles identificaram foi há quanto tempo essas histórias estavam atuando na vida deles. Em muitos casos, foram *décadas*.

A força que todas essas histórias têm juntas dita o caminho pelo qual nossa vida segue, rouba nossa alegria e nos mantém de coadjuvantes — tudo isso enquanto permanecem quase que completamente em nosso radar, deixando no ar os seguintes pensamentos: *Como vim parar aqui? Por que não consigo superar essa etapa e seguir adiante? O que posso fazer a respeito disso?*

Tudo começa por enxergar as histórias como elas realmente são. Para desfazer a grande massa, analise o que foi comprimido e fez com que ela se mantivesse congelada no mesmo lugar.

Pegue sua picareta quebra-gelo; estamos partindo em uma missão de escavação.

Sua Missão, Se Você Escolher Aceitá-la

Uma observação importante: essa escavação não é o momento de parar e ruminar sobre as experiências negativas em sua vida. O objetivo é ampliar a consciência e trazer à luz as histórias que estão se repetindo e influenciando suas atitudes. Não queremos dar poder a essas histórias, mas analisar que poder elas já exercem sobre sua vida. E o fato de você *não* abordá-las apenas piora o problema. Não se trata, no entanto, de *apagar* as histórias ruins. Ainda não existe uma pílula mágica capaz de selecionar um bloco de memória como se seleciona um texto em uma tela para depois apagá-lo.

Não, não podemos apagar as histórias ruins. E não queremos lhes dar mais poder do que elas já têm. O que *podemos* fazer, da mesma forma como os dragões, é reconhecer a presença delas e, depois, conhecê-las um pouco mais antes de voltar a atenção para as histórias que agem melhor a nosso favor.

Como disse Peterson: "Se o seu caminho do ponto A ao ponto B está sendo bloqueado por algo que você teme, é melhor aprender a enfrentar isso, porque, se não o fizer, isso crescerá e se expandirá até se tornar o tipo de dragão que ocupa sua casa inteira."

É mais fácil se comportar como a mãe do menino do livro — ignorar as histórias e fingir que elas não estão lá, porque você não consegue, de fato, enxergá-las. Embora eu não acredite que as autonarrativas negativas gostem da luz — tenho certeza de que elas estão mais confortáveis nas sombras — ignorá-las significa que elas acabarão atrapalhando as histórias boas que certamente existem.

ANALISANDO SEUS ICEBERGS

Tendo isso em mente, o primeiro passo para a análise é ter uma noção de suas histórias. Todas as histórias pegajosas que formam o iceberg em sua mente. Após ter capturado sua crença limitante em ação por meio de uma declaração "Eu sou" ou uma das outras pistas, é hora de acessar a memória. Pergunte a si mesmo se houve momentos específicos de seu passado que se fundiram, como se fossem flocos de neve de histórias pessoais, para formar essa geleira. Em alguns casos, você conseguirá identificá-las imediatamente; outras podem ser um pouco mais evasivas. Nesse caso, sugiro usar uma estratégia que também mencionei no livro *Histórias Que Inspiram*: acessar as histórias por meio de *substantivos* presentes em nossa vida — pessoas, lugares, coisas, eventos.

Pense nas pessoas que são importantes para você: parentes, colegas, amigos, professores. Pense, também, nas pessoas que podem não trazer muitas lembranças boas, aquelas que tiveram um impacto negativo sobre você: ex-parceiros, antigos chefes, amizades desfeitas. Que memórias específicas você tem dessas pessoas? Existem algumas histórias que você ainda relembra? Pense nos lugares que trazem memórias importantes: a casa em que você cresceu, o acampamento a que ia todo verão, a igreja da comunidade, o escritório do primeiro emprego de verdade. Ao pensar em cada um desses lugares, é provável que velhas histórias voltem para você e que algumas delas possam ser um pouco ruins. Pense nos eventos importantes em sua vida (uma mudança, uma promoção, uma perda de emprego, um casamento, um funeral) ou em algumas etapas da vida (juventude, adolescência, início da idade adulta, o ano em que você morou na Ásia) — existem histórias sobre isso também. Boas histórias, sim. Mas também histórias que podem estar agindo contra você.

Vamos a algumas poucas regras. Você pode voltar às memórias mais antigas ou às recentes, como da última terça-feira. A história pode ser grande ou pequena. Pode haver muitas delas ou apenas uma que seja forte o suficiente para derrubá-lo. O segredo é tirar sua declaração do tipo iceberg do caminho e ir em busca de outras histórias que a estão sustentando. Depois que encontrar algumas dessas histórias faça, no mínimo, uma anotação mental sobre elas. Gostaria de encorajá-lo a anotá-las em algum lugar, ou melhor, a contá-las a alguém de sua confiança, em estado de choque e talvez até espanto: "Você não vai acreditar na história de que me lembrei; é sobre meu primeiro emprego e acho que, sem perceber, fiquei remoendo até hoje." Novamente, não estamos fazendo isso para *reforçar* o trauma, mas para *libertá-lo*. Na verdade, assim como acontece com os dragões, a pesquisa indica que uma das melhores abordagens para lidar com a ansiedade e o transtorno de estresse pós-traumático (TEPT) é reviver a experiência ao máximo. Ou nas palavras de um de meus contadores de histórias favoritos, Kevin Kling: "Contar a história a alguém significa que ela não me controla mais."

Uma regra que tenho como *certa* é *não julgar. Não* diga: "Bem, isso foi há tanto tempo que não tem mais importância." Está claro que ainda tem. Se está em seu subconsciente, é porque importa. Não diga a si mesmo: "Mas foi algo tão pequeno; isso não conta." Como se costuma dizer no teatro: não existem papéis pequenos, só atores fracos. O mesmo vale para suas histórias. Não tem a ver com o tamanho da história, mas, sim, com a *emoção* por trás dela. E, conforme discutimos na parte I deste livro, até a menor das histórias permanece em nossa mente porque as emoções negativas — medo, vergonha, tristeza ou arrependimento — servem como um impulso para que ela aumente de tamanho.

Esta é uma zona livre de julgamentos. Qualquer história do tipo iceberg que você descobrir conta.

AS SEIS PERGUNTAS

Após capturar sua história (ou um punhado delas) sendo revivida vez após outra em sua consciência, é hora de conhecê-la melhor. A seguir, apresento as seis principais perguntas que você deve fazer a si mesmo para entender melhor as histórias que o estão impedindo de seguir em frente.

Pergunta Nº 1: De onde vem essa história?

Assim como os icebergs, as histórias não aparecem do nada. Algumas histórias vêm de experiências pessoais reais — coisas que aconteceram com você, eventos ou coisas que você testemunhou. Essas são as histórias que mais se destacam — como diz a famosa letra do musical sensação da Broadway, *RENT*, temos 525.600 minutos por ano, e cada um deles pode se tornar uma história. Se você está por aí há algum tempo, isso é muito conteúdo!

Além *dessas* histórias, há aquelas que se passam ou são contadas por amigos ou familiares. Às vezes, essas histórias são compartilhadas conosco contra a nossa vontade — se você alguma vez já se sentou à mesa com os adultos durante o jantar em um feriado festivo e aguentou ouvir a história sobre como a tia Susan não passou no primeiro vestibular para a faculdade escolhida ou sobre a tentativa fracassada do tio Frank de construir um império imobiliário, sabe do que estou falando. (O que levanta esta questão: Por que nunca queremos nos sentar na mesa das crianças? Aproveite-a o máximo que puder!)

Há cada vez mais evidências de que os componentes das histórias — as emoções ou os ricos detalhes sentimentais — podem ser transmitidos de geração em geração, não apenas oralmente ou por meio de acesso a diários antigos, mas por meio de nosso DNA.[1]

Nessa grande massa gelada, existem histórias que estamos constantemente acessando. Sempre que procuramos dar sentido a alguma situação vivenciada, tomar uma decisão ou obter conselhos, muitas vezes, o que recebemos são histórias. Isso faz sentido, é claro, porque os humanos são criaturas que contam histórias. Portanto, é lógico que, quando um amigo nos pergunta nossa opinião, oferecemos uma história como resposta. E elas ficam registradas em nossa mente *porque* são histórias.

A Espera pelo Ganho de Peso Após a Gravidez

Eu estava grávida de cerca de seis meses do meu primeiro filho e, como sempre, consegui engordar quase o dobro do peso recomendado para a gravidez *inteira*. Embora meu médico não parecesse muito preocupado, eu estava começando a ficar nervosa. Como diabos eu perderia todo esse peso depois que o bebê nascesse? Decidi perguntar a uma de minhas amigas que havia tido um bebê recentemente — ela certamente teria um conselho para me dar.

Nunca vou me esquecer de onde eu estava quando falei com ela — ao telefone, dentro do meu carro no posto de gasolina. (Estranho... por que a maioria das minhas histórias parece acontecer em postos de gasolina?) Eu estava terminando de abastecer o tanque quando essa amiga querida me contou a história de como ela e muitas de suas amigas ganharam cerca de 5kg após cada gravidez. "É assim mesmo", ela disse com naturalidade e, então, continuou a me contar mais sobre como a vida fica corrida com toda a responsabilidade e como você não tem mais tempo para nada, entre outras coisas. Eu me lembro de desligar o telefone e ficar paralisada, olhando fixo pelo para-brisa do carro enquanto aquela história afundava em minha mente. *Cinco quilos após cada gravidez?* Eu havia pedido uma história. Se você pedir uma, é isso que receberá. (Vou contar como essa história terminou no próximo capítulo.)

Independentemente de *onde* vêm as histórias, elas são o que são e vêm de qualquer lugar. Você não pode mudar a origem delas. Mas pode procurar entender sua origem, o que é um passo importante na escolha de uma história melhor. Ao perguntar: "De onde vem essa história?", criamos a oportunidade de *aceitar* de maneira ativa em vez de, passivamente, *adotar* as histórias que cruzam nosso caminho.

PERGUNTAS RELACIONADAS

- Qual é minha memória mais antiga relacionada a essa história?
- Consigo rastrear essa história ao longo do tempo?
- Como eu aumentei ou desenvolvi essa história desde que ela surgiu?

Pergunta Nº 2: Essa história é verdadeira?

Lori Gottlieb, autora do best-seller *Talvez Você Deva Conversar com Alguém*, disse: "Por sermos humanos, todos somos contadores de história não confiáveis. Achamos que estamos contando a versão exata da história, mas é claro que o que estamos contando é a nossa interpretação da história por meio de nossas lentes subjetivas."[2] Essa subjetividade por si só já é motivo para parar e olhar mais de perto. Sim, às vezes as histórias pessoais são bastante reais. Às vezes, a parte real de uma história muda ao longo do tempo. Em outras ocasiões, uma história é verdadeira apenas de uma perspectiva, mas, se você analisá-la por um ângulo diferente, verá que ela pode mudar de maneira que não a torna falsa, mas ganha uma nova dimensão.

A maleabilidade e a forma indefinida de uma história são seus mais belos atributos. No entanto, em nosso anseio por fazer com que tudo seja preto no branco, bem definido, certo ou errado, perdemos o maior presente que uma história tem a oferecer, que é transformá-la.

Felicidade de Recém-casados?

Quando eu era recém-casada, estava tendo problemas para me ajustar a dividir a vida com um homem que, embora fosse maravilhoso, não tinha ideia do que significava viver com uma mulher. No dia em que me mudei para o condomínio que chamaríamos de nossa casa, eu estava tentando encontrar espaço para todos os meus pertences. Michael me disse que tinha tudo planejado e apontou para o pufe marrom que combinava com o sofá marrom que ele comprara na Costco, o qual, por sua vez, combinava com a parede que ele também havia pintado de marrom.

O pufe. É lá que ficariam minhas coisas. Em uma pilha em cima do pufe.

Ele percebeu que meus olhos se arregalaram quando ele sugeriu isso (você tem que dar crédito a ele por isso) e, então, sugeriu que o restante das minhas coisas poderiam ser guardadas no depósito, que ficava na garagem. Tipo, se meu rímel rolasse do topo da pilha dos meus pertences que estavam no pufe, eu poderia guardá-lo no armário do depósito, na garagem, e me maquiar lá mesmo.

A maior sorte de Michael é ele ter se casado com uma contadora de histórias profissional. É literalmente meu *trabalho* pegar experiências da minha vida, muitas das quais agora o envolveriam, e apresentá-las ao mundo na forma de histórias. Às vezes, em livros. Às vezes, nas redes sociais. E, às vezes, em eventos ao vivo, como foi o caso dessa história.

Uma noite, fui convidada a contar histórias em um evento de storytelling tarde da noite. Lá, contei uma história sobre as regras que estabeleci para mim mesma quando se tratava da vida e dos homens — ela era composta de uma série de mini-histórias, como essa história do pufe, que eram todas sobre Michael e seu jeito bobo e abstraído de conseguir quebrar todas as minhas regras. Foi uma história engraçada, um pouco atrevida, cativante e contada através das lentes inconfundíveis de uma jovem recém-casada que ainda tinha aquele brilho nos olhos — cujo relacionamento ainda não havia passado pelo teste dos filhos (ou a falta deles), da perda de emprego ou do fracasso empresarial, por grandes decisões a serem tomadas ou pelo peso de décadas de pequenas decisões.

Assim que terminei de contar minha história, a multidão presente naquele minúsculo teatro escuro aplaudiu, mas as únicas palmas que importaram para mim vieram de um homem. Não. Não de Michael. Ele não estava lá. Ele estava em um campeonato de polo aquático. Foi de Donald Davis, meu mentor e lendário contador de histórias. Ele se aproximou de mim no final, me parabenizou por minha narrativa e disse uma das coisas mais importantes que eu jamais ouvira. "Amei suas histórias. Amei. Mal posso esperar para ouvir como elas soarão daqui a cinco ou dez anos." Seus olhos brilharam. "É isso que as histórias fazem", ele disse. "Elas mudam."

Eu acreditei nele na época e agora entendo melhor o que ele quis dizer. O que eu amava em Michael se transformou e se expandiu quando eu o vi segurar nosso filho pela primeira vez. A história do pufe teria outro significado após dez anos de casados e da mudança pela qual nossa família passou, da felicidade em uma casa em um grande bairro na região metropolitana da cidade para um apartamento em Manhattan, sobrevivendo a uma pandemia. Até mesmo a definição de uma regra quebrada poderia mudar à medida que escrevêssemos e reescrevêssemos nossas regras juntos.

É claro que, como uma contadora de histórias profissional, *preciso* voltar e revisitar velhas histórias para enxergá-las com as lentes do tempo e ver como elas mudaram; caso contrário, fico sem material. No entanto, para seres humanos comuns, que não passam por uma preparação para se apresentarem no palco de um evento de storytelling, não há uma motivação evidente para se fazer essa pergunta.

Cada história terá diferentes considerações para cada pessoa quando se trata da verdade — as combinações são infinitas. O mais importante, portanto, é começar pela pergunta: Essa história é verdadeira?

PERGUNTAS RELACIONADAS

- Isso *sempre* foi verdade?
- Foi verdade em algum ponto, mas, agora, com o tempo e a experiência, a verdade mudou?
- Era uma verdade para *mim* e não apenas para a pessoa que me contou?

Pergunta Nº 3: Por que essa história está aí?

Não existem histórias sem sentido.

Se você descobrir uma história em seu iceberg mental, é porque ela tem um motivo para existir. *Entender* esse motivo é parte importante do processo.

Talvez a história estivesse lá para mantê-lo seguro, embora o perigo não exista mais. Talvez estivesse lá para mantê-lo humilde, porém agora é mais importante que você seja ousado. Talvez a história esteja aí porque alguém com quem você se importa a contou, e as histórias das pessoas em quem confiamos têm mais poder de adesão do que as histórias de pessoas às quais somos indiferentes; mas, mesmo assim, essa história não é mais relevante. Essa história soa como se tivesse chegado até você em um momento em que você passava por um processo de cura e ela o ajudou a superar essa fase, porém agora ela se mantém aí, como aquele excesso de tecido cicatricial que forma uma queloide, impedindo-o de seguir em frente e causando novos problemas?

Essa questão é sobre reconhecer que toda história tem algum valor e, assim, perceber que você não precisa sentir vergonha da sua. Você não tinha vergonha do quarto de criança em que cresceu; é parte natural do crescimento. Mas imagine se seus pais tivessem mantido você em segurança no mesmo berço de bebê, no mesmo quarto de criança e nunca o tivessem reformado. Imagine passar a noite após o baile de formatura do colegial em seu berço. Levar o berço para a faculdade ou para sua primeira casa. Isso seria ridículo; no entanto, quando se trata de nossas histórias, é bastante comum. E extremamente problemático.

Felizmente, você está aqui. Sabe o que fazer e já está colocando em prática.

Ao se perguntar "Por que essa história está aí?", você se permite deixar a vergonha de lado, enxergar a verdade na história e libertá-la.

PERGUNTAS RELACIONADAS

- Como essa história me mantém na mesma situação?
- De que forma ela está me protegendo?
- Estou com medo de quê?

Pergunta Nº 4: Qual é o preço pago por essa história?

Em 1989, um terremoto atingiu São Francisco, o maior em quase um século, matando 63 pessoas, ferindo quase 4 mil e causando cerca de US$6 bilhões em danos a propriedades.

Na época, eu era criança e morava em Minnesota. Eu nem sequer teria ficado sabendo do terremoto se meu pai não estivesse em São Francisco naquele dia a negócios. Ainda me lembro da minha mãe gritando ao telefone, que ficava na cozinha, preso à parede, enquanto tentava descobrir exatamente o que estava acontecendo e se meu pai estava bem. Ele estava bem, mas voltou para casa com histórias de calçadas se movendo e com pedaços de concreto da parede do hotel dentro da mala.

Eu achei legal; minha mãe, não. Naquele momento, ela decidiu que jamais iria para a Califórnia. *Jamais.*

Essa história a manteve no lado leste do Mississípi por muito tempo. Até que me mudei para o Arizona, conheci um homem de San Diego e, então, decidimos fazer nosso casamento — isso mesmo — na Califórnia.

Minha mãe estava em uma encruzilhada de autonarrativa. Ela poderia continuar a contar a si mesma a história bastante assustadora e verdadeira de vinte anos atrás e deixar que isso ditasse sua vida, embora significasse não comparecer ao casamento da filha. A escolha era óbvia; então, no dia em que me casei com o amor da minha vida, ela e meu pai se sentaram orgulhosamente na primeira fila. Mas tenho certeza de que essa decisão não foi tomada sem algumas ponderações.

Dica: Suas histórias nem sempre serão tão óbvias, e o preço pago por elas nem sempre será tão claro quanto perder o casamento da filha, mas saiba que as histórias que você conta a si mesmo sempre têm um preço. O preço é a felicidade. É a autorrealização. É sua saúde. As etiquetas de preços variam muito e não há um limite de valor, assim como cada um de nossos desejos — mas uma autonarrativa negativa sempre tem um custo.

Quando se trata das histórias que contamos a nós mesmos, não há nada gratuito. Do que você abre mão todas as vezes em que as histórias surgem em seu subconsciente? Aquelas que são úteis para a situação presente trabalham contra as que o ajudam a atravessar aquele vão em sua vida. Qual é o preço que você está pagando por elas?

PERGUNTAS RELACIONADAS

- Como seria minha vida se essa história chegasse ao fim?
- O que estou perdendo por causa dessa história?
- Como me comporto quando essa história está em ação?

Pergunta Nº 5: Essa história é útil para mim?

Conheça Seema Bansal.

Quando Seema Bansal recebeu flores no Dia dos Namorados, ela não tinha certeza do que pensar.

Se o novo namorado dela estava tentando impressioná-la, não havia funcionado. As flores eram horríveis. Eram flores já murchas e quase mortas dentro de uma caixa simples e feia.

Ainda assim, parecia errado não reconhecer aquele gesto. Mas Seema estava em Vancouver, e seu namorado, Sunny, estava em Nova York, então ela lhe enviou uma foto das flores e agradeceu.

Ele ficou mortificado. As flores que ele encomendou definitivamente *não* eram aquelas. Toda essa situação logo virou uma piada entre eles.

Mas, então, a piada mudou. Seema, filha de pais imigrantes, cresceu vendo o pai passar por todo tipo de dificuldade em seus empreendimentos. *Podemos fazer melhor do que isso*, ela pensou.

Sunny concordou. Eles tiveram muitas conversas sobre o assunto, e o que começou como uma piada se transformou em uma ideia de negócio. Em pouco tempo, Seema estava planejando investir suas economias em um empreendimento totalmente novo com seu novo namorado e se mudar de Vancouver para Nova York.

Nem todos ficaram entusiasmados.

"Muitas pessoas não concordaram com a ideia", ela lembrou. "A começar pelos meus pais. Eles só estavam tentando me apoiar, mas estavam com medo de eu me mudar e usar as economias de toda uma vida para abrir um negócio. Muitos amigos falavam em meu ouvido que essa não era uma decisão inteligente. Foi desanimador. Tive muita dificuldade em saber quem realmente estava do meu lado."

A resposta inesperada com relação aos planos de Seema foi um golpe duro. E trouxe à tona histórias antigas.

O pai de Seema imigrou para o Canadá com quase nenhum pertence, depois trabalhou como operário até que se arriscou e conseguiu um robusto empréstimo de amigos e familiares para iniciar o próprio negócio. Foi um risco enorme na época e valeu a pena.

Analisando superficialmente, a história do pai dela deveria encorajar Seema a entrar de cabeça no novo empreendimento. Mas as histórias muitas vezes nos pregam peças. Quando o pai de Seema foi cauteloso em vez de apoiá-la, uma história diferente surgiu. E era uma história que Sunny compartilhava com ela, por ter tido uma criação semelhante à dela.

O que ela estava pensando? Os pais de ambos haviam se sacrificado para garantir que suas famílias ficassem bem. Seema arriscaria perder tudo? A incerteza do pai sobre o empreendimento só aumentou suas preocupações. Ela e Sunny estavam desrespeitando tudo o que os pais fizeram por eles por puro capricho?

"Não podíamos errar", Seema disse. Embora não fosse o dinheiro dos pais deles em jogo, significava o sacrifício deles.

Em pouco tempo, a história de Seema sobre novos relacionamentos e novas oportunidades transformou-se em: "Você não deve se mudar para um país diferente para morar com um cara que acabou de conhecer e começar um novo negócio."

Uma das perguntas mais importantes que você deve fazer sobre as histórias que capturar é: *Isso é útil para mim?*

É a pergunta mais pessoal. E é a única que só *você* pode responder. Também é a mais difícil.

Porque, em primeiro lugar, se você está se perguntando isso, as chances de a resposta provavelmente ser *não* são grandes. Não, a história *não* está sendo útil para você. E isso significa que você tem muito trabalho pela frente.

Para Seema, não foi fácil. Não é qualquer pessoa que dá conta de encontrar um meio-termo entre aquilo que seu instinto lhe diz sobre um novo negócio e um novo relacionamento e as histórias de pessoas que, inclusive, permitiram a ela acreditar que sonhar é possível. E embora seu pai lhe tenha dado sua bênção no aeroporto quando ela estava indo de Vancouver para Nova York, a história acompanhou Seema durante muitas madrugadas, quando eles estavam enfrentando dificuldades no novo negócio.

No início, o escritório deles ficava dentro de um apartamento de um quarto. Seema fazia os arranjos florais, e o namorado dela fazia as entregas, às vezes, até mesmo em longas distâncias, como Connecticut ou Maryland. Ao mesmo tempo que eles se esforçavam para descobrir como expandir o negócio, Seema se defrontou com sua antiga história repetidas vezes.

"Eu dormia chorando todas as noites. Chorava, mas sempre com o pensamento de que daria certo. Vai funcionar. Vai acontecer."

E deu.

A floricultura de Seema e Sunny, Venus ET Fleur, passou de uma pequena startup para uma marca de luxo mundialmente conhecida. Eles vendem para o mundo todo, têm butiques chiques em Londres e Nova York e recebem elogios de celebridades como Oprah e as Kardashians. Porém o único caminho para chegar lá era abrindo mão de histórias antigas.

Só você pode decidir se uma história é útil ou não. Saiba que sua resposta pode ir contra tudo o que você pensava que sabia ou acreditava. Se você cresceu em uma família de médicos e tem uma biblioteca mental repleta de histórias que terminam com "então me tornei médico e vivi feliz para sempre", mas o estetoscópio em seu pescoço significa mais um grilhão do que um chamado, pode ser que você precise rever essas histórias.

Como a própria Seema me disse: "Por meio dessa experiência, aprendi que preciso confiar em minha intuição e acreditar em mim mesma. Você tem que confiar em sua jornada e seguir em frente."

Pergunta Nº 6: Onde eu me encaixo nessa história?

Essa é minha pergunta favorita e a única que tem o poder de mudar sua vida.

Miss Americana

Não me lembro quando ou que dia assistimos, mas nunca esquecerei uma cena do documentário *Miss Americana* sobre a extraordinária pop star Taylor Swift. Na cena, é o dia da indicação ao Grammy 2018, e Taylor está ao telefone com uma mulher não identificada. A mulher conta a Taylor, enquanto ela ainda aguardava, naquele momento, a lista completa dos indicados nas categorias principais, que o álbum *Reputation* de Taylor não foi indicado.

Todos já sentimos alguma decepção na vida. Quando a última bola antes do juiz apitar o final do jogo bate na trave. Quando, mesmo após aquela corrida por vendas nos últimos minutos, a cota não é alcançada. Quando esperávamos receber um grande "sim" e recebemos um "não" de partir o coração. Todos já passamos pelo momento em que algo pelo qual batalhamos muito ou que pensávamos ser uma coisa acaba se revelando outra, ou seja, um fracasso... aquele momento em que, por um segundo, somos levados àquele estranho espaço, onde o tempo parece parar e acelerar ao mesmo tempo. É nessa porção de tempo que o subconsciente nos leva a um passeio selvagem, apresentando em flashes, diante de nossos olhos, o catálogo inteiro de histórias e nos implorando para chegar à conclusão de que: "Essa história acabou. Sou um fracasso." Porque se for *essa* nossa conclusão, vamos parar por aí e nos manter em terrenos mais seguros.

O documentário captura o momento exato em que Swift passa por essa encruzilhada e, para Taylor, é um momento muito pesado. "Meu código moral, desde criança até hoje, gira em torno da necessidade de ser considerada boa", ela diz. "Fui treinada para ser feliz quando você recebe muitos elogios... vivi uma vida inteira em torno de receber aqueles tapinhas nas costas."

Em seguida, vemos os dons de uma mestre em autonarrativas em ação.

Taylor respira fundo, faz uma pausa por apenas um segundo e, então, diz em voz alta para si mesma: "Isso é bom... isso é bom... só preciso fazer um álbum melhor."

Havia algo sobre a maneira como ela disse isso — como se não fosse outra pessoa que tivesse considerado melhor, mas *ela* mesma. E com essa afirmação simples, Swift acessa o que talvez seja a parte mais importante do processo de autonarrativa. Ela decide que esse não é o fim de sua história; é o *meio*.

Uma história pode ser criada em um instante e, ainda assim, milagrosamente, é ao mesmo tempo muito longa e pode ser desdobrada quantas vezes desejarmos, assim como a própria vida. Um fim pode ser um começo; um começo pode ser um meio. O meio de uma história pode ser o fim de outra. Quando se trata de autonarrativas, existem infinitas possibilidades e combinações possíveis, mas nosso modo padrão é ver as histórias como *acabadas* — como algo concluído, um estado permanente. Gostamos de colocar um ponto-final no final da história, um título no início e partir daí.

Taylor poderia facilmente ter colocado um ponto-final na história e a encerrado ali. *Já alcancei o sucesso que estava reservado para mim. Já cheguei ao topo; agora vem a lenta descida por trás da montanha da indústria musical. Fim.* Em vez disso, bastante ciente de que, quando se trata de sua história, a decisão é exclusivamente dela, ela considerou esse o meio da autonarrativa.

Você pode fazer o mesmo. Se não gostou da maneira como a história terminou, retome-a e faça um novo final.

Faça com que seja o meio da história.

Eis uma coisa que você precisa saber sobre o meio das histórias: ele é uma *bagunça*. É difícil, confuso e repleto de conflitos. Pode parecer injusto. Você pode se sentir frustrado ou injustiçado e estar completamente certo em se sentir assim. Mas o meio das histórias é assim. Ao reconhecer isso, ao confiar nisso, você se liberta um pouco. Com o tempo, a história se desenrola e, ao relembrá-la, os eventos não serão mais vistos como acontecimentos aleatórios, impensados e devastadores, mas como trampolins que o deixaram mais próximo de seus objetivos ou que lhe ensinaram lições que você precisava aprender para chegar a um final com o qual ficou satisfeito.

Você pode, por exemplo, ter uma história relacionada a dinheiro que vem de sua infância, ou mesmo da infância de toda uma geração, formada pela dor de viver na pobreza. E você pode estar vivendo essa história agora, lidando com dívidas, uma renda baixa ou com o medo de investir em algo novo. Mas isso não significa que essa história *acabou*. Ela não chegou ao fim ainda; você está no meio dela.

Perguntar a si mesmo *Onde estou?* não diz respeito a tentar prever o fim da história. Trata-se apenas de reconhecer que *a história ainda não acabou*. E essa decisão é inteiramente sua. *Você* é que decide quando ela termina. Se não gosta da maneira como uma história termina, *faça com que esse não seja o fim dela.*

Imagine se cada história negativa que o impede de seguir em frente durante o processo dessa análise se tornasse o meio para alcançar sua grande história.

Quando você começa a olhar para a enorme massa de histórias abaixo da superfície que você coletou ao longo da vida, essa busca revela narrativas com pontos finais — pontos que são como enormes tornozeleiras de aço colocadas em você, formadas por suas crenças limitantes, e que o puxam para as profundezas do oceano. Quando você capturar essas histórias, eu o desafio a se perguntar: *Onde eu me encaixo nessa história?* Pegue sua caneta vermelha e transforme mentalmente cada ponto em uma vírgula, uma *pausa*, enquanto espera para ver como o restante dela pode se desenrolar.

PERGUNTAS RELACIONADAS

- Por que eu acho que essa história é permanente?
- O que poderia acontecer para que eu mudasse essa história?

A LIBERDADE DE ESCOLHER

Após capturar uma história em ação, um punhado de perguntas é suficiente para ir além da superfície e enxergar o que existe lá de verdade. Você será capaz de detectar os sinais de uma história em ação, identificar seus gatilhos e enxergar o impacto disso em sua vida. Você pegará o invisível e o tornará *visível*.

E depois? Bem, é aí que a diversão começa!

Porque, uma vez que começa a entender melhor as histórias que correm soltas abaixo da superfície de sua consciência, você se encontra em uma posição em que consegue *mudá-las*. Para contar uma história diferente.

Não se engane, pois existem histórias melhores.

Você apenas precisa saber *escolhê-las*.

A seguir falaremos exatamente sobre como fazer isso.

6

ESCOLHA

Reescreva uma Nova História que Seja Útil para Você

Grandes histórias acontecem com pessoas que são capazes de contá-las.

— IRA GLASS

Eu estava em uma ligação com meu editor, discutindo opções de capa para este livro.

Ele ainda não tinha lido uma única palavra do livro, mas, como todos nós, estava animado com o impacto que poderia causar. O que ele não sabia era que, para mim, nem tudo era um mar de rosas.

Eu estava compartilhando algumas das ideias que tive para a capa do livro, uma das quais incluía a imagem de alguém parado na ponta de um iceberg, olhando para baixo, para o fundo da água, abaixo da superfície, onde estava a grande massa de gelo.

"Sim", ele disse. "Acho que não gosto da imagem do iceberg. Parece tão ameaçador, sabe? Muito grande. Muito pesado."

Oh-oh.

Tentei disfarçar o pânico aumentando em meu peito. Naquele momento, eu tinha dois capítulos inteiros que tratavam dos icebergs que carregamos dentro de nós, e meu editor estava rejeitando essa ideia por achar muito pesada.

É por isso que você ainda está lendo sobre icebergs, apesar das preocupações do meu editor: os icebergs *são* mesmo pesados. Eles são muito mais do que pesados. São ameaçadores. São grandes e intimidadores. Eles são tudo aquilo que ele disse. É por isso que é tão importante compreendê-los. Ser capaz de ver os icebergs, compreendê-los e, nesse processo, tomar *posse* deles.

É exatamente isso o que você fez até agora. Você aprendeu a:

- Tornar o invisível *visível* ao capturar um vislumbre dos icebergs que seu contador de histórias interno está empurrando no mar à sua frente.
- Olhar abaixo da superfície lisa e enxergar a verdade sobre as diversas histórias escondidas lá.

Meu editor está certo: analisar o que se passa em nossa mente quando não estamos prestando atenção pode ser uma tarefa grande e assustadora.

Embora existam histórias no iceberg de sua vida que o estão impedindo de seguir em frente e embora elas sejam, de fato, assustadoras, há tantas *outras* histórias que são boas!

Existem histórias de conquista, de amor e amizade, de alinhamento, de coragem e de alegria. Não importa quem você é, de onde veio ou em que ambiente foi (ou não) criado; existem boas histórias. Você foi gentil com as pessoas e recebeu gentileza. Enfrentou o medo e perseverou. Passou por coisas difíceis e aprendeu com elas. Mesmo que as histórias positivas pareçam pequenas ou insuficientes para receber tanta importância, elas estão *aí* e podem ser muito mais favoráveis para sua vida.

Assim como as histórias negativas, as histórias positivas podem ser longas e expansivas, ou podem ser tão pequenas e fugazes como um elogio em um dia difícil. Porém, se fosse possível fazer um inventário preciso, o mais importante é que, na maioria das vezes, as histórias *boas* superariam, em muito, as ruins. É claro que, com a sobressalência de nosso viés para a negatividade, que dá preferência para as histórias assustadoras e dolorosas como um meio de sobrevivência, você nunca consegue imaginar se foi esse o caso.

É por isso que este capítulo é o mais importante do livro. Porque, embora a biologia possa estar trabalhando contra você, o livre-arbítrio ainda está sob seu controle. Você tem a capacidade, o direito e, se a Cidade das Esmeraldas é o que você procura, a responsabilidade de *escolher.*

Escolha contar a si mesmo histórias que lhe sejam *úteis.* Escolha *buscar* e, então, *aumentar* as histórias que o ajudarão a atravessar o vão. Este capítulo apresenta, detalhadamente, cinco estratégias específicas de como fazer isso.

Se a estrada de tijolos amarelos é o caminho que você deseja seguir, cada bloquinho de pedra de que ela é constituída simboliza uma história que você *escolhe* contar a si mesmo. Cada vez que se depara com uma crença limitante, deixa-se afetar por uma postagem nas redes sociais, desvia do propósito de ter uma alimentação saudável, envolve-se em mais um relacionamento fracassado, você está entrando em uma encruzilhada. Você pode permitir que seu subconsciente controle sua vida e atribuir o fracasso a algo que "sempre" acontece *ou* pode assumir o controle e usar isso como uma oportunidade para escolher e contar a si mesmo uma história melhor.

DUAS ARMADILHAS NO CAMINHO DE HISTÓRIAS MELHORES

A primeira semana em que fiz reuniões individuais com os participantes da pesquisa foi incrível. Todos pareciam estar muito bem preparados para a *captura*; eles compareceram à primeira reunião com uma lista de declarações do tipo iceberg pronta para ser compartilhada. E também conseguiram facilmente fazer a *análise* de onde algumas das declarações poderiam ter surgido. Eu me perguntei se precisaríamos mesmo fazer quatro encontros; talvez fossem necessários só dois ou três.

No final dessas primeiras reuniões individuais, cada participante deveria voltar na semana seguinte com algumas histórias *positivas* relacionadas às crenças limitantes que eles poderiam *escolher* contar a si mesmos.

A primeira reunião da segunda semana também começou muito bem. Os participantes não tiveram problemas em identificar algumas histórias que não eram tão boas e que estavam se repetindo automaticamente, fazendo com que se questionassem.

"Ótimo", eu disse. "E quais histórias vocês acham que poderíamos escolher em vez dessas?"

"Hum, bem, sei que sou bom no que faço. Vejamos... Sei que sou inteligente e um bom líder?"

Essa foi basicamente a resposta que todos deram. Umas frases aleatórias que pareciam ter sido retiradas de um cartão daqueles que você compra na fila do caixa da padaria.

Admito que fiquei um pouco preocupada com isso. Então tive uma epifania. As dificuldades encontradas pelos participantes individualmente eram exatamente as mesmas que as empresas enfrentavam ao capturar suas histórias nos negócios. Em vez de buscar eventos reais e incluir as coisas que tornam as histórias marcantes — os componentes que discutimos no Capítulo 5, como emoções, detalhes e personagens —, eles compartilharam generalizações, pontos básicos e falas ou ideias muito rasas.

Nos negócios, isso significa uma comunicação de vendas ruim e campanhas de marketing sem resultado. Na *vida*, isso deixa o indivíduo indefeso e despreparado para a batalha pela retomada do controle de seu subconsciente.

Ao perceber isso, passei a guiar os participantes na busca por suas histórias, primeiro compartilhando as principais armadilhas que eles encontrariam e, em seguida, ensinando-lhes as estratégias específicas para escolher histórias mais úteis para eles.

Armadilha 1: Escolher coisas que não são histórias

Conheça Megan Tamte.

Megan é a cofundadora de uma loja de moda feminina de sucesso chamada Evereve. Em uma época em que a mídia considera as lojas físicas como algo ultrapassado e, embora tenhamos passado por uma pandemia que paralisou o mundo, a Evereve desafiou as circunstâncias e expandiu sua marca, abrindo lojas de costa a costa — tudo isso sem fazer dívidas.

Quando Megan começa a ter dúvidas ou as coisas ficam difíceis, o que inevitavelmente acontece com todos nós, ela olha para sua longa lista de lojas de varejo espalhadas por todo o país e consegue se acalmar. Ela poderia consultar seu extrato bancário para reforçar sua autoestima. Ou se olhar no espelho e dizer: "Megan, você conseguiu."

Mas esse tipo de coisas não ajuda muito a resolver nosso desconforto porque *não são histórias*.

Conceitos amplos não são histórias. Nem as afirmações. As metas definidas para o ano? Também não são histórias — são apenas coisas que você busca. "Estou indo para a Itália" não é uma história. "Vou malhar mais" não é uma história. Metas, aspirações, esperanças e sonhos são coisas maravilhosas, mas não são histórias.

Megan faz mais do que isso, ela tem um conjunto de histórias *reais* para contar a si mesma. Como uma de muitos anos antes, em que ela decidiu trabalhar meio período na Crate & Barrel. Ela havia tido um bebê havia pouco tempo e sentia que havia perdido parte de sua identidade nesse processo. Ela achava o trabalho bom, mesmo que seus amigos a estivessem questionando por que ela havia desistido de suas noites de terça e quinta-feira e dos sábados à tarde para trabalhar meio período na Crate & Barrel. Não era nada de mais, mas o trabalho preencheu um vazio que Megan estava sentindo na época.

Esse não é o tipo de história que confortaria Megan quando ela se sente desconfortável. No entanto, dez anos após ter fundado a Evereve, Megan e seu marido, o cofundador, decidiram vender parte da empresa a investidores. Uma das primeiras pessoas a embarcar foi ninguém menos do que o cofundador e coCEO da — isso mesmo — Crate & Barrel.

Quando Megan me contou a história do momento em que ela atravessou as grandes portas de vidro do seu antigo emprego de meio período ao lado do fundador da Crate & Barrel, seu novo investidor, ficou claro que aquele momento significava mais do que qualquer elogio, prêmio ou outra coisa que não é considerada uma história jamais poderia significar.

Olhar-se no espelho antes de uma reunião e dizer: "Eu mereço isso" é automotivação.

Olhar-se no espelho e refletir, em detalhes, sobre todos os momentos, todas as decisões, os desafios e os riscos que o levaram até esse ponto é o que forma uma *autonarrativa*.

Uma tem os elementos de uma grande história; a outra é apenas uma frase. É exibicionismo. É uma afirmação. E tudo bem, mas não são efetivamente histórias. Ao procurar histórias melhores para contar a si mesmo, certifique-se de que sejam *histórias* reais, e não apenas listas de motivos. Se você procura uma mudança em sua vida, precisa de histórias reais. Elas incluem todos os componentes necessários? Você consegue enxergá-las se repetindo como um filme em sua mente?

Se a lógica funcionasse, você não estaria aqui agora. Você precisa de uma história.

Armadilha 2: Descartar histórias pequenas

Conheça Erin.

Há uma década, Erin trabalhava com vendas de espaços publicitários para uma estação de rádio local. Atualmente ela tem a própria agência de marketing digital de sucesso. Mas, apesar disso, algo a impedia de seguir em frente. Ela não se arriscou. Reduziu o valor de seus serviços quando não deveria. Aceitou trabalhar com clientes que sabia ser um péssimo negócio, tudo porque não estava valorizando a si mesma ou sua capacidade.

Havia algo sobre Erin com que eu realmente me identifiquei — senti como se nós duas estivéssemos na mesma encruzilhada. Aquilo que pensávamos que *deveria* ser nossa motivação não o era de fato; e o que os outros pensavam ser sucesso não parecia certo. Quando Erin buscou suas histórias, ela mencionou seu amplo escritório e sua equipe. Mencionou os clientes satisfeitos e todo seu histórico nos negócios, o que deve fazer com que ela se sinta muito bem consigo mesma. No entanto, mesmo enquanto ela compartilhava essas coisas comigo, parecia algo como: "Estou lhe contando aquilo que acho que devo contar."

Eu ouvi muito isso dos participantes da minha pesquisa, e você provavelmente terá a mesma dificuldade. Eles tentaram encontrar uma história que fosse "boa o suficiente" para os padrões de outra pessoa (nesse caso, o meu) ou que a sociedade considerasse digna. Uma história "grande o suficiente" para substituir uma vida inteira de histórias negativas. Esse pensamento é errado por diversas razões.

Primeiro porque, embora certamente existam grandes histórias sobre coisas que deram errado em seu passado, também existem muitas outras pequenas histórias negativas, como as deste livro. Se pequenas histórias negativas é algo que pode impedi-lo de alcançar o que deseja, então pequenas histórias positivas são capazes de impulsioná-lo para a frente.

Segundo porque você não precisa de ninguém para validar suas histórias. Nem eu, nem Hollywood, nem sua cunhada. Não importa o que os outros pensam. Se uma história o *empolga* e o *anima* a pegar o rumo em direção à sua estrada de tijolos amarelos, então vá em frente!

No caso de Erin, foi a história de seu antigo emprego, quando vendia espaço publicitário para uma rádio. Uma história que, no início, ela descartou porque pensou ser insignificante ou irrelevante, mas, quando decidiu me contar, percebi que essa história serviu como uma motivação real para ela.

Quando Erin tinha 24 anos, ela estava no auge do sucesso profissional. Como ela mesma disse: "Eu estava com tudo". Então ela comprou uma BMW. Um carro esporte de luxo.

Erin poderia ter feito uma dúzia de coisas mais importantes com esse dinheiro. Ela poderia ter investido. Poderia ter feito uma poupança para uma faculdade e comprado uma casa.

Mas ela amava aquele carro. O fato de poder dirigir um carro desses era uma confirmação do seu sucesso. E ela nunca esquecerá o primeiro dia em que chegou no estacionamento do escritório em seu carro novo, chamando a atenção de todos os colegas. Alguns foram um pouco sarcásticos, outros lhe deram os parabéns, mas nenhum deles, incluindo ela própria, poderia negar o que foi necessário para merecer um carro como aquele.

Ao longo do tempo, sua família cresceu e Erin reconheceu que esse carro não era nada prático, então não se importou em se desfazer dele. Mas, agora, toda vez que ela precisa buscar uma história de sucesso para ajudá-la a tomar as decisões certas em seu negócio, é à memória daquele carro que recorre.

Sim, uma história sobre um carro pode parecer irrelevante, mas para Erin não era. Era uma expressão de seu trabalho árduo e da alegria que isso lhe trouxe, que é algo naturalmente valioso. Era algo pequeno, mas era dela e funcionava.

Você pode ficar tentado a julgar suas histórias e a descartar mais do que depressa aquelas que, por um conjunto de padrões impostos, parecem ser "indignas" ou "extremamente irrelevantes". Não faça isso. Se a história for boa para você, use-a. Se em algum ponto você superá-la, tudo bem também. Isso apenas significa que precisa encontrar novas histórias.

E como buscar novas histórias? O que exatamente você poderia fazer para abrir caminho entre suas histórias negativas, a fim de encontrar aquelas que são úteis?

Vamos descobrir.

CINCO MANEIRAS DE ESCOLHER UMA HISTÓRIA MELHOR

Escolher é obter controle sobre suas histórias e, consequentemente, sobre seu futuro. Embora você possa ter deixado escapar as melhores histórias até agora, as cinco opções a seguir trazem um número infinito de estratégias para escolher as melhores autonarrativas positivas.

1. Substituir: Jogar fora a ruim, ficar com a boa

Esse é o método mais direto para escolher uma história melhor, e sua premissa é simples: após identificar uma história que não lhe favorece, *procure outra que prove que essa história está errada.* Há muitas delas em minha pesquisa:

- A mulher que estava convencida de que nunca levaria a sério os treinos — ela escolheu contar a si mesma a história de quando treinou e correu uma meia maratona.
- O homem que acreditava que precisava provar a si mesmo que era respeitado. Em vez disso, ele escolheu contar a si mesmo histórias de muitos elogios, cumprimentos e cartas de gratidão que recebeu simplesmente por ser ele.
- A mulher que achava que não tinha as habilidades necessárias para abrir o próprio negócio. Ela escolheu contar a si mesma a história de

quando estudou e fez um dos testes mais difíceis em sua área — e foi aprovada, mesmo quando ninguém acreditava que ela seria capaz.
- O homem que se repreendeu por nunca ter sido o melhor vendedor da empresa em que trabalhava. Ele escolheu contar a si mesmo a história do que o trabalho *realmente* significa para ele — seus relacionamentos e valores — e decidiu reconhecer o fato de que sua definição de sucesso era ligeiramente diferente da de seus colegas. (A história dele será contada no próximo capítulo.)

2. Reinterpretar: Enxergar o outro lado de uma autonarrativa

Sempre tive cabelos bastante cheios. Não que eles sejam rebeldes; é só bastante cabelo mesmo. Já fui questionada diversas vezes por estranhos nas redes sociais, amigos que não me veem há algum tempo e, inclusive, uma vez até meu filho de 9 anos perguntou se eu havia feito alongamento nos cabelos. Não. É meu cabelo mesmo.

Hoje em dia eu adoro meu cabelo. Mesmo quando criança, na maior parte das vezes, eu adorava ter bastante cabelo — exceto por uma vez... foi no final do 4º ano, quando o filme *Hook* [A Volta do Capitão Gancho] fez grande sucesso. Segundo minha mãe, Julia Roberts tinha "o pixie hair mais fofo de todos"; então ela me levou ao salão e pediu para cortar meu cabelo igual, todo picotado, e eu tive que explicar para pessoas aleatórias em restaurantes e no supermercado que eu era, sim, uma menina.

Essa foi uma. E a única outra vez em que odiei meu cabelo foi quando minha mãe o escovou. Não sei o que era, mas cada vez que ela passava a escova em meu cabelo, era como se eu estivesse entrando em uma câmara de tortura. Toda vez que ela escovava, eu balançava a cabeça para trás e gritava. "Não estou nem escovando com força!", ela dizia, mal conseguindo manter a calma, enquanto eu continuava indo para a frente e para trás, gritando.

Era sempre uma briga, e eu tinha quase me esquecido disso — até o dia em que tive que escovar o cabelo da minha *própria* filha. Não sei o que acontece, mas cada vez que coloco a escova no cabelo dela, parece que ela entra em uma câmara de tortura. Eu escovo e ela balança a cabeça para trás e grita. "Não estou nem escovando com força!", eu digo, mal conseguindo manter a calma. É sempre uma briga, que geralmente termina comigo ameaçando cortar todo o cabelo dela...

Espere um minuto.

Contei essa história do meu corte de cabelo ruim centenas de vezes como parte de uma história que abria minhas palestras. Vi o público balançar a cabeça em concordância — quem nunca chorou por causa de um corte de cabelo ruim (muitas vezes, por culpa da mãe)? Mas não faz muito tempo que minha ficha caiu. Ela não pediu para cortar meus cabelos por causa da Julia Roberts! Minha mãe cortou meus cabelos para não ter mais que escová-los.

Essa não é uma história que muda a vida de uma pessoa; é uma história que *ilustra* a vida. Ela mostra o poder que temos de ver, compreender e, portanto, *usar* uma história de uma maneira diferente. Se isso é verdadeiro para algo tão mundano como escovar os cabelos, a que mais pode ser útil? Aquele momento na reunião de família que fez com que você nunca mais falasse com seu irmão? A vez em que você não conseguiu a promoção no trabalho? As histórias, especialmente as autonarrativas, estão sempre abertas para interpretação. São como aqueles livros realmente bons que você lê e, às vezes, após algum tempo, com mais sabedoria e experiência, torna a lê-lo e ele revela uma história que, agora, é útil para você.

3. Redirecionar: *Usar uma história para inspirar outra*

Conheça Meredith.

Meredith trabalha como assessora de matemática independente na cidade de Nova York e, há anos, pensava abrir o próprio negócio na mesma área para atender a famílias e escolas. Embora ela seja mais do que qualificada e tenha tudo o que é necessário para decolar, algo ainda a impede de seguir em frente. Cada vez que reserva um tempo para se dedicar à ideia do próprio negócio, ela acaba com uma página em branco ou, na melhor das hipóteses, rabiscando algumas poucas ideias, até que se levanta para tomar conta das filhas.

Para Meredith, foi fácil encontrar as afirmações que a estão impedindo de dar continuidade à sua ideia. "Sou uma procrastinadora."; "Não sou bem-sucedida fora da minha zona de conforto."; "Estou destinada a trabalhar para os outros para sempre."; "Não me sinto realmente motivada."

Mas o maior problema foi quando tentamos substituir suas velhas histórias por outras melhores. Ela imediatamente rejeitou qualquer oferta de uma nova história para contar a si mesma.

Meredith tem o que chamo de *editor* forte. Quando você tenta fazer algo que nunca fez antes, é bastante provável que seu contador de histórias interno recue. Esse "editor" hiperativo é como se algo dentro de você estivesse segurando uma caneta vermelha e rejeitando ideias ou encontrando erros nelas antes mesmo de você ter a chance de analisá-las por inteiro. Foi assim com Meredith. Buscar novas histórias para escolher pode ser uma batalha nessas situações, porque o editor as deleta no segundo em que elas aparecem.

São os perfeccionistas, as pessoas do Tipo A, eneagrama Tipo 1 — você conhece bem esse editor, mas ninguém está a salvo dele. Mesmo que o editor não esteja mentindo — muitas vezes, ele está apontando para histórias reais com base na experiência anterior ou na falta dela —, ele certamente não está servindo ao objetivo de ajudar você a desempacar.

Uma coisa que deixa o editor bastante animado é quando você não *tem* nenhuma experiência anterior. Não tem nenhuma história diretamente relacionada que pareça poderosa o suficiente para convencê-lo. Estamos frequentemente tentando dominar o editor com entusiasmo, otimismo e conversa interna. No entanto, falhamos com a mesma frequência. A caneta vermelha costuma ser mais poderosa do que a espada da afirmação.

É aqui que entra o redirecionamento. Não se trata de mentir para o editor hiperativo; é sobre ser mais esperto do que ele. É sobre encontrar uma história de outra área da vida na qual você aplicou, com sucesso, princípios que pode reaplicar à sua nova aspiração.

Meredith queria desesperadamente dominar seu editor (após ouvir sua ideia, eu sinceramente espero que ela consiga — é genial). Durante algum tempo, cheguei a me perguntar se essa estratégia funcionaria para ela. Mas, então, ela finalmente encontrou uma história de mais de 15 anos, quando ela se mudou para Nova York.

Era 2005 e Meredith havia se mudado para a cidade com seu então namorado. O primeiro ano não foi fácil.

"Lembro que fiquei sozinha nas primeiras duas ou três semanas", ela contou, "e percebi que, mesmo estando em uma cidade com 8 milhões de habitantes, podemos nos sentir completamente sozinhos... passei um ano superdifícil e estava lecionando."

Foi difícil, mas também não impossível. Meredith sentiu que havia progredido com os alunos, construído uma relação boa com o namorado e, apesar de seus limites estarem sendo testados quase que diariamente no início do ano, no final, ela estava orgulhosa do que eles haviam conquistado juntos.

Ainda assim, houve mais mudanças. Seu namorado quis sair de Nova York, e ela concordou. No entanto, após um inverno terrível, eles terminaram. E, no verão, Meredith voltou para a cidade.

"Por meio do Craigslist, encontrei pessoas aleatórias que, milagrosamente, não eram assassinos em série, para dividir um apartamento. Depois, mudei de casa e de emprego diversas vezes e estou no atual desde então."

Quando pedi para Meredith comparar essa história com as declarações do tipo iceberg de antes, ficou claro para ela. Como alguém que "não é bem-sucedida fora de sua zona de conforto" ou "não está realmente motivada" pega e se muda não uma, mas duas vezes para uma das cidades mais desafiadoras do mundo para viver com completos estranhos?

Meredith não era aquela pessoa que suas histórias diziam que ela era. E, agora, ela poderia enfrentar seu editor, redirecionando para uma história que provava que ela *tinha* o que era necessário para recomeçar por conta própria.

O redirecionamento ajuda a extrair histórias de uma área da vida para apoiar o crescimento de outra. O segredo dessa abordagem é pensar nos temas que mais se relacionam com a história. Imagine, por exemplo, que você está se candidatando a uma posição na área de vendas. Você acha que poderia ser bom nisso, mas toda vez que começa a se preparar para a entrevista, o editor bloqueia qualquer coisa que você diga, porque, na verdade, você nunca trabalhou com vendas. Bem, o que uma carreira de sucesso em vendas exige? Exige que você seja capaz de fazer com que as pessoas vejam valor no que você tem a oferecer e digam "sim". Existe alguma história para a qual você pode redirecionar que se encaixe nesses temas? Talvez você tenha arrecadado algum dinheiro para construir uma horta comunitária há anos ou tenha ajudado sua filha escoteira a vender biscoitos.

Trabalhar com vendas também exige que você saiba lidar com a rejeição. Talvez você não tenha passado no primeiro vestibular da faculdade que gostaria de frequentar, mas conseguiu uma transferência seis meses depois.

Trabalhar com vendas requer motivação e persistência. Talvez você sempre tenha sido o primeiro a entrar em campo para o treino de futebol, o último a sair e tenha ajudado o time a ganhar um campeonato.

Esses temas estão diretamente relacionados ao *trabalho*, mesmo que você nunca tenha atuado em vendas, e eles podem ajudar a abafar seu editor.

4. Pesquisar: Pedir emprestada uma história de outra pessoa

Muitas de nossas histórias predefinidas não são realmente nossas, mas histórias que adotamos de outras pessoas com quem convivemos. Elas podem ser inconscientes, em grande parte, mas *é* possível usar a história de outra pessoa *intencionalmente*, se ela lhe for útil.

Você se lembra da história que minha amiga me contou, no capítulo anterior, sobre o peso após a gravidez? Sobre como você ganha 5kg após cada gravidez e não perde mais? Lembro-me de experimentar usar essa história por um minuto, para considerar como seria minha vida se isso fosse verdade e se essa história fosse útil para mim.

Acontece que não foi. Então fui "pesquisar" uma história melhor.

O primeiro lugar em que procurei foi em meu estúdio de spinning, onde muitas de minhas amigas eram mães e estavam extremamente em forma. Eu pedi que elas me contassem suas histórias, e elas falaram sobre a volta às atividades físicas após a gravidez, como encontrar tempo e sobre o desafio de dar prioridade a si mesma. Elas me contaram histórias engraçadas e outras que me deixaram cansada só de ouvir. "Pode levar um tempo", elas disseram. "Mas é possível entrar em forma novamente, e você ficará melhor do que nunca."

Decidi que gostava mais dessas histórias, então as peguei emprestadas. E elas se tornaram as histórias que contei a mim mesma quando engordei 35kg durante a gravidez e, depois de ter meu filho, perdi 37kg. Fui me sentindo cada vez mais forte após cada gravidez e acredito piamente que foi por causa dessas histórias que minhas amigas me contaram, que se tornou a história que escolhi contar a mim mesma.

O lado obscuro das histórias emprestadas

Um aviso: essa abordagem é perigosa.

O fato de termos acesso a muitas histórias por meio das redes sociais e de algumas pessoas parecerem ser *extremamente* abertas a respeito de suas histórias torna mais fácil ver pessoas que achamos que conhecemos bem e escolher a história *delas* para contar a nós mesmos como um meio de escolher o sucesso que tanto desejamos — e depois descobrir que o que elas estão compartilhando abertamente não é toda a história.

Por exemplo, houve um período em minha carreira em que eu me comparava a Rachel Hollis semanalmente e das formas mais aleatórias. Ambas éramos mães empreendedoras de 30 e poucos anos que trabalhavam com os maridos. Fizemos palestras nas mesmas conferências ao mesmo tempo ou em anos consecutivos. Colegas e amigos, durante o café, também faziam essas comparações. Uma vez, eu estava na Barnes & Noble com meu filho, pegando uma edição da revista *SUCCESS* para a qual eu havia escrito um artigo. Borbulhando de entusiasmo e muito orgulhoso da mãe, meu filho disse ao caixa: "Minha mãe está nessa revista."

A mulher apontou para a capa e perguntou: "É você?!"

"Não", meu filho disse. "Não, essa é Rachel Hollis. Minha mãe está em algum lugar dentro da revista."

Com tantas semelhanças e considerando sua ascensão meteórica, parecia natural ouvir as histórias de Rachel e adotá-las como se fossem minhas. A agitação. A correria. Quanto maior melhor. Ser a apresentadora de grandes eventos ao vivo? Talvez eu deva trabalhar para conseguir isso. Ter a própria linha de roupas? Quer dizer, talvez. Um documentário em cartaz por todo o país? Possivelmente. Um IG diário ao vivo. Um podcast imensamente popular. Um novo escritório enorme e uma equipe grande.

Havia muito o que considerar e nem tudo parecia se encaixar em minha vida. Não me interpretem mal, adoro uma boa agitação, mas, após experimentar isso por um tempo, senti que outras áreas de minha vida ficaram muito prejudicadas. Mudei de abordagem, enquanto secretamente me perguntava se isso significava que eu nunca seria "tão bem-sucedida" quanto Rachel.

Por isso, fiquei verdadeiramente em choque ao ler a manchete anunciando o fim do casamento de Rachel e Dave Hollis. Claramente, havia coisas acontecendo por trás das telas e de todos aqueles cenários em sua história dos quais o restante do mundo não tinha conhecimento. Tenha isso em mente antes de pesquisar e adotar as histórias de outras pessoas para se inspirar. Às vezes, a história inteira, incluindo o preço pago por ela, nem sempre é compartilhada antecipadamente, a menos que seja alguém que você conhece.

As histórias que você pega emprestado vêm com um aviso: *as histórias que você vê nas redes sociais podem ser diferentes do que parecem.*

Outro perigo que as histórias emprestadas oferecem é a *comparação*. Se você tem algo em que está trabalhando em qualquer área da vida, basta olhar levemente para a direita ou para a esquerda no escritório ou deslizar o dedo pelas redes sociais para ver um número ilimitado de pessoas que já está fazendo isso, e muito melhor do que você.

Você já deve saber que as pessoas só mostram aquilo que acontece de bom. Mesmo assim, é fácil pensar que essas pessoas simplesmente têm algo que você não tem. Mais dinheiro, mais tempo, menos estresse, mais sorte, genes melhores, melhores conexões — para seu contador de histórias interno, elas parecem absolutamente mais especiais do que você.

Adoro observar as pessoas, os autores, as influenciadoras, os homens e, principalmente, as mulheres que estão à minha frente. Sei que posso aprender com elas e enxergar o exemplo delas como um presente. No entanto, também posso cair na armadilha da comparação ao pensar que nunca chegarei lá ou que elas têm algo especial que eu nunca vou ter. Sua mãe não se enganou quando disse que a comparação rouba sua alegria; mas ela também não mencionou o fato de que a comparação também pode ser a oportunidade perfeita para contar a si mesmo uma história melhor.

5. Reescrever: Encontrar uma história que não existe — ainda

Estávamos no verão e, após algumas primeiras semanas particularmente preguiçosas, decidi me dedicar a um novo programa de condicionamento físico. Isso foi especialmente ousado, considerando que nossa família deveria estar de férias. Foi mais ousado *ainda* porque não é a primeira vez que embarco nessa ideia; programas de três semanas, desafios de noventa dias, treinamento funcional de trinta dias — você escolhe. Tentei de tudo. E fracassei em quase todas as vezes. Chego até o segundo dia e, depois, desisto. Uso todas as desculpas simples que consigo encontrar para justificar minha desistência — estou muito dolorida, não tenho tempo.

(Como você lerá na Parte III deste livro, histórias sobre saúde e condicionamento físico são aquelas com as quais mais trabalho em minha vida.)

Então lá estava eu, fazendo o Treino nº 1. Estava suando, me esforçando. E repetindo para mim mesma: "Lá vou eu outra vez. Treino nº 1. Vou encontrar um motivo para parar após o Treino nº 3. É isso o que sempre faço." Exercício de bíceps —"Vou desistir logo, logo." Burpee —"É, nunca mais vou fazer *esse* exercício." Eu estava literalmente planejando meu fracasso a cada exercício que fazia. Cada vez que levantava um peso ou fazia um salto, essa era a história que eu contava a mim mesma. Sim, eu estava fazendo repetições com meu corpo, mas o que eu *realmente* estava fazendo era fortalecer minha mente por meio de uma história que, de forma alguma, era útil para mim.

O que fazer então?

- *Substituir* não estava adiantando. Eu não *tinha* nenhuma história bem-sucedida relacionada a um programa de treinos.
- *Reinterpretar* não funcionou. Não vi outra maneira de enxergar meus fracassos anteriores de forma que fosse útil para mim.
- *Redirecionar* era uma opção. Eu tinha muitas histórias de "perseverança" na vida profissional. Mas a transposição delas não deu muito certo — elas só me fizeram querer trabalhar em vez de malhar, que foi o início de todo meu problema!
- *Pesquisar* histórias de outras pessoas também não pareceu ajudar nesse caso. Elas só me deixaram mal-humorada, e não motivada.

Em vez disso, decidi *reescrever*. Eu criaria uma história do zero. Uma história sobre um futuro *eu*. Uma história que não havia acontecido — *ainda*.

Contei a mim mesma esta história: depois que a série de exercícios terminasse e eu tivesse completado todas elas, coisa que eu faria acontecer, eu me daria uma recompensa e sairia às compras. Contei a mim mesma a história sobre a loja específica a que eu iria — em uma pequena butique que tinha as roupas de verão mais maravilhosas. Imaginei até o espelho do provador e como cada roupa faria com que eu me sentisse incrível.

De repente, a história não era mais de pavor e destruição iminente; era inspiradora, empolgante e pela qual valia a pena todo o esforço. O desafio e a dor durante os treinos, as coisas que me faziam querer desistir, transformaram-se em expressões físicas de aproximação daquela história e me alimentaram. Por meio *dessa* história, consegui cumprir todo o programa de treino sem faltar nem um dia sequer.

Às vezes, precisamos reescrever. Temos que contar a nós mesmos histórias que ainda não aconteceram. Mas acho que é justo deixar este aviso: essas histórias são mais difíceis. Não é difícil inventar uma história — essa parte é divertida. Mas é difícil substituir uma história negativa por outra que ainda não aconteceu. Seu contador de histórias interno reagirá e dirá que você está inventando coisas, que você não está sendo realista.

O que fazer diante disso? Felizmente, o próximo capítulo é todo sobre isso.

Os icebergs tomam tempo. As histórias que bloqueiam seu caminho estão aumentando aí dentro há anos. Às vezes, ficam para o resto da vida. Uma nova história, entretanto, é algo frágil. Algo novo. Sua nova história é como Davi enfrentando o Golias das histórias já estabelecidas que estão bloqueando seu caminho até a Cidade das Esmeraldas.

Independentemente de qual estratégia você usará para escolher sua nova história, ela precisa se firmar. Precisa estar intencionalmente *instalada* em sua mente, para que, quando ouça o grito de "Iceberg!", você esteja preparado.

7

INSTALE

Coloque Suas Novas Autonarrativas em Ação

A esperança não é apenas um sentimento; assim como o amor, ela deve ser praticada. É um verbo. É uma ação.

— R. O. KWON

Os cinco minutos que antecedem qualquer apresentação são os piores.

Qualquer palestrante principal, músico ou ator que está esperando nos bastidores antes de as cortinas se abrirem — ou melhor, qualquer representante de vendas sentado no saguão, esperando a secretária dizer as palavras "Fulano de tal irá recebê-lo agora" — dirá que os poucos minutos que antecedem a "hora do show" são intensos. Sempre. Embora muitas pessoas coloquem o medo de falar em público acima do medo da morte, para mim, isso sempre foi um grande problema.

Porque falar em público era meu trabalho. E não um trabalho que me foi imposto; eu o escolhi. Um trabalho que eu quase perdi em virtude do medo.

Em primeiro lugar, eu adoro o palco. Adoro estar com o público e compartilhar meu conhecimento. Mesmo quando estourou a pandemia e muitas das minhas apresentações tiveram que ser transmitidas virtualmente, adorei a ideia de ter diversas pessoas, que eu nem sequer conseguia ver, aprendendo comigo sobre o poder das autonarrativas. Além do mais, sou muito boa no que faço.

Sou filha de artistas de banda de rock (Lembra? Meu pai, Mike, e minha mãe tinham uma banda de rock); o palco é bastante familiar para mim. Após décadas de dedicação à pesquisa e aplicação do storytelling, eu estava mais do que qualificada para esse trabalho.

Por isso, eu tinha amplo conhecimento sobre como combater qualquer nervosismo em relação ao palco. Mas o medo não funciona dessa forma. Meu antigo modo de pensar viu o palco como uma ameaça, e meu corpo teve uma reação a esse pensamento.

Eu ficava diante de centenas, milhares ou, em alguns casos, dezenas de milhares de pessoas diversas vezes ao mês. O número não importava; minha reação era a mesma: nas horas que antecediam cada evento, ficava devastada pelo medo. E não eram só aquelas reações típicas, como sentir borboletas no estômago e ficar com as palmas das mãos suadas. Sentia o tipo de medo que se tem ao pular da varanda, tocar o alarme de incêndio, pegar um voo para o México e nunca mais voltar. Eu ficava andando de um lado para o outro no quarto do hotel, depois no salão do evento e, em seguida, nos bastidores — tudo isso enquanto uma voz que só eu conseguia ouvir gritava em meu alto-falante mental: "Você não pertence a este lugar! Você não tem nada para compartilhar! Você não está lhes ensinando nada que ainda não saibam! *Você já fracassou antes e fracassará novamente.*"

Você poderia pensar que essa ansiedade diminuiu com o tempo, após muitos anos e centenas de palestras. Mas isso não aconteceu. Só piorou. Quanto mais sucesso eu fazia, mais difícil ficava administrar esse medo.

Tentei de tudo. Dormir mais. Dormir menos. Praticar exercício. Momentos de relaxamento. Beber menos café. Beber mais café. Meditação. Afirmações positivas. Jejum. Tentei tudo que é permitido por lei. Nada funcionou.

Ficou claro que havia algo muito maior em jogo acontecendo e, durante um tempo, eu me perguntei se algum dia conseguiria superar isso. Embora a ansiedade sempre diminuísse segundos após eu pisar no palco, as muitas horas (às vezes semanas, dependendo do evento e do que estava em jogo) de tortura que levavam a isso me fizeram questionar se era hora de mudar de carreira.

Eu *sei*: sou a palestrante principal e falo sobre storytelling. E, sim, ao relembrar isso, me sinto um pouco envergonhada do tempo que levei para perceber que a solução estava no próprio storytelling (embora, em minha defesa, na época eu falava mais sobre o storytelling relacionado a vendas, marketing e liderança em negócios). Mas finalmente entendi que, para superar esse medo do palco completamente irracional e totalmente injustificado, as histórias eram minha única esperança.

Então comecei a contá-las — a mim mesma.

Para aliviar meu medo paralisante, comecei a fazer exatamente o que este livro sugere. Contei a mim mesma histórias que me favoreciam. E, nesse caso, as que melhor funcionaram não foram as histórias de uma época em que tudo era maravilhoso e todos me adoravam. Essas histórias não ajudaram a acalmar meus nervos. Em vez disso, contei a mim mesma histórias da época em que tudo dava terrivelmente errado e, ainda assim, eu arrasava.

Eu disse a mim mesma: *Lembra aquela vez quando você passou mal logo cedo, antes de uma palestra importante de noventa minutos para aquela empresa de tecnologia? Você estava tão mal que a equipe de áudio e vídeo deixou um balde ao lado do palco para você e recebeu instruções específicas para desligar o microfone caso você precisasse usá-lo. O público nem sequer percebeu, e a palestra foi incrível!*

Contei a mim mesma a história da vez em que fui para as Bahamas falar para uma plateia de 1.500 pessoas e que, quando estava na última parte da palestra, um pouco antes de reproduzir o vídeo de um de meus estudos de caso, a energia acabou. Ficamos *completamente* no escuro. Sem iluminação no palco. Sem PowerPoint. Sem vídeo. Sem microfone. O salão ainda tinha uma iluminação fraca do gerador de emergência. E como eu era a única pessoa no palco, todos estavam me encarando com aquele olhar: "O que vamos fazer agora?!"

Chamei a equipe da mesa de áudio e vídeo para perguntar se era uma emergência, se estava tudo bem e para confirmar se precisávamos evacuar o local ou não. Eles me fizeram um sinal positivo. Em seguida, gritei para o público: "Todos conseguem me ouvir sem o microfone?" Eles gritaram *sim*! "Devo continuar?!" Eles gritaram *sim*! Então continuei. Era apenas eu, minhas ideias e um salão cheio de pessoas que queriam ouvir o que eu tinha a dizer.

Lembro-me de entrar no Twitter no final da tarde para ver os tuítes do público, e outro palestrante que estava presente no evento escreveu algo como: "Dou palestras há muito mais tempo, mas acho que não teria conseguido lidar com isso da mesma forma. #totalmenteprofissional"

Contei a mim mesma sobre a vez em que estava palestrando na Califórnia e deveria pegar um voo para Columbus, Ohio, para uma palestra no dia seguinte — algo corriqueiro. Mas acontece que todo o meio-oeste foi coberto por uma tempestade e meu voo foi cancelado. Acabei pegando um voo noturno para Indianápolis, cheguei ao amanhecer, depois viajei três horas até Columbus e tirei uma soneca de uma hora no quarto de hotel. Em seguida, fui para o estádio, onde fiz uma palestra de uma hora para 10 mil pessoas.

Há diversas outras histórias, mas você entendeu o que eu quero dizer. E meu subconsciente também. Eu conseguia me lembrar de cada detalhe, cada emoção, cada imagem de cada um desses eventos. Eu seria capaz de citar o nome das pessoas que conheci, os sapatos que estava usando e descrever exatamente como foi cansativo. Esses são o tipo de histórias que inspiram, e comecei a contá-las a mim mesma.

De maneira metódica.

Antes de cada palestra, pela manhã, eu me sentava na cadeira da escrivaninha do quarto do hotel por dez minutos e contava a mim mesma as histórias. No caminho até o salão, eu as repassava em minha mente. Nos bastidores, naqueles momentos angustiantes logo antes de ser chamada, eu as repetia.

No início, era algo planejado. Ao longo do tempo, gradualmente, tornou-se automático. Era como se meu subconsciente concordasse comigo, de maneira racional, sobre o que eu sabia que era verdade — que eu era muito boa no que fazia e não havia razão para me deixar ser dominada pela ansiedade. Mas não adiantava ter somente a lógica do meu lado, nem os eventos anteriores bem-sucedidos. Eu precisava de *histórias* completamente instaladas em minha mente, para finalmente colocar um fim nessa dúvida que estava me paralisando.

O impacto que sofri ao fazer isso não foi pequeno. Antes de escolher e, então, instalar histórias melhores, conforme mencionei anteriormente, houve momentos em que me perguntei se deveria parar. A escuridão do meu medo fazia com que a luz do palco não valesse a pena. Eu estava no topo, ganhando sete dígitos e fazendo o que sempre sonhei, e quase joguei a toalha.

Graças a Deus eu não desisti. Estou aqui escrevendo este livro hoje por causa dessa etapa final e crítica no processo de autonarrativa: instalar intencional e metodicamente as histórias que são úteis para você até que elas se tornem o padrão por meio do qual seu subconsciente funciona.

Essa é a etapa em que se inicia, de fato, a mudança em sua vida.

O HÁBITO DAS HISTÓRIAS

Agora você tem consciência do poder de seu contador de histórias interno. Sabe como captar histórias em ação, trazê-las para a luz e analisá-las. Sabe como escolher histórias melhores, aquelas que são úteis e podem impulsioná-lo para a frente.

No entanto, é difícil mudar um hábito. Na verdade, algumas pessoas acreditam que não somos capazes de eliminar definitivamente um hábito em um nível neurológico — apenas criamos outros que ofuscam o antigo. Os hábitos antigos permanecem escondidos, assim como os icebergs.

É por isso que é tão fácil para nós "ter uma recaída" quando se trata de maus hábitos. Começamos *bem* a dieta nova, mas basta um dia ruim para pegarmos um pacote de biscoito e comê-lo inteiro. Isso acontece porque as conexões no cérebro que formam o hábito ainda estão lá e, para ligá-las novamente, é preciso muito pouco. É como um caminho coberto de mato em meio à floresta; basta um cortador de grama e o caminho neural está livre para a hora do rush.

As histórias são semelhantes. Elas compartilham a mesma base neurológica — são apenas feixes de conexões dentro do cérebro. Isso significa que suas histórias *antigas* — aquelas que você pode ter contado e recontado por anos — nunca foram embora. Elas podem até se deteriorar com o tempo, assim como os hábitos, mas as mais interessantes se mantêm fortes por anos.

Felizmente, as histórias novas são executadas nesse mesmo sistema; assim, é possível construí-las e reforçá-las da mesma maneira. É possível instalar histórias completamente novas que funcionem melhor para você.

A CRIANÇA NOVA NA VIZINHANÇA MENTAL

As histórias novas são como uma criança nova na sala de aula — no início, elas não recebem muita atenção.

Ninguém se lembra de convidá-la para as primeiras festas de aniversário. As pessoas não pensam em convidá-la para sair. As histórias novas, assim como a criança nova na sala, simplesmente não são lembradas.

Parte da solução para esse problema é a exposição. A criança nova continua ali, tentando, se aproximando e, então, tudo dá certo. Da mesma forma, se você insistir em contar a si mesmo uma história nova por tempo suficiente, ela começará a se firmar.

Mas essa não é uma tarefa passiva. Eu me lembro de quando meu filho era o aluno novo da classe do 2º ano. Ele não sentou e esperou, torcendo para alguém vir falar com ele; ele procurou descobrir do que os colegas gostavam. Começou um clube de história em quadrinhos. Fez com que as crianças da turma se interessassem em colecionar moedas. Inventou brincadeiras no parquinho pelas quais os colegas se interessaram. Nem todos os esforços dele tiveram resultados imediatos, mas, quando passou para o 3º ano, ele já tinha deixado de ser o garoto novo. Ele já fazia parte da turma. Meu filho conseguiu se livrar de um título que poderia acompanhar algumas pessoas até o ensino médio e o substituiu por outra coisa.

Fazer com que suas histórias positivas peguem, para que elas se tornem tão automáticas quanto as negativas foram um dia, não é algo que você pode simplesmente deixar a cargo de seu subconsciente — pelo menos não no início. Fazer com que essas histórias melhores sejam as primeiras da lista e automatizá-las não acontece do nada. Não sem prática. É disso que este capítulo trata: instalar essas histórias escolhidas como seu padrão de narrativa interna de maneira sistemática e intencional. Essa é a quarta e última etapa do processo de autonarrativa.

INSTALANDO HISTÓRIAS MELHORES EM SUA VIDA

No capítulo anterior, falamos sobre como escolher histórias melhores e que sempre há boas opções de histórias — só temos que *escolhê-las*. Embora o simples ato de reconhecer que nossa vida está repleta de histórias positivas e fortalecedoras seja uma melhoria em um estado de esquecimento completo, se você deseja mudar sua vida, precisamos, em vez de apenas escolher uma história, *usá-la* de fato. Existem quatro estratégias para ser bem-sucedido ao instalar as histórias novas que você escolheu:

1. **Escreva** as histórias que são úteis para você.
2. **Conte** suas histórias em voz alta.
3. **Planeje-se** para os momentos difíceis.
4. **Comece** seu dia com as histórias que são úteis para você.

Cada uma dessas estratégias, usadas separadamente, aumentará o poder de sua autonarrativa; se usadas juntas, nada mais será capaz de impedi-lo de alcançar o que deseja.

ESTRATÉGIA Nº 1: ESCREVA AS HISTÓRIAS QUE SÃO ÚTEIS PARA VOCÊ

Houve um zum-zum-zum coletivo no grupo do Zoom quando anunciei essa estratégia aos participantes que eu estava orientando durante o processo de autonarrativa — o que significa alguma coisa, considerando que, antes, todos estavam mudos.

A maioria deles não era grande fã de escrever diários. Alguns estavam honestamente zangados, citando coisas como ser canhoto (na verdade, essa eu até posso considerar uma reclamação considerável), ter dedos muito longos e uma caligrafia tão ruim que o simples fato de escrever os enviava para uma espiral de histórias sobre não ser merecedor de alguma coisa.

Antes de dizer o que vou dizer a seguir, quero que você saiba: eu me opus veementemente a transformar isso em um "livro de registro em diário", um livro que: a) incluísse exercícios em determinados capítulos para você escrever suas ideias; ou b) elaborasse um diário que acompanharia o livro como um tipo de "bônus".

Como eu disse ao Michael: "Sinto que todos estão fazendo a mesma coisa, pedindo às pessoas para escreverem um diário, e isso é simplesmente irritante; não quero que a aversão em escrever no papel seja um impedimento. Isso funciona sem um diário." E eu falei sério.

Dando Sinal Verde para o Diário

Mas, então, ouvi uma entrevista com Matthew McConaughey.[1]

O livro de McConaughey, *Greenlights [Sinal Verde, em tradução livre]*, acabava de ser lançado com muita celebração. É basicamente uma compilação de anotações que ele fez em seu diário ao longo de décadas. Embora eu não me lembre se alguma vez ele declarou isto explicitamente, segundo Matthew: "esses registros no diário são a chave para meu sucesso". Ficou claro, ao longo da entrevista, que o ato de sentar-se, pegar papel e caneta e escrever sobre sua vida para, depois, poder reler essas anotações nos momentos em que precisava de orientação ou de algum insight foi parte essencial de seu grandioso sucesso (além do fato de ele ter transformado esses diários em um best-seller do *New York Times* por muitas semanas).

Não foi um palpite de McConaughey de que o registro em diário é um esforço que vale a pena. As pesquisas mostram que o ato de escrever faz muito mais do que apenas ajudá-lo a se lembrar das coisas. Em geral, escrever faz bem. Ajuda a se concentrar e a melhorar o humor e é bom para a depressão e a ansiedade.[2]

Mais especificamente para a autonarrativa, o ato de escrever à mão desacelera nosso ritmo e nos força a pensar com maior profundidade sobre as coisas, processar os pensamentos de forma mais completa e, em nosso caso, enxergar a história com um pouco mais de clareza. Isso, por sua vez, faz com que, mais tarde, nos lembremos do que escrevemos com mais facilidade.[3]

McConaughey acredita que temos o instinto natural de registrar fases ruins da vida; o ato de escrever nos ajuda a lidar com o caos e dar sentido a ele. Eu me identifiquei com sua fala ao me lembrar de todos os diários que escrevi na minha adolescência e de como praticamente parei de escrever assim que o drama hormonal da juventude diminuiu. Mas o verdadeiro segredo de McConaughey é fazer o oposto disso — registrar os acontecimentos *bons*. Escreva quando estiver mais feliz. Documente suas conquistas. Conte as histórias *boas*.

Embora não seja de todo mal fazer registros de momentos em que estamos nos sentindo para baixo, também é uma expressão de nosso viés negativo — focamos o que é ruim e esquecemos o que é bom. O ato de escrever sobre momentos felizes e alegres, em contrapartida, ajuda a formar um catálogo de histórias positivas para escolher quando precisarmos. Assim como as migalhas de pão de João e Maria os ajudaram a encontrar o caminho de casa, esse rastro de histórias positivas também pode nos ajudar se estivermos perdidos.

Quando você se deparar com uma história — por meio de lembranças suas, de outra pessoa ou de alguma outra forma — e for uma história que é *útil* para você, escreva-a em um papel. Se for uma história que faz você se sentir bem ou querer ser uma pessoa melhor, que o lembra de como você é bom ou de sua capacidade, *escreva-a em um papel* também. Pegue o caderno e uma caneta e anote todas elas. Inclua os detalhes, a emoção, os personagens — os componentes de que uma história precisa para ser memorável. Nossa memória é frágil. Ao encontrar histórias que o ajudam a quebrar suas barreiras mentais, não conte com sua memória para relembrá-las quando mais precisar. Escreva-as no papel e, de tempos em tempos, rememore-as para se certificar de que as melhores histórias sejam sempre lembradas.

Migre Para o Digital

Mudar minhas autonarrativas antes de uma apresentação teve um efeito substancial em minha vida. Embora, em algum momento, eu as *tenha* registrado em um diário, não foi onde tudo começou. Escrevi uma de minhas histórias na forma de uma coluna que eu tinha na revista *Inc.com*. Outra eu escrevi em um post para um blog. Ambas, é claro, pelo computador, e não à mão.

Embora haja diversas evidências de que escrever à mão é de grande valor, capturar a *história* é o que mais importa. Se você tem um boletim informativo semanal e consegue encaixar uma de suas histórias nele, faça isso. Se tem um blog, mesmo que tenha poucos seguidores, poste sua história lá.

Algumas das minhas melhores autonarrativas são aquelas que escrevo pelo Instagram. Se você entrasse em minha conta e lesse as legendas das fotos, pensaria que as postagens são para os meus seguidores. E elas são, mas também são para mim. Cada uma delas é como um pequeno registro — um gatilho de memória para uma história pequena e útil para mim. Quando percebo que há algumas histórias que teimam em me barrar, abro meu Instagram e leio as histórias sobre *minha vida*. Histórias sobre meu trabalho, meus filhos, meu marido, sobre minhas batalhas e o que superei. É claro que olhar os destaques no Instagram de outras pessoas pode ser desconfortável, mas olhar para os próprios destaques é inspirador!

Se você gosta das mídias sociais, compartilhe suas histórias lá — além de poder voltar e revisitá-las quando precisar, você também terá o benefício adicional de aumentar seu engajamento, porque os algoritmos adoram histórias.

ESTRATÉGIA Nº 2: CONTE SUAS HISTÓRIAS EM VOZ ALTA

Há algo por trás de *dar voz* às suas histórias e de expô-las ao mundo que lhes dá força. Isso reforça a história e a torna real. Pesquisas mostram que falar sozinho em voz alta pode ajudá-lo a se lembrar de mais coisas, se automotivar e reduzir a autocrítica.[4] Contar suas histórias em voz alta é um exercício poderoso; a seguir, descrevo algumas maneiras de usar essa abordagem.

Em Voz Alta e Sozinho

Quando preparo uma palestra nova, passo muito tempo andando de um lado para o outro em meu apartamento, falando em voz alta. Descobri que, mesmo que eu ache que o que escrevi está ótimo, o simples fato de falar em voz alta muda alguma coisa — é nesse momento de inspiração e de "falar com as paredes" que tenho alguns de meus melhores insights. Percebi que falar em voz alta é mais do que apenas praticar minha fala; é, de fato, *descobrir* o que vou falar. É quando a história realmente ganha vida. Quando as conexões inesperadas aparecem. E quando eu não só me lembro do que esqueci, mas também me esqueço das coisas que não preciso lembrar.

Em Voz Alta Para Outra Pessoa

Durante toda a minha vida, fui abençoada por ter pessoas ao meu lado dispostas a ouvir minhas histórias. Não apenas os dramas e as lamentações — qualquer um gostaria de ouvir essas histórias (lembre-se de que adoramos uma história negativa), mas aquelas das quais me orgulho, histórias de quando eu estava em meu melhor momento.

Minha mãe foi minha primeira plateia (de uma só pessoa); ela estava sempre pronta para ouvir qualquer história que eu quisesse contar. Como aquela vez em que eu estava no ensino médio; era fevereiro e eu estava voltando do colégio após uma aula de educação física, na qual tínhamos jogado broomball, um esporte recreativo, como o hóquei, em que corremos com botas, capacetes e bastões em uma pista de gelo. Nunca fui uma grande atleta, mas, quando se tratava de broomball, eu era *feroz*. Contei à minha mãe sobre cada jogada, cada bloqueio e todas as vezes em que gritaram comigo por eu ser muito agressiva. Assim que descia do ônibus escolar, eu entrava pela porta da frente, largava minha mochila e tirava meu boné — com meu cabelo encaracolado todo bagunçado emoldurando meu rosto (a única vez em que meu cabelo ficava armado daquele jeito era em dias de chuva, no verão, ou quando eu jogava broomball) — e, então, contava a ela a história sobre o jogo, e ela ouvia cada palavra que eu dizia.

Depois de minha mãe, veio Maren, minha colega de quarto na faculdade e pós-graduação e melhor amiga até hoje. Todas as noites eu voltava da faculdade ou do trabalho no Outback para uma pessoa toda ouvidos, pronta para escutar todas as minhas histórias.

E, então, foi a vez de Michael, o melhor ouvinte para as minhas histórias. Sempre que desenterro uma história das profundezas de um iceberg — boa ou ruim — ele está lá para escutar. Cada vez que conto as histórias, elas se tornam mais sólidas, da mesma forma como meu entendimento do que elas significam em minha vida e das lições que posso aprender com elas se torna mais cristalino. A cada recontagem, reforço a pessoa que eu sei que sou.

É provável que você também tenha uma pessoa assim em sua vida — alguém a quem você pode contar histórias boas. *Faça isso*. Durante o jantar, em uma ligação para colocar o papo em dia, durante uma caminhada — conte suas grandes histórias em voz alta para torná-las sólidas em sua mente. (E não se surpreenda se, após ler isso, você de repente passe a apreciar ainda mais os ouvintes atentos que tem em sua vida. Que bênção ter alguém com quem compartilhar histórias, sejam elas boas ou ruins — falaremos mais sobre isso.)

Não se esqueça, ainda, de que compartilhar em voz alta, inclusive, sua *busca* por histórias é uma estratégia poderosa. Se você estiver empacado, procurando histórias que lhe sejam úteis, *conte isso a alguém*. Você se lembra da Amie? No Capítulo 4, contei que ela teve uma conversa difícil no trabalho com um cliente irritado. Por estar ansiosa com a proximidade da reunião, ela só conseguia se lembrar de histórias que a mantiveram empacada no mesmo lugar. Sua descoberta veio quando ela disse ao marido: "Tenho que me concentrar nas histórias positivas. Mas não consigo pensar em nenhuma." Só depois de compartilhar sua *necessidade* de histórias com outra pessoa é que ela conseguiu encontrar alguma.

Use sua voz. É para isso que ela serve.

Compartilhe Sua História, Mude o Mundo

Tenho um motivo oculto para escrever este livro: quero mudar o mundo.

Demorei um pouco para aceitar essa ideia quando ela me veio em mente pela primeira vez. Nunca fui o tipo de pessoa que quer deixar uma marca no universo. Lembro-me de entrevistar Vishen Lakhiani, autor de *O Código da Mente Extraordinária,* e de ficar totalmente perplexa com a maneira como seu cérebro funcionava. Era como se ele estivesse atuando em um plano diferente. Eu sabia que essas pessoas existiam — os Elon Musk e os Steve Jobs da vida —, mas nunca tinha, de fato, *conversado* com uma delas. Essa conversa fortaleceu algo de que eu, há muito, suspeitava — não estava em meu destino deixar uma marca no universo. E isso não me incomodou; nunca esteve em minha lista de desejos.

Mas depois que comecei a escrever este livro, que comecei a orientar as pessoas intencionalmente por esse método e que isso funcionou — da mesma forma que sempre funcionou comigo — e, embora as mudanças que estavam acontecendo com cada uma dessas pessoas fossem empolgantes e inspiradoras, algo maior começou a acontecer. Conforme os participantes começaram a compartilhar com os amigos, parentes próximos, parceiros e cônjuges as histórias positivas que eles escolheram, o que começou como um exercício rapidamente se transformou em algo maior. Cada uma dessas pessoas, ao contar uma história positiva, permitiu que o ouvinte revisitasse, explorasse e considerasse uma história positiva que fosse *dele*. E algo mágico se iniciou.

Os participantes da minha pesquisa compartilharam suas histórias. Então, as pessoas a quem eles contaram essas histórias começaram a compartilhar as *próprias* histórias. E assim por diante. A cada narrativa, uma onda de histórias positivas vibrou para o mundo.

Imagine o que é possível alcançar por meio disso!

E se *você*, ao usar essas estratégias, compartilhar sua história positiva com alguém com quem você se importa? E se essas pessoas compartilharem uma história positiva em troca e, para a surpresa delas (não a sua, porque você sabe o que está acontecendo), elas se sentirem um pouco melhor sobre si mesmas?

E se elas acreditarem um pouco mais em si mesmas? Duvidarem um pouco menos de si mesmas?

E, assim, ficarem carregadas desse sentimento ao longo do dia e *se comportarem* de maneira diferente. Como falar "sim" para uma oportunidade desafiante, dar sua opinião em uma reunião do trabalho, compartilhar seus verdadeiros sentimentos com uma pessoa com quem elas se importam.

Elas se engrandecem um pouco mais. Passam a ser mais gentis com os outros porque são mais gentis com si mesmas.

Tudo porque *você* compartilhou a *sua* história.

Temos algo aqui que pode deixar uma marca no universo, meu amigo. Ao compartilhar suas histórias, você é capaz de mudar o mundo. E isso começa por você.

Compartilhar suas histórias em voz alta com outras pessoas não apenas lhes dá a chance de se envolver para tentar ajudá-lo; é um convite para que elas compartilhem as histórias *delas* também. Quando compartilha suas histórias, você está enviando uma onda de storytelling positiva para o mundo.

ESTRATÉGIA Nº 3: PLANEJE-SE PARA OS MOMENTOS DIFÍCEIS

Conheça Sam.

Toda segunda-feira, Sam recebe um e-mail.

É um e-mail que ele teme. Por isso, ele quer evitá-lo.

O e-mail traz uma classificação dos principais consultores financeiros da empresa para a qual ele trabalha. Isso lhe mostra exatamente a posição em que ele se encontra comparado a seus colegas de equipe.

Sam não quer ter essa informação.

Ele gostaria de ignorar o e-mail. *Deletar* o e-mail. Mas, como é de seu chefe, ele não pode. Ele precisa, pelo menos, dar uma olhada, clicar no link.

Mas isso sempre leva ao mesmo resultado: Sam se sente péssimo. Sente-se inferior. Sente-se mediano.

Esse é o ciclo pelo qual ele passa todas as segundas-feiras. Sam teme o e-mail. Recebe o e-mail. Lê o e-mail. E se sente péssimo.

Sam logo percebeu as pistas de uma história em ação — declarações de iceberg como *Não sou bom o suficiente, Sou substituível* e *Sou apenas mediano*. E Sam é um cara introspectivo. Ele sabe de onde vêm as histórias. Ele, inclusive, escolheu histórias melhores para ajudá-lo.

O problema é aquele e-mail. É um gatilho para Sam. Antes que ele consiga ter a chance de pensar, o e-mail chega e bum — Sam está batendo com a cabeça na declaração do tipo iceberg de *Sou mediano*.

Os nutricionistas lhe dirão para nunca comprar guloseimas. Se você não *comprar* biscoitos, não os terá em casa quando tiver aqueles momentos de fraqueza e, assim, não os *comerá*. Sua melhor amiga lhe dirá para bloquear aquele cara que só envia mensagens de texto depois da meia-noite. Os gurus da produtividade lhe dirão para deletar o Facebook, o Twitter, o TikTok e o Instagram (ou qualquer aplicativo popular na época em que você estiver lendo isto e que consome muito tempo), para evitar cair na tentação de acessá-los.

Embora essas estratégias *possam* funcionar, existem alguns gatilhos que você simplesmente não pode evitar e outros aos quais simplesmente não consegue resistir. Seu alarme *soará* pela manhã e você *terá* que tomar uma decisão em frações de segundo. Você se levanta para se exercitar conforme prometeu a si mesmo que faria ou clica no botão soneca? Seu gerente, que age como se fosse um Deus, bate à porta de seu escritório e vê você sentado à sua mesa: você terá que interagir com ele. Você demonstrará segurança ou terá uma crise de insegurança?

Eliminar gatilhos pode ser uma forma eficaz de lidar com o problema, mas só até certo ponto. A vida está cheia de armadilhas de histórias negativas que podem surgir sorrateiramente e atacá-lo, como uma cobra camuflada no mato. Nessas situações, você precisa de um soro. Você precisa do antídoto que funcione contra os gatilhos das histórias negativas. É disso que trata essa parte do processo de instalação. Uma coisa é construir uma base de autonarrativas positivas. Mas o que acontece quando você se depara com um ataque inesperado? Esse é o momento no qual você precisa estar mais bem preparado com relação às suas histórias.

Assim que escolher uma história melhor, contar toda ela a si mesmo e, quem sabe, a alguém próximo de você, a tarefa seguinte é dar à sua nova história a melhor chance possível de sucesso, criando ou emprestando da área psicologia da saúde uma ferramenta simples, porém poderosa, chamada de *intenção de implementação*.

As intenções de implementação são planos simples que você faz com antecedência sobre como *pretende* agir.

Os pesquisadores descobriram, por exemplo, que alguém que diz "Na próxima semana, vou para a academia na terça-feira às 10h para treinar pesado", tem duas vezes mais probabilidade de ir para a academia do que alguém que tenta usar uma motivação simples, como ler a respeito de como os exercícios fazem bem para a saúde.[5]

Você pode adaptar essa ferramenta para seus objetivos com relação às histórias, usando a seguinte fórmula:

Na próxima vez em que <gatilho>, eu direi <lembrete de história nova> e contarei a mim mesmo <história nova>.

Essa é a ferramenta perfeita para Sam. Ele criou várias histórias excelentes — uma em particular de que eu gosto muito. Nós a chamamos de História da Árvore.

A *História da Árvore*

Sam se lembra do rancho de sua família em Montana. Ele era apenas um menino. O rancho estava localizado em uma planície aberta, com pouca sombra — exceto ao redor de sua casa. Seu avô — que também se chamava Sam — havia se dado ao trabalho de plantar árvores ao redor da casa, formando um grande cinturão de sombra. As árvores mantinham o local fresco no verão e o protegiam das tempestades no inverno.

O pai de Sam elogiou a disposição do vovô Sam em se planejar antecipadamente e a grande generosidade por realizar um trabalho cujos benefícios você não consegue ver imediatamente — ou nunca. Isso marcou Sam, assim como um provérbio asiático de que ele sempre gostou: *uma geração planta uma árvore em cuja sombra outra geração repousará.*

É claro que, no início, a História da Árvore era a história *de outra pessoa* — era, de fato, uma história do vovô Sam. Mas, recentemente, o próprio Sam havia plantado uma árvore.

Não foi nada demais no início. Eles estavam limpando o quintal e precisavam de uma árvore. Sam foi até uma loja de plantas, comprou uma árvore e a plantou. Nada demais. No início.

"Enquanto eu estava plantando a árvore, tudo veio à tona", ele contou. "Isso é algo que sempre quis fazer, e olhe para isso. Mesmo que minha filha não se sente debaixo desta árvore, a filha de outra pessoa o fará."

E as coisas começaram a mudar. A história de Sam estava profundamente conectada aos seus valores — ele conseguiu enxergar isso imediatamente. Ele estava fazendo algo que muitas pessoas *não fariam*. Era algo *importante*. Algo que daria frutos só daqui a alguns anos. Algo para *outra pessoa*.

Isto é o que eu sei: é impossível sentir que você está fazendo algo importante *e*, ao mesmo tempo, sentir-se mediano. Eu sabia que essa história era o ponto de partida de Sam para realizar uma mudança. Embora, a princípio, não tenha ficado claro para ele se essa história poderia ser usada em sua carreira — ele trabalhava com planejamento financeiro, não em uma fazenda —, não demorou muito para perceber que ela tinha tudo para ajudá-lo *tanto* em sua carreira *quanto* em seu problema de autonarrativa. Ele pode não estar no topo da lista de classificação dos principais consultores financeiros da empresa, pode estar, lentamente, fazendo o importante trabalho e, às vezes, ingrato de ajudar as pessoas a plantar sementes financeiras para futuras árvores de dinheiro.

Essa foi a história que Sam decidiu usar para sua intenção de implementação.

Na próxima vez em que <gatilho>, eu direi <lembrete da história nova> e contarei a mim mesmo <história nova>.

No caso de Sam, o e-mail de segunda-feira é o gatilho. A "História da Árvore" é seu lembrete, e a história nova é, obviamente, a própria História da Árvore.

Sam *sabe* que seu gatilho está chegando. Ele até sabe quando! Quando o e-mail chegar, tudo o que ele precisará fazer é contar uma história *nova* e melhor.

E foi exatamente isso que ele fez.

Na segunda-feira seguinte, Sam abriu sua caixa de entrada de e-mail para encontrar a mensagem da empresa homenageando o desempenho dos melhores consultores. Antes de abrir o e-mail, ele parou por um momento e contou a si mesmo a História da Árvore.

Para Sam, essa história o conecta diretamente ao seu *propósito* — a razão pela qual ele faz o que faz. "Quando nos conectamos com nosso propósito, algumas das coisas que são paralelas permanecem lá, mas não damos mais tanta importância a elas porque não conseguimos mais enxergá-las."

Para maximizar suas histórias, identifique alguns de seus momentos mais vulneráveis.

- Você cai em um poço de desmerecimento toda vez que abre uma mídia social? Conte a si mesmo uma de suas histórias positivas ao abrir o aplicativo.
- Você sai do almoço com sua mãe se sentindo culpado? Conte a si mesmo uma de suas histórias positivas durante aquele momento entre estacionar o carro e caminhar até a entrada do restaurante.
- Ver uma ligação de seu chefe arrogante na tela do celular o deixa em estado de pânico e/ou na defensiva? Você sabe que nenhuma dessas duas coisas é uma reação boa. Conte a si mesmo uma história escolhida por você antes de atender à chamada.

- Você se recusa a ter doces em casa, mas, assim que as crianças vão para a cama, abre o aplicativo de delivery em seu celular e pede uma caixa de cupcakes, mesmo que cada um tenha 250 calorias e custe US$11 e você jure que vai dividir com seu marido, mas aí ele pisca e você já devorou tudo sozinha, fingindo que nunca aconteceu? (Hipoteticamente falando, é claro)

(Se você se identifica com este último, hipoteticamente, uma sugestão é, no momento em que sentir vontade de abrir o aplicativo, em vez disso, conte a si mesmo a história de quando você tomava decisões melhores em relação à sua saúde e foi com seu marido ao casamento na praia daquele seu amigo e se sentiu tão livre, magra, feliz e linda. Em seguida, preste muita atenção à sensação que você tem quando deixa o celular de lado e coloca um episódio antigo de *The Office* em vez de pedir a caixa de cupcake.)

É claro que, para que isso funcione, primeiro você precisa identificar quais são seus gatilhos. Alguns dos responsáveis mais comuns para os gatilhos incluem, mas não estão limitados a: certas pessoas, horários do dia, redes sociais, estados de ser (muito cansado, com muita fome, desidratado, com excesso de cafeína), eventos recorrentes. Além disso, embora haja momentos em que você consegue perceber um gatilho a um quilômetro de distância, outras vezes eles podem pegá-lo desprevenido. Nesse caso, assim que se der conta do gatilho e antes de fazer qualquer outra coisa, conte a si mesmo algumas das histórias que escolheu para interromper o gatilho e voltar para o caminho escolhido.

ESTRATÉGIA Nº 4: COMECE SEU DIA COM AS HISTÓRIAS QUE SÃO ÚTEIS PARA VOCÊ

Talvez a estratégia mais importante para mudar sua vida por meio da escolha de histórias melhores seja começar seus dias com as histórias que são úteis para você. Leia sobre elas rapidamente. Conte-as novamente durante o treino na academia ou a caminho do trabalho. Relembre-as enquanto toma banho ou espera a primeira xícara de café. Não precisa envolver-se completamente nesse momento. Após lembrar e documentar a história inteira, pode ser que você precise de apenas uma palavra-chave para se lembrar de todos os detalhes.

O Post-it do Progresso

Conheça Will.

Mesmo falando com ele via Zoom, do porão da casa dele, posso dizer que Will é um cara que gosta de festas. Ele também é um marido amoroso, pai dedicado e um empresário de sucesso.

Como você pode imaginar, todas essas coisas levaram tempo. Tanto tempo que ele nunca subiu na bicicleta ergométrica que ficava no porão, a apenas cinco metros de sua mesa. Quando ele *ia* para o escritório, nunca tinha tempo de preparar um almoço saudável para levar, então ele simplesmente pegava qualquer coisa em uma das lanchonetes do complexo onde ficava o escritório.

Você consegue ver aonde essa história vai chegar.

O comportamento de Will não estava combinando com o tipo de vida que ele queria ter, e seus esforços para mudar se mostraram inúteis. Foi assim que nos conhecemos; Will queria ter uma chance real de mudar sua história.

Will é um cara direto. Como qualquer um de nós, ele estava se esforçando para pegar o que já *sabia* e usar isso para fazer o que precisava, a fim *atravessar* o vão presente em sua vida.

Will encontrou uma história que funcionou. Era curta. Um conto simples. (Lembre-se de que uma história não precisa ser uma obra-prima para que funcione.) Aconteceu muitos anos antes, quando Will estava se dedicando a um estilo de vida e conseguiu atingir um peso considerado saudável. Ele estava passando por um colega que ele respeitava no corredor do escritório, quando este o parou e disse: "Ei, Will, você está ótimo. Continue assim, está fazendo um bom trabalho, irmão."

Will percebeu que o colega ficou legitimamente impressionado e, por razões que ele nem sequer conseguia explicar, aquele elogio o fez se sentir *muito bem*. Foi a expressão máxima de que todo aquele esforço valeu a pena. E Will queria ter aquela sensação novamente.

Ambos estávamos confiantes de que contar a si mesmo essa história o ajudaria:

- saia do trabalho em um horário razoável para ter tempo de usar a bicicleta ergométrica todos os dias.

- planeje-se com antecedência e sempre tenha opções saudáveis para comer em casa e levar para o trabalho.
- volte a seguir o planejamento quando sair um pouco da dieta no fim de semana.

Mas como se lembrar do planejamento?

Todas as manhãs, a primeira coisa que Will fazia ao acordar era ir ao banheiro, abrir o armário da pia e pegar sua escova de dente. Para manter em mente aquela história do colega, de apoio aos esforços de Will em seguir em frente, ele escreveu o nome do cara em um *post-it* e colou-o dentro da porta do armário.

Agora, sempre que escovava os dentes, ele não estava apenas fazendo sua higiene bucal, estava trabalhando sua saúde mental também. A lembrança da história daquela sensação pela qual ele estava se esforçando estava lá, encarando-o.

Conversei com Will algumas semanas depois de incorporar o lembrete da história em sua rotina diária. Eu estava com papel e caneta em mãos, com grandes esperanças de capturar os detalhes surpreendentes de sua transformação.

"Eu acabei de fazer isso." Isso foi tudo o que ele disse.

"Você acabou… de fazer… ?", eu repeti.

"Sim. Eu li o lembrete, lembrei a história e apenas fiz."

Eu disse que Will era um cara direto.

Após anos insistindo que o motivo pelo qual ele não conseguia se esforçar era a falta de tempo, tudo mudou *da noite para o dia*. E, na verdade, foi mesmo da noite para o dia! Ele viu o bilhete na manhã seguinte, lembrou-se da história e da sensação e mudou. Simples assim.

Will foi ao supermercado com uma lista. Ele programou seus treinos e aproveitou as pausas no trabalho.

Ele contou: "No dia seguinte, percebi que tinha uma hora livre entre duas reuniões, então subi na bicicleta e comecei meu treino." Ele fez uma pausa. "Sim, foi isso. É isso o que tenho feito."

E foi assim que Will, com seu jeito direto, começou a construir sua estrada de tijolos amarelos.

Post-its. Elásticos. Lembretes. Seja como for, comece seu dia com as histórias que você escolheu, para se lembrar de quem você realmente é. Relembre-as durante o café da manhã ou pense nelas no caminho para casa depois de deixar os filhos na escola. Comprometa-se a contar a si mesmo as histórias que são úteis — é assim que você *dá voz* a elas e as torna mais *fortes* do que as histórias que o impedem de seguir em frente.

HISTÓRIAS ANTIGAS DEMORAM PARA MORRER

Eu seria negligente se não mencionasse, como você já deve ter adivinhado, que as histórias antigas, é claro, nem sempre *querem* sofrer mudanças.

Recentemente, eu estava ajudando minha filha com sua parte do trabalho para a aula virtual de redação do 3º ano. Ela estava começando ficar muito frustrada, e eu sabia que a história que estava se passando em sua doce cabecinha era: "Não consigo fazer isso."

Admito que o ambiente estava aquém do ideal. Tentar escrever olhando para a tela do computador e ter uma aula pelo Zoom com 20 outros alunos do 3º ano ativando o som e entrando no meio da conversa é muito difícil. Mas eu também sabia que ela era uma grande escritora e que ela também sabia disso.

Naquele momento, porém, ela deixou uma história diferente assumir o controle.

Durante o almoço, conversamos sobre sua dificuldade em escrever. Conversamos sobre como ela se sentiu durante aquela tarefa, e ela compartilhou algumas declarações definitivas que são ganchos para as autonarrativas. "Não sou uma boa escritora."; "Não sei escrever uma história."; "Nunca consigo pensar em um tema para escrever."

Essas histórias parecem *muito* convincentes. Não importa se você tem 8 ou 80 anos — é fácil cair em uma espiral descendente. Precisávamos de uma história para substituí-las imediatamente!

Após ouvir as preocupações de minha filha, perguntei gentilmente se ela se lembrava do prêmio que ganhou no final do ano letivo anterior. No início, ela olhou para mim sem expressão; mas sua expressão foi mudando aos poucos, quando ela se lembrou do certificado de "Melhor Escritora" que recebeu. Para ajudá-la a relembrar esse dia, acrescentei à história a lembrança de como seus professores ficaram orgulhosos dela e como ela estava orgulhosa de si mesma e de todo o seu esforço.

Mesmo assim, as histórias antigas são difíceis de morrer. As histórias que não nos favorecem, muitas vezes, vão mais fundo quando sentem que seu domínio sobre nós está sendo ameaçado.

"Mas", ela protestou, "eles me deram esse certificado porque *você* é escritora". Eu a lembrei gentilmente de todas as coisas diferentes que ela escreveu no ano anterior — o livro sobre os golfinhos, as diversas histórias que ela escreveu sobre uma personagem chamada Violet. O livro de regras sobre o balé. Compartilhei todas essas histórias, uma a uma, que ilustravam sua habilidade de escrever e, a cada uma, pude ver a história nova ganhando o controle.

Na aula de redação da semana seguinte, ela se sentou e observei as palavras praticamente voarem da ponta do lápis para o papel.

A lição aprendida aqui é *esperar que as histórias que já estão em sua mente sejam persistentes*. Elas são como hábitos neurais. Estão conectadas. Têm um ponto de apoio e, francamente, não querem se retirar, muito obrigado.

As histórias novas, com o tempo, acabarão enfraquecendo o controle das antigas, mas não espere acordar uma manhã, ter uma epifania e fazer uma mudança radical em sua vida daquele dia em diante. (A menos que você seja como o Will.)

Em vez disso, espere um *processo*. Esteja ciente de que não será fácil — mas que também não será impossível. A mesma coisa que o ajudou a criar a história antiga é exatamente o que o ajudará a criar a *nova*. Você não está fazendo nada que ainda não saiba fazer. Só vai fazer isso intencionalmente.

Mas não desanime se suas histórias antigas não desaparecerem. Elas podem nunca desaparecer. Mesmo quando substituo uma história que não me favorece, prefiro pensar em minhas histórias antigas como parte de mim. São como uma velha fotografia de um corte de cabelo ruim para a qual posso apontar e dizer: "Já fui assim, mas não sou mais."

Até que você se adapte totalmente a uma história nova, a antiga ficará rondando sua mente, pelo menos por algum tempo. Na verdade, ela pode *rondar* para sempre. O negócio é capturá-la em ação e afugentá-la — da mesma forma que se espia um animal raro enquanto ele sai do esconderijo à noite.

É difícil substituir uma história negativa por uma versão mais nova e frágil. Seu contador de histórias interno reagirá, dizendo que sua mente está confusa, que você não está conseguindo enxergar a realidade. O segredo é contar essa história nova mais alto e pelo tempo que for necessário. A história antiga pode entrar em ação ao primeiro sinal de estresse. Mas isso não significa que você não pode interrompê-la com a história *nova* cuidadosamente planejada e mudar o caminho à frente.

HISTÓRIAS SOBRE HISTÓRIAS

Mude o caminho à frente. Não há frase que descreva melhor o que aconteceu com os participantes do workshop. A cada história positiva que eles escolhiam e instalavam, sua vida parecia se tornar mais vibrante, significativa... mais *sua*.

No entanto, o que ficava mais evidente a cada dia que passava era quão valioso era ouvir *outras* histórias. Ver exemplos reais de pessoas que mudaram seus relacionamentos, sua vida profissional ou sua situação financeira. Pessoas que se tornaram melhores pais, parceiros e amigos. Pessoas que se tornaram mais saudáveis ou bem-sucedidas.

Essas histórias foram importantes para muitas pessoas além daquelas que as contaram; elas também foram importantes para as pessoas que as *ouviram*. Elas tornaram real a escolha de melhores histórias. *Possibilitaram* a escolha de melhores histórias.

Essas histórias são o que quero compartilhar com você a seguir.

PARTE III

ROUBANDO SUAS PRINCIPAIS HISTÓRIAS

Contos de Transformação

8

NEGÓCIOS E CARREIRA

Escolhendo Sua Própria Experiência de Uma História de Sucesso

> Você vem escrevendo a história ao longo de toda sua vida. Considerando isso e juntando tudo, é como poder voltar a sonhar.
> É possível vislumbrar o futuro.
>
> — HEATHER

Conheça Samantha Ponder.

Se você é fã de esportes, é possível que já conheça Samantha — ou pelo menos já a viu como apresentadora do *Sunday NFL Countdown* na ESPN ou, antes disso, como repórter de futebol americano e basquete universitário também na ESPN. Samantha é perspicaz, séria e, o mais importante, entende do assunto.

Samantha é filha de um treinador e amante de longa data dos esportes, então ela sabia desde jovem que, embora não fosse ganhar a vida, necessariamente, *praticando* esportes, poderia haver outra maneira — talvez ela pudesse ser comentarista esportivo em uma rádio. Talvez pudesse escrever sobre esportes. Talvez, ainda, pudesse trabalhar na assessoria do Phoenix Suns, o time de basquete de sua cidade natal. Ela não tinha um plano específico, exceto trabalhar com algo que estivesse relacionado aos esportes.

Então, em seu último ano do ensino médio, Samantha ganhou um concurso de redação de discursos, e o prêmio era ler o discurso na formatura para milhares de pessoas. "Eu me lembro de, um pouco antes de fazer meu discurso, a diretora me apresentar ao público e dizer algo como: 'Daqui a cinco anos, você verá a Samantha na ESPN...'" A família dela nem sequer tinha TV a cabo em casa, muito menos ESPN, e ela nunca havia sonhado com algo tão grandioso. "Lembrando disso agora, era quase como se ela estivesse me direcionando." E funcionou. Samantha rapidamente saiu de trás das cortinas e ocupou o palco principal, e você pode vê-la em ação todo domingo, fazendo seu trabalho sensacional.

Recentemente, foi lançado um documentário sobre a história de um dos programas do qual Samantha fez parte. Durante a entrevista com um de seus colegas, fizeram uma pergunta sobre o que ele achava dela. Ele basicamente falou só coisas positivas... coisas como "Sam realmente entende muito de futebol americano e de basquete" e como ela está lá por amor aos esportes, e não pela fama — todas coisas muito boas. "Mas teve *uma coisinha*", Samantha disse. "Uma pequena declaração, não chegava nem a ser uma frase completa e nem foi tão ruim... mas ele disse: 'Ela é um pouco excêntrica'; de repente, comecei a questionar tudo!"

Eu sou excêntrica? O que ele quer *dizer* com excêntrica? Ser excêntrica é algo *ruim*? Será que *outras* pessoas também acham que sou excêntrica?, ela se perguntou.

Por ser uma figura pública e, principalmente, uma entre algumas poucas mulheres em um setor dominado por homens, Ponder tinha bastante experiência com críticas vindas de pessoas aleatórias na internet. Uma de suas muitas qualidades admiráveis, a qual ela desenvolveu ao longo do tempo, é a capacidade de aceitar com tranquilidade esses comentários ou ignorá-los completamente. Mas isso era diferente. Ela havia trabalhado com aquele homem, era alguém que ela respeitava, não um insulto aleatório na internet.

"Fiquei surpresa com quanto aquela declaração impactou a forma como eu me via como profissional."

AUTONARRATIVAS EM AÇÃO NO TRABALHO

Meu primeiro livro, *Histórias que Inspiram*, é sobre o storytelling nos negócios. Está bem ali no subtítulo: *Como o Storytelling Pode Cativar Consumidores, Influenciar o Público e Transformar seus Negócios*. Escrevi sobre as quatro principais histórias nos negócios que todos precisam ser capazes de contar. Histórias sobre vendas, marketing, liderança... *nossa*! Está tudo lá. Detalhei a importância do storytelling em entrevistas e apresentações e no desenvolvimento de uma marca pessoal, independentemente de você ser um empresário ou alguém que está construindo sua marca à medida que cresce dentro da empresa. Embora haja muito mais a dizer sobre cada uma dessas histórias, eu não poderia deixar de mencionar que, sim, mesmo nos negócios, as histórias mais importantes não são aquelas que elaboramos cuidadosamente e contamos às outras pessoas. São aquelas que contamos a nós mesmos.

Comece agora e elabore uma história incrível para o marketing de um produto ou um serviço, ou inicie sua próxima apresentação contando uma história de abertura incrível; porém, se permitir que as histórias negativas assumam controle ou deixar *de fora* as histórias positivas sobre as experiências que formaram quem você é hoje, será como construir castelos em areia movediça. O sucesso profissional e a realização são construídos de dentro para fora, à medida que cada história é contada.

Felizmente para Samantha Ponder, ela é uma contadora de histórias por natureza e com bastante experiência. Ela começou a derreter seus icebergs anos atrás, o que provavelmente é parte do motivo pelo qual ela esteja nessa posição atualmente. Após a reação inicial ao comentário sobre sua excentricidade, Ponder fez algumas... bem... considerações e chegou à mesma conclusão que você, provavelmente, chegou ao longo da leitura deste livro: que dentro de cada um de nós, há uma vida inteira de histórias — elas moldam a maneira como enxergamos o mundo. E nunca conseguiremos entender cada nuance de outro ser humano, porque não há maneira possível de conhecermos todas as histórias da outra pessoa quando mal conseguimos controlar as nossas, *porque* todos temos dentro de nós uma vida inteira de histórias. "Seria muita prepotência tentar", ela disse.

E, no fim das contas, *por que* tentar? Temos muito pouco controle sobre as histórias que os outros contam sobre nós e, no entanto, perde-se muito tempo produtivo tentando descobrir o que as outras pessoas pensam quando, em vez disso, deveríamos nos concentrar nas histórias que, de fato, *podemos* mudar — aquelas que contamos a nós mesmos.

Dedicamos este capítulo a ajudá-lo a reprogramar seu tempo — em vez de dar atenção às histórias que vêm de fora ou que são contadas pelas pessoas ao seu redor, concentre-se nas histórias que já existem *dentro* de você para crescer profissionalmente. Mas, para obter o controle de suas histórias, obviamente primeiro você precisa capturá-las.

ETAPA UM: CAPTURE SUAS HISTÓRIAS EM AÇÃO

"Não sou bom o suficiente."; "Ninguém respeita minhas ideias."; "Meu chefe me odeia."; "Ninguém nunca reconhece como eu trabalhei duro."; "Tive sorte até agora."; "Eu simplesmente não consigo fazer isso." Quando se trata de autonarrativas nos negócios, as pontas dos icebergs têm diversos formatos e tamanhos.

Se você não expõe sua opinião em uma reunião e se arrepende depois, é provável que exista uma autonarrativa aí. Se você se pega pensando demais no que irá falar em um jantar de negócios ou em um coquetel, é provável que exista uma autonarrativa aí também. Use esses momentos de conjecturas (às vezes, até humilhantes) como pistas para descobrir quais são suas autonarrativas mais profundas.

Isso Está Fazendo Sentido Até Agora?

Em uma conversa com Eliza VanCort, autora do livro *A Woman's Guide to Claiming Space* [Guia de uma Mulher para Reivindicar Espaço, em tradução livre], ela destacou as frases que as mulheres, principalmente, usam quando se sentem inseguras. Frases como "Você entende o que quero dizer?", "Isso faz sentido?" e, até mesmo, a curtinha "Não é mesmo?" permeiam todos os tipos de conversas no trabalho e entregam de cara sua falta de confiança em si mesmo.

E onde há dúvida, há uma autonarrativa.

Se alguma vez você se pegar dizendo uma dessas frases, é provável que também tenha captado um momento iceberg de autonarrativa em ação. Faça uma anotação mental no momento e comprometa-se a revisá-la assim que o evento ou a apresentação terminar.

Seu Futuro Está no Feedback

Um dos treinamentos profissionais mais importantes que já tive foi muito antes de eu colocar um par de sapatos de salto alto e um terninho — foi no ensino médio, na equipe de oratória, e não pelo motivo que você está pensando. Porque, embora, sim, a equipe de oratória para discursos tenha me ajudado a perder o medo de falar em público, mais importante do que isso, também me preparou para receber feedbacks. Em cada encontro, deveríamos fazer, pelo menos, três discursos diferentes para três juízes diferentes e uma audiência com os concorrentes. Após o discurso, recebíamos uma folha de papel na qual o juiz escrevia, em detalhes, em que nos saímos bem e, *nos mínimos detalhes*, aquilo em que poderíamos melhorar (ou, na maioria das vezes, o que ficou ruim). Com exceção de alguns juízes desonestos, a maior parte do feedback foi de natureza construtiva. Mesmo o feedback mais criterioso é capaz de nos ferir por dentro; lembro-me de muitas ocasiões em que um feedback mexeu profundamente comigo e me deixou com muita raiva, furiosa e xingando o idiota que disse que parecia que eu desmaiaria porque estava falando muito rápido...

O problema é que eu, de fato, *falei* muito rápido.

E se eu quisesse atingir meus objetivos — que era vencer — teria que desacelerar.

O mesmo se aplica ao mundo profissional. Uma das maneiras mais fáceis de capturar as autonarrativas em flagrante é prestar muita atenção ao feedback — tanto ao feedback que recebe quanto à sua reação a ele.

Primeiro, preste atenção ao próprio feedback. Se disseram que você precisa trabalhar melhor em equipe, você pode estar sob o controle de um conjunto de histórias relacionadas à sua infância, em que foi recompensado por ser o melhor entre outras pessoas, e não por obter sucesso com uma equipe. Ou talvez os anos que você passou exercendo uma função individual em vendas em uma empresa implacável o tenham condicionado a vencer sempre, não importando quem derrubasse em meio ao processo, e, agora, a empresa para a qual você está trabalhando tem uma cultura completamente diferente, e o trabalho em equipe é mais valorizado.

Um executivo de uma grande empresa internacional afirmou que, quando se trata de feedbacks sobre melhoria, na maioria das vezes, eles estão relacionados à comunicação. "Ter uma comunicação escrita e oral mais planejada, estruturada e cordial." A comunicação ponderada é quase sempre o caminho certo a seguir para aqueles que querem crescer dentro da empresa, seja homem ou mulher. Esse feedback é uma oportunidade de explorar as autonarrativas que podem estar encorajando você ou, pelo menos, dando-lhe permissão para elaborar mensagens de maneira impulsiva. Talvez você seja o mais velho da família e, por isso, nunca foi muito questionado. Talvez fosse um peixe grande em um pequeno lago e conseguisse sobreviver apenas com seu talento e charme... mas, agora, é um entre muitos peixes grandes, charmosos e talentosos; portanto, a excelência exigirá mais de você.

O feedback em si pode ser um excelente estímulo para capturar as histórias que estão fazendo com que você tenha certos comportamentos que agora estão agindo contra você.

Em segundo lugar, embora o feedback em si seja importante, quando se trata de usá-lo como ferramenta para capturar suas autonarrativas invisíveis, sua *reação* a ele é igualmente valiosa.

Por exemplo, a diretora executiva de uma empresa listada na Fortune 500 estava tendo problemas com uma de suas subordinadas diretas. A gerente era extremamente boa no que fazia e atingia todas as metas; no entanto, sempre que alguém lhe dava um feedback, ela começava a chorar. "Ela saía furiosa das reuniões e batia a porta. Ou explodia em lágrimas em uma conversa pelo Zoom e desligava a câmera... Isso é um baita problemão." A diretora teve muitas conversas francas com essa gerente sobre essa situação e lhe ofereceu diversas soluções. "Ela é determinada e motivada, e seu objetivo é ser promovida", ela disse, balançando a cabeça. "Mas até que ela aprenda a lidar com feedbacks, eu simplesmente não vejo muito futuro para ela na empresa."

Pode ser difícil de aceitar feedbacks construtivos. Eles podem nos deixar bravos, tristes (isso está começando a se parecer com um episódio de *Vila Sésamo*), com ciúmes, furiosos, vingativos (assim está melhor). Podem fazer com que fiquemos vermelhos de vergonha, com os lábios tremendo, o coração batendo mais forte e, sim... podem até nos fazer chorar. Embora eu acredite que compostura seja uma virtude, a falta dela também é uma oportunidade. Prestar atenção à sua reação *ao* feedback pode ser uma enorme revelação das histórias que o estão impedindo de seguir em frente. O choro pode sinalizar histórias de seu passado relacionadas a perfeccionismo. A raiva pode sinalizar histórias de quando você se sentiu desprezado ou esquecido. O feedback construtivo é uma realidade para seu crescimento profissional e, agora, também pode ser uma ferramenta para capturar autonarrativas em flagrante.

ETAPA DOIS: ANALISE SUAS AUTONARRATIVAS

Conheça Tammy.

Tammy quer mudar de emprego. Ela está há muitos anos atuando como profissional de marketing digital e, embora goste de seu trabalho, ela acha que não tem mais para onde crescer dentro de sua empresa atual e está pronta para enfrentar um novo desafio em outro lugar. No momento, o mercado está aquecido para pessoas com as habilidades específicas que ela apresenta, e ela acabou de se mudar para uma nova cidade, onde há muitas empresas excelentes em busca de alguém com seu perfil.

E, mesmo assim, ela está paralisada.

Ela tem muito claro em sua mente que faz todo o sentido se expor um pouco. Ela não tem nada a perder e tudo a ganhar. "Eu simplesmente não consigo *fazer* nada." Então ela não faz nada. E isso está começando a consumi-la. Por quê?! Por que ela simplesmente não envia o currículo para alguém?

Então ela percebeu que é por causa de uma história. A história é de muitos anos atrás — uma época diferente, quando ela se mudou para uma cidade nova e começou a procurar um emprego novo. Ela iniciou sua busca confiante, afinal tinha experiência e referências brilhantes para lhe dar suporte. No entanto, após semanas de pesquisa e diversas entrevistas, tudo o que ela ouviu foi *não*.

Em uma semana particularmente devastadora, ela teve nove rejeições. Por fim, ela encontrou um ótimo emprego e, inclusive, acabou trabalhando em muitos projetos para algumas das mesmas empresas que a rejeitaram. Mas o sentimento de vergonha e de medo, mesmo após anos, permaneceram com ela e ainda estão vivos e passando bem.

No Capítulo 5, compartilhei as seis perguntas que você deve fazer a si mesmo ao analisar suas autonarrativas. A pergunta nº 2 era: *Essa história é verdadeira?* Às vezes, a resposta é não, mas, infelizmente, às vezes, a resposta é sim. Era verdade, Tammy havia sido rejeitada diversas vezes enquanto procurava emprego. Pode ser verdade que, sim, você foi demitido em virtude de cortes recentes na empresa. Pode ser verdade que, sim, você simplesmente foi demitido ou dispensado de forma desagradável. O caminho para o sucesso profissional raramente é uma linha reta. Inclui altos e baixos e alguns movimentos laterais; muitas vezes, ainda inclui momentos de auge ou total ruína na linha do tempo. Mais de 90% dos trabalhadores relatam já terem passado por um período de desemprego.[1]

Sim, às vezes as histórias *são* verdadeiras e não são muito bonitas, o que significa que você precisa se resolver com elas se deseja crescer profissionalmente. Sem passar pano para elas, fingindo que não existem. Sem enfeitá-las. Mas aceitando-as e, depois, deixando-as no lugar a que pertencem... no passado. E, então, começando o processo de escolha de uma história melhor.

ETAPA TRÊS: ESCOLHA UMA HISTÓRIA QUE O FAVOREÇA

Conheça Heather.

Heather mora na Pensilvânia. Ela é esposa, mãe de quatro filhos — que já é um emprego em tempo integral por si só — e também é uma empreendedora iniciante que está trabalhando em uma atividade secundária e tem metas malucas e sonhos ainda maiores. Quando se trata de atividades paralelas e empreendedorismo, parece que ter "metas malucas" e "sonhos maiores" são basicamente um requisito. E mesmo assim... ela percebeu um problema. Ela não alcançou os objetivos que pretendia em seu negócio, e suas metas pareciam estar piorando tudo. "Ter essas metas e não cumpri-las é algo muito difícil para mim", ela me disse. "Tenho metas enormes com relação ao meu negócio, estou há quatro anos no ramo e mal consegui alcançar a primeira."

Seria certo dizer que, às vezes, *todas* as pessoas se sentem assim com relação ao trabalho (e muitas não têm quatro filhos). Afinal, quem não quer que sua empresa cresça? Quem não deseja um aumento de salário a cada semana ou perspectivas mais brilhantes na carreira? Mas o problema de Heather era que o vão entre a situação em que ela se encontrava e a que ela queria alcançar parecia ter assumido um papel enorme em sua vida. E parecia estar aumentando em vez de diminuir. Era quase como se ela estivesse *retrocedendo*. Em vez de motivá-la e inspirá-la a seguir em frente, as metas para os negócios, a visualização e os sonhos que ela tinha pareciam estar *piorando* as coisas.

Essa ideia de metas nos levando ao erro pode soar contrária a tudo o que você aprendeu sobre como buscar crescimento na vida profissional. Somos ensinados que o caminho para o sucesso é sonhar grande. Definir metas. Ter alvos. "Comece tendo em mente o fim", dizem. Ou "O céu é o limite! Mesmo se você errar, acabará entre as estrelas."

Essa expressão (astronomicamente impossível) não está totalmente errada. Metas são uma coisa boa e *têm* um propósito, principalmente quando se trata de negócios. No entanto, elas também têm um lado sombrio que vale a pena mencionar.

Quadro de Visualização

Se você consegue sonhar com alguma coisa... então o cérebro é capaz de pensar que você já realizou isso?

Aparentemente, isso pode acontecer.

Existem algumas evidências de que fazer quadros de visualização baseados no futuro e passar horas imaginando suas metas detalhadamente pode ser um tiro no próprio pé.

Em um estudo, os pesquisadores acompanharam o progresso dos participantes que buscavam um emprego que fosse gratificante para eles. Aqueles que passaram a maior parte do tempo fantasiando sobre o futuro trabalho gratificante, na verdade, se candidataram a menos ofertas de emprego, receberam menos devolutivas positivas e, quando conseguiram trabalho, foram os que receberam os menores salários![2]

O problema com todo esse pensamento sobre um futuro que ainda não existe é que ele pode, de fato, minar nossas tentativas de *fazer o trabalho que precisa ser feito*. Alguns pesquisadores acreditam que a visualização em excesso pode induzir parte do cérebro a pensar que você já atingiu a meta, reduzindo, assim, a motivação para fazer o trabalho.

Jornada × Destino

Só porque as metas funcionam, não significa que aumentá-las continuará a produzir bons resultados. Como os pesquisadores por trás do estudo "Goals Gone Wild" [As Metas Enlouqueceram, em tradução livre] descobriram, definir metas em excesso pode levar a consequências não intencionais.[3] Quando ficamos obcecados pelas metas estabelecidas, podemos ser capazes de cortar atalhos ou nos comportar de maneira antiética. Ficamos com a visão afunilada, na qual a meta se torna a única coisa que conseguimos enxergar.[4]

E o problema da visão afunilada é que: muito foco no destino significa não ter energia suficiente para reconhecer e honrar as histórias ao longo da jornada. O resultado final de metas enlouquecidas é um *sentimento ruim*. Exatamente o que Heather estava sentindo. Suas metas a faziam focar quão longe ela estava de onde queria estar. Seu "eu do futuro" é tão brilhante, elegante, bem-sucedido e incrível que seu "eu atual" — bem, seu eu atual parecia um pouco medonho em comparação ao do futuro. E como não parecer?

Assim como todos os participantes do projeto de autonarrativa, o trabalho de Heather para nossa terceira sessão juntas era trazer um conjunto de histórias que ela pudesse contar a si mesma que a *favorecessem*. Histórias que redirecionavam sua atenção para a jornada, o crescimento, o sucesso que ela *alcançou*, em vez daquilo que ela não conseguiu alcançar. Heather admitiu que, no início, foi muito mais fácil encontrar histórias negativas do que positivas; sim, direi novamente, esse é o viés negativo em ação — fazendo os momentos ruins se sobressaírem em nossa memória, tornando-os vívidos e mais fáceis de serem lembrados. Heather notou que: "A característica comum a todas as histórias negativas, no entanto, era que eu estava focando minhas falhas e meu fracasso.

Momentos em que senti que não era o suficiente, que não tinha as habilidades necessárias ou que tinha fracassado."

Isso lhe deu uma ideia. Qual é o oposto dessas histórias negativas? Histórias de quando ela *foi* o suficiente. Histórias de quando ela *tinha* as habilidades suficientes. Histórias de quando ela obteve *sucesso*. "Todas as minhas melhores histórias, meus momentos mais bem-sucedidos, foram quando eu foquei o que eu estava oferecendo em vez de focar o que eu não tinha…"

E aí estava. As melhores histórias dela eram sobre sua capacidade e as conquistas que ela alcançou — não sobre seu destino final ou o que não tinha.

Heather se lembrou da história da época em que ela alcançou um dos níveis que almejava. "Eu me lembro de contar ao meu marido — ele me pegou e saiu dançando comigo pela cozinha. Ele estava tipo: 'Estou tão animado por você; tão orgulhoso de você.'" Foi uma história que se perdeu completamente em meio à névoa e ao furor das minhas metas malucas.

Ela se lembrou do dia em que descobriu que havia ganhado uma viagem da empresa. "Mesmo que a viagem tenha sido cancelada por causa da pandemia, isso não torna menos incrível o fato de eu merecê-la."

Heather se lembrou da história das férias que ela conseguiu proporcionar à família por meio da renda extra que ganhou com seu trabalho paralelo. "Lembro-me do dia em que partimos e de como me senti feliz — é uma conquista *minha*! Consegui proporcionar isso para nossa família."

Quando ela parou e começou a buscar suas histórias positivas, elas vieram de todos os lados. Embora ela não tenha alcançado repentinamente suas grandes e loucas metas e sonhos, ela se sentiu muito melhor sobre o que *havia* conquistado, o que a fez se sentir melhor a respeito do futuro; esse foi um passo importante para ela naquele momento.

Em nossa última sessão, parecia que eu estava conversando com uma Heather diferente. "Eu me sinto muito mais confiante e animada", ela disse. "Já se passaram algumas semanas, e a maneira como me sinto mudou completamente." Quando eu repeti para Heather algumas de suas declarações do tipo iceberg — as pequenas pistas para as histórias abaixo da superfície, como "Não sou boa o suficiente" — senti ela se encolher um pouco. "Credo", ela disse.

"Mas, honestamente, é onde eu estava, como me sentia. Eu sabia que não queria me sentir assim, mas também não sabia como *não* me sentir dessa forma."

Parece tão simples, não é?

No entanto, quem nunca teve fases na vida em que nos sentimos mal por estarmos na situação atual em vez de outra em que achamos que deveríamos estar ou, ainda, ficamos desanimados por todo o potencial desperdiçado? O potencial pode ser um controlador bastante cruel, e as metas arrumam uma maneira de evidenciar seu poder. O potencial é efêmero. É ambíguo. Por definição, você nunca alcança todo o seu potencial. Nossas habilidades permitem que aprendamos novas habilidades. As realizações permitem que alcancemos realizações mais novas e maiores. A confiança gera mais confiança. Seu potencial é uma placa de sinalização em constante movimento que é maravilhosa para ajudá-lo a crescer, porém terrível se você nunca comemorar esse crescimento, olhando para as histórias que mostram quão longe você foi. Escolher as histórias certas e repeti-las nos ajuda a corrigir as falhas que estão intrinsecamente ligadas às metas e, consequentemente, à nossa vida profissional.

A última coisa que Heather fez em nossa última sessão foi tirar uma foto da tela da nossa chamada pelo Zoom, de nossos rostos sorridentes olhando uma para a outra a algumas centenas de quilômetros de distância.

"Preciso ter uma lembrança disso", ela disse rindo. Vai dar uma boa história!

ETAPA QUATRO: INSTALE AS HISTÓRIAS QUE VOCÊ ESCOLHEU

Quando se trata de instalar as histórias escolhidas no mundo dos negócios, as opções são infinitas.

Uma mulher do grupo tinha uma história pronta sempre que seu chefe arrogante se aproximava de seu cubículo (no final de nossas sessões, ela havia saído desse emprego e estava abrindo a própria empresa com o marido). Um homem do grupo contou a si mesmo suas histórias pouco antes de entrar em reuniões, virtuais ou presenciais, com doadores importantes. Uma mulher contou a si mesma suas histórias pouco antes de abrir os aplicativos das redes sociais e logo depois de abri-los. No Capítulo 7, falei sobre como instalei em minha mente algumas histórias pouco antes de subir ao palco. Tammy pode contar a si mesma as histórias toda vez que hesitar em enviar seu currículo. Heather pode contar a si mesma as histórias sempre que começar a se sentir ansiosa quanto ao progresso que fez.

A vida profissional é rica em oportunidades para instalar autonarrativas melhores. Seguem alguns exemplos de situações em que isso é particularmente importante.

A História Que Você Conta a Si Mesmo Sobre Por Que Você Não Consegue

Conheça Julie.

Julie tem mais energia do que um cachorrinho com poucos meses de vida, mais positividade do que uma pilha Duracell e desafia todas as leis da gravidade e da natureza com sua aparência jovem e o rosto sem rugas. Julie é coach de saúde e fitness e dá aulas de ginástica desde muito cedo. Ela leva a vida com leveza, em suas roupas de lycra, e faz com que você sinta que também poderia e, de fato, *deveria*. O sonho profissional de Julie? Construir o próprio império de treinamento e condicionamento físico. Parece razoável, não é? Principalmente depois de saber um pouco sobre ela e, sim, ela tem chances de alcançar o que deseja. Embora ela queira muito isso e apesar do fato de que todos os sinais apontam para sua capacidade inata de atingir esse objetivo, se você perguntasse a Julie, ela diria que não consegue. Por quê? Segundo Julie, ela *não consegue* atingir esse objetivo profissional porque está muito velha.

Sim. Essa mulher, que pode ter 23 ou 53 anos, lhe diria: "Comecei tarde demais. Existem muitas pessoas mais jovens do que eu que querem fazer a mesma coisa. Já estou velha." Se a pressionasse mais, Julie contaria muitas histórias para fazer você (e ela mesma) acreditar em sua autonarrativa.

Julie não é a única pessoa que tem uma história sobre por que ela não consegue... Mark também tem. Mark começou sua carreira em uma empresa trabalhando no depósito, afixando etiquetas em caixas, e se esforçou para alcançar o cargo de membro sênior da equipe de contabilidade. Mas, se você lhe perguntar, ele dirá que não consegue *fazer* contabilidade. Por quê? Porque ele não tem um certificado CPA [Certified Public Accountant]. Ou a Sara. Sara, que tem anos de experiência em organizações comunitárias e ativismo e queria muito se candidatar a um cargo público, mas *não consegue*. Por quê? Você adivinhou. Porque ela nunca se candidatou a um cargo antes. Tente lhe dizer que todas as autoridades eleitas tiveram uma primeira vez e, mesmo assim, ela ainda acredita que não consegue.

Para instalar histórias melhores em sua mente, você deve partir da primeira vez em que começar a contar uma história explicando por que *não consegue*. Essa é a história que está mais próxima de seu alcance e você até pode abordá-la com senso de humor porque, vamos ser honestos, essas histórias que contamos a nós mesmos, que no fundo são apenas desculpas esfarrapadas, podem ser absurdamente ridículas. Substituir essas histórias por outras que lhe sejam úteis é o primeiro passo para passar para o próximo nível.

A História Que Você Conta a Si Mesmo sobre O Que Conquistou e O Que Não Conquistou

Às vezes eu penso em Ryan Lochte, o nadador norte-americano que participa de competições. Ele chegou às manchetes internacionais por envolver-se em um escândalo no Brasil após as Olimpíadas de 2016. As acusações foram retiradas posteriormente, mas não antes de ele receber uma suspensão significativa e perder milhões em patrocínios, como também o respeito do público e de patrocinadores. Lochte cometeu um erro e perdeu coisas bastante significativas e, embora não haja desculpa para seu comportamento, não consigo deixar de pensar que talvez ele seja o melhor exemplo do que acontece quando contamos a nós mesmos apenas a história sobre nosso sucesso profissional no contexto de outra pessoa.

Apesar de todos os seus muitos e significativos erros, Lochte é extraordinário dentro da água. Especialista na modalidade individual medley, uma das mais difíceis de treinar porque exige excelência não em um, mas nos quatro tipos de nado, ele é quase imbatível. Ryan ganhou doze medalhas olímpicas, seis delas de ouro, e detém vários recordes mundiais. Ele é o "segundo nadador masculino mais condecorado da história olímpica, medido pelo número total de medalhas."[5]

Perde apenas para Michael Phelps.

Sim. Michael Phelps. Você sabia que eu não poderia falar de nadadores norte-americanos sem mencionar o nome dele — seria um sacrilégio.

Mas, apenas por um momento, pense nisso da perspectiva de Lochte. Imagine se Phelps tivesse nascido uma década depois de Lochte em vez de um ano. Imagine se Michael Phelps fosse um astro das pistas ou um patinador artístico.

Ryan Lochte seria o fenômeno.

Ryan Lochte seria o rosto da magnitude olímpica.

Ryan Lochte seria considerado o melhor de todos os tempos na natação e talvez até mais do que isso.

Podemos discutir o dia todo sobre o que vem primeiro — o ovo ou a galinha, as atitudes ou a habilidade. E, certamente, a ausência de Phelps não significa que, automaticamente, Lochte seria o número 1, o Rei das Piscinas, mas me arrisco a supor que parte de seu padrão de autodestruição é resultado das histórias que ele conta a si mesmo enquanto está na sombra dos ombros largos de seu companheiro de equipe.

Você pode culpá-lo? Se você já teve dificuldade em aceitar e desfrutar do próprio sucesso profissional, sentiu-se realmente tão diferente dele? Talvez você tenha definido uma meta e a tenha alcançado, mas, em vez de comemorar, você imediatamente se lembrou da meta *maior* que um colega ou um concorrente alcançou. Talvez, ainda, você tenha recebido os parabéns de um amigo ou um familiar por uma promoção e simplesmente ignorou, pois ficou pensando quanto tempo a mais levou do que aquela outra pessoa.

Uma das mulheres do grupo de autonarrativa compartilhou comigo as dificuldades pelas quais passou com seu ex-parceiro de negócios. Eles haviam encerrado a parceria em termos totalmente amigáveis; ele estava se mudando para o outro lado do país e não fazia sentido eles continuarem trabalhando juntos. A mulher ficou triste com a partida dele, mas também animada com a possibilidade de fazer algo sozinha. E ela fez um ótimo trabalho, fez grandes progressos, conquistou ótimos clientes e estava se sentindo muito bem com tudo isso. Até que ela ouviu falar sobre aquele ex-parceiro, que decidiu se arriscar em uma área completamente diferente, teve um crescimento extraordinário e estava ganhando em um mês o que ela havia estabelecido como meta para um ano. Todas as coisas que pareciam tão boas até então, de repente, em comparação a ele, não eram mais tão boas assim.

"Em comparação" é a frase em vigor aqui.

Se alguma vez você já teve dificuldade em lidar com aquilo que conquistou e o que não conquistou, reserve um momento e coloque suas conquistas em um espaço separado, só delas. Separe-as da história de sucesso de qualquer outra pessoa. Olhe apenas para elas, conte-as novamente, quantas vezes for necessário, mesmo que seja apenas para si mesmo, e veja se elas parecerão diferentes para você. Às vezes, precisamos desse lembrete para nos concentrarmos apenas no brilho das *próprias* histórias e deixar que isso seja o suficiente.

A História Que Você Conta a Si Mesmo Sobre as Mudanças e o Desconhecido

Payal Kadakia é a fundadora e criadora da ClassPass, uma empresa que começou como uma forma de conglomerar todas as diversas academias de ginástica e de dança em qualquer área em um só lugar com fácil acesso aos horários das aulas. Em janeiro de 2020, a ClassPass foi avaliada em mais de US$1 bilhão em seu último ciclo de financiamento. É claro que, para uma empresa construída quase inteiramente voltada para o condicionamento físico, 2020 foi o ano em que ela passou a nadar em um poço de destruição e desespero em vez de uma piscina de moedas de ouro, ao enfrentar o colapso iminente do mundo inteiro. As coisas mudaram rapidamente — despencaram, na verdade —, isso seria o suficiente para abalar completamente qualquer fundador de empresa. Felizmente para Kadakia, ela tinha uma história. Uma das histórias mais importantes que *qualquer* empreendedor precisa ter, embora também sejam valiosas para inovadores. A história sobre as mudanças e o desconhecido.

Payal se lembra muito bem disso. Ela viveu uma vida dupla durante muito tempo. Durante o dia, uma mulher de negócios bem-sucedida com um papel extremamente prestigioso em uma das melhores empresas de Nova York; durante a noite, uma mulher com uma ideia revolucionária na área de tecnologia para resolver um ponto problemático. Após enfrentar a dificuldade em tomar essa decisão por si mesma e a pressão extra da opinião dos pais sobre isso, ela não conseguiu mais esconder sua vontade de sair do emprego.

"Eu me lembro daquele Dia de Ação de Graças. Eu estava em casa e disse aos meus pais que, sabe, apenas não estava com vontade de voltar ao trabalho na segunda-feira." Mesmo ao dizer isso, Kadakia não estava totalmente comprometida com a ideia de fundar uma empresa. Mas, então, sua mãe olhou para ela — a mãe, que havia imigrado para os Estados Unidos e sempre desejou que a filha tivesse uma carreira estável. "Ela olhou para mim e me disse para eu pedir demissão." Ainda havia hesitação em sua voz quando Payal me contou essa história. "'Acho que você deveria largar o emprego', ela me sugeriu e acrescentou que acreditava em mim, que provei que sou capaz, que preenchi todos os requisitos para ter sucesso na vida: eu tinha frequentado uma boa escola e tive uma carreira brilhante. Então, ela basicamente disse: essa é a hora. Se você vai fazer isso, invista em si mesma e construa algo." Kadakia refletiu sobre as palavras da mãe por um tempo e, em seguida, tomou coragem e largou o emprego, o que é uma decisão bastante difícil para qualquer um.

"Sempre me lembro daquele dia", ela me disse aquilo com certo conhecimento em sua voz. "Lembro-me de passar pelas grandes portas de vidro do escritório daquele edifício com medo. Eu sabia que me demitiria e não tinha ideia do que o futuro me reservava."

Ela chegou ao escritório, entregou o pedido de demissão e enviou um e-mail para toda a empresa, explicando que estava saindo e o motivo. Pouco depois, recebeu o telefonema de um dos vice-presidentes da empresa. "Ele pediu que eu fosse até o escritório dele", ela disse, admitindo que ficou um pouco ansiosa. "Quando cheguei lá, ele pediu para eu falar mais sobre o que tinha em mente e, quando contei, ele me passou um cheque na hora. Ele queria investir na empresa que eu ainda nem tinha começado."

Essa história se tornou a mentalidade padrão de Payal. Agora, sempre que o medo e a incerteza a atingem, ela se lembra do medo que sentiu ao atravessar aquelas portas e enfrentar o desconhecido e da emoção ainda maior que sentiu ao sair. Ela conta a si mesma a história daquele dia como um lembrete de que você nunca sabe a grandeza que pode existir por trás do medo.

O QUE *REALMENTE* É SUCESSO

Na primavera de 2020, assumi o papel de diretora-executiva de storytelling na revista *SUCCESS* e, como parte dessa função, dei início ao podcast *Success Stories com Kindra Hall,* no qual entrevistei algumas pessoas realmente incríveis para ouvir suas histórias — como elas chegaram à posição que ocupam no momento e, para muitas delas, o que o sucesso significa. Eis algumas de suas respostas:

- Daymond John, fundador e CEO da marca de roupas FUBU e um convidado recorrente do reality show *Shark Tank,* disse que o sucesso é "a habilidade de desafiar a si mesmo e viver com as decisões que você tomou, independentemente de falhar ou obter sucesso durante esses desafios."
- Chris Gardner, cuja história de vida foi contada no incrível filme *À Procura da Felicidade,* estrelado por Will Smith, mencionou ser capaz de fazer um trabalho que reflete seus valores e agora ajuda outros a acreditar em seus sonhos e a realizá-los. (Ele acrescentou, ainda, que mais importante do que isso é ser "o melhor avô do mundo.")
- Tarek El Moussa, investidor imobiliário e estrela do reality show *Reformar para Vender — Dicas do Tarek,* disse: "O sucesso é um sentimento que busco todos os dias... não [é] um número, não é um objeto... é um sentimento."
- Jamie Kern Lima, empreendedora norte-americana, autora best-sellers do *New York Times* e uma das mulheres mais ricas dos Estados Unidos segundo a lista da *Forbes,* diz que o sucesso significa saber que aquilo que você está fazendo é algo maior do que si próprio. "Há tantas pessoas que conheço pessoalmente que têm muito dinheiro e fazem um trabalho tão bom, que são muito distintas e têm bilhões de dólares... Não acredito que elas seriam bem-sucedidas se não sentissem prazer no que fazem por algo que é maior do que elas e que beneficia outras pessoas."[6]

Diversos outros temas surgiram quando perguntei a essas pessoas como elas definiriam sucesso — principalmente que sucesso não é ter coisas ("Em quantas casas você pode morar ao mesmo tempo?!", Gardner brincou), mas algo muito menos palpável. E também que a definição de sucesso delas mudou ao longo do tempo. Anos atrás, sucesso significava uma coisa; atualmente, após anos de experiência e sabedoria, seu conceito mudou. Essas definições foram muito úteis, esclarecedoras, algo de que eu já suspeitava. Na época das entrevistas, eu estava redefinindo o termo *sucesso* em minha vida. Eu sentia que as histórias que estava contando a mim mesma não estavam mais funcionando e que, embora estivesse construindo minha estrada de tijolos amarelos, eu me sentia um pouco confusa sobre qual era meu destino final... então percebi, assim como as pessoas que entrevistei mencionaram, que ele havia mudado.

Sempre fui uma pessoa ativa — se você é um empreendedor focado em sua meta, isso também pode soar familiar para você. Durante as férias de verão no colégio, passava as manhãs no campo de golfe vendendo cerveja com um carrinho, as tardes trabalhando na locadora da cidade (seja gentil, sou desse tempo mesmo) e as noites como garçonete em um restaurante drive-in.

Na faculdade, era professora-assistente e dei diversas aulas por semana de Introdução à Comunicação enquanto escrevia meu trabalho de conclusão de curso, trabalhava como gerente no Outback e cobria o último turno no bar de karaokê, cujas funções incluíam cantar uma miscelânea de músicas do filme *Grease*, um dueto de "Love Shack" e alguma coisa da Britney Spears (até que meus alunos ficaram sabendo, foram ver minha apresentação e eu tive que me demitir).

Quando comecei meu próprio negócio, me tornei ainda mais ativa. Duas crianças? Nada demais. Mudar de casa a cada dois anos? Nenhum problema. A cada véspera de Ano-Novo, eu defino metas enormes para meus ganhos, sempre tentando superar o ano anterior. Viver uma vida bastante ativa tem sido parte de quem eu sou há anos — trabalhar mais, fazer mais coisas, me esforçar até o limite — e, de muitas maneiras, isso me serviu.

Quando Michael e eu nos sentamos para estabelecer nossas metas para 2020, não desejávamos nada diferente. Tínhamos alcançado uma meta *enorme* em 2019 e decidi *dobrá-la*. Comecei com o pé direito — só passei cerca de dez noites, no total, em casa nas primeiras oito semanas do ano. Embora tenha sido incrível e eu estivesse no caminho certo para alcançar nossa meta maluca, de repente comecei me perguntar:

Por quê?

Por que eu preciso dobrar a meta? O que falta em minha vida que exija que eu ganhe o dobro do ano passado?

A verdade era que a única coisa que faltava na minha vida... era *eu mesma*.

Eu estava tão envolvida e acostumada com toda aquela agitação que estava perdendo a vida maravilhosa que eu mesma tinha construído. Meus amigos, minha família, minha casa... de que adiantava ter tudo isso se eu estava sempre ocupada demais para aproveitar?

Pela primeira vez na minha vida, *antes* mesmo de a pandemia acontecer, dei uma pausa na agitação. Respirei fundo o suficiente para analisar minha trajetória e percebi... era tudo o que eu queria. Obtive sucesso em tudo o que me propus a fazer. E tudo o que eu precisava fazer era enxergar isso.

Não se engane, as histórias que você conta a si mesmo sobre a carreira e o sucesso profissional terão um impacto sobre sua vida. Você será capaz de ver as substituições, as mudanças e todas as coisas emocionantes que acontecerão ao longo do caminho. Este se formará à medida que cada tijolo amarelo for depositado. Apenas certifique-se de saber o endereço da sua Cidade das Esmeraldas, ou pelo menos o CEP dela, para que chegue ao lugar certo.

9

SAÚDE E BEM-ESTAR

Encontre Suas Histórias Verdadeiramente Saudáveis

Não há separação entre mente e corpo.
— DEEPAK CHOPRA

Conheça Zara.

Embora há uma boa chance de você já conhecê-la. Todos conhecem a Zara. Por mais que pareça estatisticamente impossível, todas as pessoas que *conhecem* a Zara a *adoram*. Se o nome dela for mencionado em uma conversa, o assunto será desviado por dois minutos (pelo menos) enquanto as partes falam sobre as muitas maneiras e razões pelas quais ela é simplesmente sensacional. Por todos os lugares que ela passa, todos a admiram; desde seus contatos profissionais até seus amigos, que se sentem abençoados por fazer parte de grupos de bate-papo com ela. Até mesmo meu filho teve um amor profundo e emotivo por Zara desde a época do 2º ano, quando ela se sentou ao lado dele no ônibus em uma excursão escolar; bastou uma conversa de vinte minutos sobre coleção de moedas e cristais para selar a conexão entre eles.

A Zara é assim. Ela é uma das boas. Embora você não deseje a *ninguém* que coisas ruins aconteçam, muito menos às pessoas *boas*, quando algo ruim acontece com a Zara, isso parece uma violação das leis tão profunda quanto o núcleo da Terra e tão grande quanto a galáxia que habitamos.

Em uma sexta-feira de fevereiro, Zara se sentou no auditório da escola primária com seu marido, Jonathan, e seu bebê de sete semanas. Eles estavam assistindo à filha e ao filho, que estavam no 2º ano e no 1º ano respectivamente, dançarem na apresentação de hip-hop da escola.

Não há nada como assistir a algumas centenas de crianças vestidas com camisetas coloridas, mostrando suas habilidades de dança — foi um momento alegre e divertido, exatamente do que essa nova mãe de três filhos estava precisando. E Jonathan também. Desde as últimas semanas de gravidez, Jonathan, um talentoso e ativo CMO [Chief Marketing Officer] de uma marca global, não era ele mesmo. Ele voltava do trabalho e desmaiava no sofá. Após o parto, a maior parte do tempo que ficou no hospital, ele estava dormindo. "Sou a favor da igualdade", disse Zara, "mas não vamos exagerar. Dar à luz definitivamente *não* é tão cansativo para o homem quanto para a mulher, e lá estava ele, dormindo profundamente no sofá do hospital."

Pelo bem do casamento deles (não há nada como um marido dormindo o dia todo após a esposa ter ficado acordada a noite inteira com um recém-nascido), eles decidiram que ele deveria fazer alguns exames. "Eu estava convencida de que ele estava anêmico", disse Zara. "E ele estava convencido de que contraiu dengue por uma picada de mosquito em um fim de semana que passamos nos Hamptons."

O que quer que fosse, Jonathan havia ido ao médico um dia antes da apresentação escolar para fazer alguns exames de sangue, pelo menos para tirar a dúvida se era anemia ou dengue.

Após a apresentação de hip-hop, Jonathan pegou um táxi para ir para o escritório enquanto Zara e o bebê voltaram a pé para casa. Eram cerca de 10h da manhã, e ela tinha acabado de se preparar para amamentar o bebê quando a porta do apartamento se abriu inesperadamente.

Era Jonathan.

"Você esqueceu seu telefone?" Zara perguntou.

"Não", Jonathan respondeu, ainda parado na porta. "Estou com leucemia."

Ele disse a palavra. Ela ouviu a palavra. E eles ficaram calados, sem conseguir processá-la.

"O médico me ligou. Eu estava a caminho do trabalho. Ele me disse para fazer meia-volta. Preciso ir até o Hospital Presbiteriano de Nova York. Agora. Estou com câncer."

Zara viu Jonathan começar a desmoronar a cada frase.

As horas seguintes foram voltadas para o gerenciamento de crise; Zara encontrou uma creche e, em seguida, ela e Jonathan foram para o hospital — eles pegaram o longo caminho pelo Central Park, talvez sua última hora de uma vida normal. Embora houvesse pessoas correndo, caminhando com amigos, aproveitando o dia tranquilamente no parque — para Jonathan e Zara, não havia nada de normal naquele dia. Eles suspeitavam que a vida nunca mais seria a mesma.

E eles não estavam errados. Ao chegar ao hospital, ficou claro que isso era uma questão de vida ou morte. Houve reuniões com médicos, discussões e planos — todos calmamente metódicos e, ao mesmo tempo, descontroladamente caóticos. Em algum ponto daquele primeiro dia terrível, Zara se viu de volta ao seu banheiro.

Como qualquer mãe de crianças pequenas sabe, o banheiro é o melhor lugar da casa para ficar. Não é garantido (o que na vida é?), mas há algo sobre girar ou empurrar a fechadura da porta de um banheiro que sugere um suspiro automático de alívio. Esse momento de "intervalo" é sempre temporário, o que o torna ainda mais sagrado.

Foi lá, do outro lado da porta trancada de um banheiro, que Zara parou, sozinha pela primeira vez, agarrando-se à superfície de cerâmica fria da pia para se equilibrar. Ela ergueu os olhos e encontrou o próprio olhar no espelho enorme do banheiro e refletiu sobre sua história.

Como seria sua vida como uma viúva mãe de três filhos?

Como seria a vida sem Jonathan, a quem ela amava tanto (especialmente após saber que o que estava deixando-o tão cansado era o *câncer* e que ele não estava sendo negligente como pai e marido)?

O que ela diria em seu funeral?

"Eu sei que é estranho. Pesado. Horrível", ela disse enquanto me contava a história. "Mas eu tive que pensar em todas as possibilidades... e então... bem..."

Ela decidiu que, pelo menos durante o processo de tratamento, nunca mais pensaria nisso.

"Essa *não* é a nossa história."

MENTE. CORPO. HISTÓRIA.

Há uma coisa que quero deixar bem claro: quando se trata de saúde (na verdade, quando se trata de tudo), há algumas coisas que simplesmente estão fora de seu controle. Seria irresponsável sugerir que o marido de Zara, de alguma forma, *pediu* para ter câncer. Também é irresponsável sugerir que alguém pode ser completamente "curado" por ter uma mentalidade voltada para a cura. Jonathan precisava do tratamento agressivo, horrível e totalmente ocidentalizado que ele recebeu, e Zara me garantiu que não faltou nenhum veneno de alta tecnologia, altamente técnico que ele não tenha experimentado durante a quimioterapia.

Neste capítulo, falaremos das coisas que *estão* dentro de seu alcance de controle, e uma delas certamente é sua mentalidade.

Zara estava vivendo a realidade daquela citação, muitas vezes atribuída a Jim Rohn, que as pessoas postam aleatoriamente nas redes sociais e que está impressa em pôsteres de gatos pendurados em consultórios de dentistas em todo o país: "É o conjunto das velas, e não a direção do vento, que determina o caminho que percorreremos."

O vento era a realidade do diagnóstico, e a vela era sua abordagem com relação a ele. Você não pode controlar o diagnóstico, mas definitivamente pode controlar a forma como lida com ele. E, quando se trata de sua saúde e das coisas que você pode controlar, você definitivamente *deveria* fazer isso.

Onde a Mente Vai, o Corpo a Segue

Fiz muitas viagens nos meses que antecederam a pandemia.

Conforme mencionei no capítulo anterior, nas primeiras semanas de 2020, eu estava mais fora de casa do que em casa. Durante uma de minhas viagens, entre 1º de janeiro e 20 de fevereiro de 2020, dormi em minha cama 17 vezes (vou deixar você fazer as contas). Durante uma de minhas viagens, abri uma daquelas caixinhas "Pergunte-me qualquer coisa" nos stories do Instagram, e uma das perguntas que recebi foi: "Como você viaja tanto e não fica doente? Fico doente toda vez que viajo."

Não consegui responder a essa pergunta com a mesma sinceridade com que ela foi feita porque, é claro, poucos dias depois, entramos em uma pandemia mundial, uma nova realidade, na qual viajar e ficar doente passou a ter um significado totalmente diferente de antes.

Pandemia à parte, no entanto, essa questão não envolve apenas minha saúde. É sobre autonarrativa.

Eu ativamente *não digo* a mim mesma que fico doente sempre que viajo. Eu não me dou ao *luxo* de contar essa história. Vamos seguir a lógica dessa história em minha vida até o fim — como se fosse uma equação matemática:

Se eu dissesse a mim mesma que fico doente toda vez que viajo →

E meu trabalho exige que eu esteja sempre viajando →

Eu ficaria doente toda vez que fosse trabalhar.

Ou seria isso ou eu largaria meu emprego. A história de "viagem igual à doença" não é uma história útil para mim, então não a conto. Nunca considero isso. Essa história nem passa pela minha cabeça.

Agora, se eu tenho alguns hábitos e condutas que me ajudam a me manter *saudável* durante as viagens? Certamente. Compro um litro de água um segundo após passar pela segurança do aeroporto e o encho novamente quando chego ao meu destino. Nunca entro em um avião sem comprimidos de vitamina C e tomo um todas as manhãs quando estou longe de casa. Cuido do meu sono — controlo as horas de sono que preciso ter e o horário de ir para a cama, porque pode ser difícil administrar os fusos horários. Limito a quantidade de álcool que bebo. Como alimentos que não atrapalhem minha digestão. Tento sair e dar uma volta ao ar livre. Durante e após a pandemia, acrescentei o uso de máscara durante os voos e bastante álcool em gel para as mãos.

Essas condutas me ajudam a me manter saudável, mas a história que conto a mim mesma garante isso, dentro dos limites do que posso controlar.

O Enigma do Autocuidado

É claro que a saúde física é apenas uma peça do quebra-cabeça. Eu estava conversando com Amy Morin, autora do best-seller *13 Coisas que as Pessoas Mentalmente Fortes Não Fazem*, sobre o conceito de autocuidado e como isso leva à resistência mental. Compartilhei com ela que toda vez que ouço a palavra autocuidado, imediatamente me vem em mente banhos de espuma e manicure. Nós duas rimos, pois percebemos que compartilhamos o mesmo sentimento sobre sentar em um tanque cheio de água em meio à nossa sujeira — banhos de espuma *não* me atraem e fazer manicure me deixa estressada.

Ela recomendou fazer algo que *você* acha divertido, sem julgamento ou se perguntando se isso é válido.

Eu me lembrei de uma das mulheres do grupo de pesquisa, cuja saúde mental estava em sério risco. Ela sabia que precisava reservar um tempo para si mesma, mas fazia tanto tempo que ela não fazia algo só por diversão que nem sabia por onde começar. É claro que isso só lhe trouxe mais ansiedade e alimentou as chamas da história negativa. Então, em uma de nossas últimas sessões, ela mencionou que havia passado três horas removendo a neve do telhado de seu galpão, que ela tinha transformado em um escritório.

"Você gostou de fazer isso?", perguntei a ela.

Ela me olhou de uma forma estranha. "Se eu *gostei* de tirar a neve do telhado?" Ela pensou um pouco sobre isso. Sim, ela supôs, ela *gostou*. Deu bastante trabalho, mas foi terapêutico ao mesmo tempo. Ninguém a incomodou. Ninguém lhe requisitou nada enquanto ela estava limpando o telhado. Ou, se precisassem, não conseguiriam encontrá-la. Ela estava desconectada, ao ar livre, em um estado meditativo.

"Espere um minuto!", eu disse. "Você acabou de se envolver em um autocuidado fantástico."

Frequentemente, temos histórias sobre o que "é válido" quando se trata de nossa saúde mental. Mas e se você, em vez de se preocupar com a maneira *certa* de fazer isso, contar a si mesmo as histórias dos momentos em que *acertou*. Por exemplo, *adoro* montar Lego, mas achei que fosse coisa de criança. Então comecei a comprar uma caixa de Lego para mim sempre que comprava uma para as crianças. Durante os muitos anos de viagens e estresse em virtude do trabalho, montamos Lego juntos durante todo o fim de semana. Obviamente, a possibilidade de *comprar* um Lego é um privilégio que nem todos têm; essas coisas custam uma pequena fortuna. Durante a pandemia, quando as finanças sofreram um abalo, o orçamento para o Lego foi cortado. Em 2021, os negócios aumentaram, mas o número de Legos não. Comecei a ficar estressada e não conseguia mais me divertir ou cuidar de mim mesma. Então me lembrei das histórias dos fins de semana montando Lego e incluí isso novamente em minha rotina.

Ao navegar pelas redes sociais, você sempre se depara com alguma citação, vídeo ou um influenciador falando sobre a importância do autocuidado. É muito estresse e muita pressão em cima de algo que deveria, justamente, aliviar o estresse e a pressão. Você consegue eliminar uma boa parte disso ao definir qual é *sua* versão de autocuidado. Até agora, ainda não vi nenhum guru dizendo a adultos para brincar com Lego, mas é o que funciona para *mim*.

Lembre-se: você é quem, exclusivamente, deve escrever e contar sua história de autocuidado.

Se você deseja fazer alguma mudança relacionada à sua saúde, seja em virtude de alguma doença, seu peso ou seu bem-estar mental, tenho boas notícias: neste capítulo, você saberá exatamente como fazer isso. O mesmo método que funciona para seus desafios nos negócios e na carreira funcionará para o que diz respeito à sua saúde. Quatro etapas simples podem mudar tudo. Capture suas histórias em ação, analise-as para entender melhor de onde elas vieram e por que estão lá, escolha histórias melhores e instale-as em seu sistema operacional automatizado.

Vamos começar dando uma olhada em todas as diferentes maneiras pelas quais nossas histórias se manifestam.

ETAPA UM: CAPTURE SUAS HISTÓRIAS EM AÇÃO

Conheça Cori.

No momento em que conecto a videochamada com Cori, a tela revela um rosto para o qual você não pode deixar de sorrir. Cori parece estar sempre alegre e tem um riso fácil. Ela trabalha dando treinamento corporativo, passa muito tempo em frente a grupos de pessoas, e é fácil ver por que ela se destaca em sua função.

Agora, no entanto, Cori está do outro lado — ela é a participante do *meu* grupo de pesquisa e está focada em abordar as histórias que ela conta a si mesma e como elas podem estar trabalhando contra ela em termos de sua saúde e, em particular, seu peso.

"Durante a pandemia", ela disse, "não estou me movimentando tanto. Tenho trabalhado em casa. Basicamente não estamos fazendo as coisas que costumávamos fazer e provavelmente não estamos comendo tão bem como fazíamos antes. Eu fiquei tipo, uau, os números na balança estão aumentando muito."

Levantei a mão. Eu sei como é isso. Estou na *mesma* situação.

Ela abriu um sorriso mais largo ainda. "Eu estava, tipo, tudo bem, prefiro ser um pouco gordinha, você sabe, do que abrir mão de todas as coisas gostosas da vida." Enquanto ela dizia isso, um pensamento passou por sua mente como uma nuvem passa por cima da luz do sol. Então, como se estivesse vendo a sombra, ela continuou.

"Acho que é uma desculpa que dou a mim mesma em vez de tentar controlar melhor o que eu como." Ela riu um pouco. Eu rio de volta por me identificar com a fala dela. As pessoas costumam rir um pouco ao se identificarem com uma história que lhes soa bastante familiar.

Em seguida, eu faço apenas esta pergunta a Cori: "Como você se sente?"

Pela primeira vez desde que conversamos, o sorriso se apaga em seu rosto.

"Não muito bem", ela responde.

Se você também tem lutado contra a balança, deixe-me fazer uma pausa para lhe dizer isto: não deixe que a importância dessa confissão fique guardada para você. Há tantas coisas boas sobre o movimento da positividade com relação ao próprio corpo, ou seja, todos os tipos de corpo, em todas as suas formas e seus diferentes tamanhos, são dignos de amor. Embora essa mudança coletiva em compreender isso seja válida e importante, ela *não* invalida seus sentimentos pessoais sobre *seu corpo*. Se você *ama* seu corpo como ele é, ótimo! Se você separou os padrões corporais impostos pela sociedade e as pressões que você mesma se impõe e, ainda assim, não se sente confortável com o corpo que tem agora, tudo bem também!

Na verdade, se você se sente "não muito bem" sobre *qualquer* área de sua saúde e bem-estar, isso é razão suficiente para pegar o binóculo e começar a olhar bem de perto para a superfície em busca de um vislumbre de massas de histórias que habitam fora do alcance de sua consciência.

Lembre-se de que essas afirmações podem variar muito, assim como as pessoas que acreditam nelas. Elas podem incluir, mas não estão limitadas a:

- Sempre fico doente quando viajo.
- Apenas não sou uma pessoa muito enérgica.
- Eu nunca conseguiria correr um quilômetro.
- Tenho ossos grandes.
- Caso esteja acontecendo um surto de gripe, eu certamente vou pegá-la.
- Eu simplesmente não tenho tempo para cuidar de mim.
- Eu vou dormir bastante quando estiver morto.

Atribuo a Cori o objetivo de ir um pouco mais fundo para encontrar suas afirmações. Em seu retorno, uma semana depois, ela veio armada com algumas das principais afirmações que ela percebeu ter usado com certa frequência — frases como *Eu sempre vou ter dificuldade com isso* e *Eu me amo como sou, amo meu corpo.*

Leia essas duas novamente:

- Sempre vou ter dificuldade com isso.
- Eu me amo como sou e amo meu corpo.

Notou algo estranho? Como essas duas afirmações contraditórias podem sair da mesma boca? É nesse ponto que a autonarrativa e a saúde podem se tornar um desafio — nossas histórias sobre a saúde nem sempre são o que parecem. Com o tempo, o iceberg das histórias ocultas se acumula em camadas, mas isso não significa que todas *se encaixem*. As histórias podem se contradizer. Podem parecer polos opostos. Podem apontar para direções diferentes ou, inclusive, nos conduzir em círculos.

Diante de histórias conflitantes, pode ser difícil saber em quais acreditar. Rompê-las dá trabalho, mas é um trabalho que precisa ser feito se você quiser atravessar aquele vão.

Cori, no entanto, reconhece que a segunda frase pode ser uma "desculpa esfarrapada".

"Eu me amo como sou", ela disse rindo. "Posso beber a garrafa de vinho inteira e comer todo o bolo."

Fique atento a essas afirmações que parecem ser positivas, mas que, na verdade, mantêm você mais longe de onde deseja chegar.

ETAPA DOIS: ANALISE SUAS AUTONARRATIVAS

"Essa foi a parte mais impactante para mim", confessou Cori durante uma de nossas conversas. "Quer dizer, não consigo acreditar nas histórias presentes em meu iceberg. Fui a fundo nelas, desde quando eu era criança, e me lembrei de comparar minhas pernas com as da minha prima e perceber, mesmo sendo apenas uma *criança*, como elas eram diferentes, as dela eram magras; me dei conta de como essa história tão pequena, da qual consigo me lembrar com clareza, impactou minha conduta depois de adulta."

O nível de detalhes de que Cori conseguia se lembrar também era chocante. "Eu me lembro de estar na casa dessa mesma prima, quando éramos mais velhas, e de ir a um bar que serve uns nachos incríveis. E de dizer: 'Devíamos pedir nachos!' E a prima bonita e magra dizer: 'Sim, eu meio que só estou tomando cuidado com o que eu como'. E eu pensei comigo mesma: *Ela pesa, tipo, 2kg e está tomando cuidado com o que come?* Então me perguntei se deveria me cuidar mais com relação à comida também e, em vez de pedir a cerveja que eu queria, acabei pedindo um drinkzinho de vodca com refrigerante."

Ela tinha outras histórias maiores escondidas também — histórias sobre seu pai. "Minha irmã e eu lutamos contra a balança desde sempre. Nosso pai não tinha uma saúde muito boa. Ele fez um bypass gástrico, tinha diabetes, insuficiência cardíaca e acabou falecendo há alguns anos. Minha mãe nunca teve problemas de saúde." Ela sorri de leve, revira os olhos fingindo indignação, e então diz: "Por que recebemos esses genes?!"

É incrível as coisas que você descobre sobre si mesmo quando se faz algumas perguntas simples. Se o velho ditado de que ter conhecimento já é metade da batalha for verdadeiro, com apenas alguns minutos de análise, pode ficar mais fácil ultrapassar aquele vão em sua vida.

Pergunte-se: Isso é verdade?

Sempre que viajava, eu ficava extremamente ansiosa com relação às horas de sono que eu teria. O sono é um pilar fundamental para uma vida saudável e, desde a infância, sempre me disseram que era muito importante ter boas horas de sono. Se, após ter passado a noite na casa de uma amiga, eu não estivesse me sentindo bem, minha mãe dizia: "Bem, você precisa dormir bastante." Se, após virar a noite estudando para uma prova na faculdade, eu adoecesse no primeiro dia das férias de verão, ela dizia: "Bem, você precisa dormir bastante."

Por trás dessa declaração, havia algumas das histórias de quando eu adoeci *de verdade* quando era criança, embora não consiga imaginar que a causa tenha sido sempre a falta de sono (eu também nunca fui muito de lavar as mãos). Por baixo de todos os motivos pelos quais eu fiquei doente, estava o fato de eu precisar dormir *mais* do que as pessoas ao meu redor.

Essa declaração e as histórias por trás dela me assombraram até a idade adulta, até eu ter meus filhos. Se você já teve um recém-nascido em casa (pode ser até um animalzinho), sabe que é difícil conseguir dormir bastante. *Mesmo assim*, consegui sobreviver. A garotinha que não conseguia sobreviver sem dormir se tornou mãe de dois filhos — e sobreviveu. Era óbvio que havia uma história por trás disso que precisava ser analisada.

Uma das perguntas que o incentivei a se fazer durante a Etapa Dois do processo foi: "Isso é verdade?"

Eu não sabia a resposta. *Será* que eu preciso mesmo dormir bastante? Quanto é bastante? Decidi fazer um teste. Ao longo de muitos meses e após um ano, determinei a quantidade de sono que *realmente* preciso. Descobri que sete horas de sono é o ideal para mim. Oito horas é ótimo, porém desnecessário no dia a dia. Com seis horas de sono, consigo fazer minhas atividades rotineiras, mas não é o ideal.

Aí está. Passei décadas acreditando em uma história que me deixava preocupada e ansiosa. Foi uma história que contaram para mim — e que eu absorvi sem nem sequer considerar se era verdade ou não. Compreender isso me libertou do medo que eu tinha dela.

Assuma

Seth era um cara jovem e bonito vivendo em meio à agitação da cidade de Nova York. Fosse por causa do estresse ou do tempo, Seth adquiriu o hábito de fumar. Ele descia do escritório no centro da cidade para fumar um cigarro na rua diversas vezes por dia. Ele fumava em bares e pontos de ônibus. Fumava socialmente e, também, sozinho.

Mas ele odiava isso. Ele tentou parar no minuto em que começou, tentava todos os dias, mas nunca conseguiu ter força para realmente parar. Ele costumava reclamar com o colega de quarto — um homem que ele havia conhecido por meio de um anúncio no jornal e que era cerca de vinte anos mais velho do que ele —, até que, finalmente, irritado com as constantes lamentações de Seth sobre querer desistir, o homem disse: "E você? Você quer parar? Parece-me que você gosta de fumar. Talvez você deva apenas assumir! *Ser* um fumante. Assuma. Talvez isso o ajude."

Seth nunca tinha considerado isso. E se ele se assumisse abertamente como fumante? Talvez não fosse tão ruim. No dia seguinte, sempre que acendia um cigarro, ele dizia a si mesmo: "Olhe para mim! Sou um fumante! Eu *gosto* de fumar!" Mas, no final da noite, ele sentia um gosto muito ruim na boca, e não era da mistura de alcatrão e nicotina.

"Fumar é nojento", ele disse ao colega de quarto. "Na verdade, eu detesto fumar."

Então ele parou.

Às vezes, assumir abertamente uma história é a única maneira de enxergá-la como realmente é e, então, ser capaz de se libertar dela.

ETAPA TRÊS: ESCOLHA UMA HISTÓRIA QUE SEJA ÚTIL PARA VOCÊ

"Essa *não* é a nossa história."

Por meio dessas palavras, Zara fez uma escolha: ela escolheu o storytelling — embora ela provavelmente não tenha chamado assim na época. Ao entender que eles enfrentariam a maior batalha de sua vida em família, que ela não tinha ideia de como os dias que estavam por vir seriam difíceis e quão frágeis ela e Jonathan poderiam ficar, Zara decidiu que, durante todo o tratamento do marido, ela protegeria com todas as suas forças as autonarrativas de ambos. Sem prever "os piores cenários". Sem cair nas hipóteses de "e se". Ela não queria escutar nenhuma história ou referência para saber se Jonathan tinha uma chance de 1% ou de 99% de sobrevivência. Embora alguns possam chamar isso de negação, para Zara, era uma estratégia. Porque ela não só escolheu *não* se envolver nas histórias ruins, como também escolheu *acreditar* em quaisquer histórias boas possíveis.

"Nunca esquecerei a conversa que tivemos com o médico de Jonathan", Zara disse. Desde o início, os médicos se comunicaram quase que exclusivamente com ela. Jonathan só queria focar o tratamento, um passo de cada vez. Seu trabalho seria lutar pela vida; e o trabalho dela era lhe dar motivação e informações para equilibrar as chances da luta a seu favor. A médica, uma das melhores do país, olhou para Zara e disse com total confiança e sem alarde: "Eu sei o que ele tem; sei que posso curá-lo." Ela avisou Zara que seria agressivo. Basicamente, eles tirariam tudo de Jonathan — todas as células, as ruins *e* as boas. Ele permaneceria no hospital por um mês sem permissão para sair.

"Ela me disse para enxergar isso como um renascimento. Eu gostei dessa história. Decidi abraçá-la totalmente. Para comemorar, inclusive. Que coisa linda estar completamente renovado aos 40 anos. Poucas pessoas têm essa chance." Zara contou a Jonathan a história de renascimento e compartilhou a recomendação da médica de assumir essa ideia. "Aqueles que se tornam resistentes às histórias boas sofrem mais e têm resultados menos desejáveis", Zara disse. Se Jonathan pudesse se render e abraçar essa história também, a mente poderia ajudar a conduzir o corpo pelo caminho da cura.

Para ser clara, Zara reiterou a seriedade: "Não se engane. Essa não foi uma abordagem fácil." Um dos hospitais mais técnicos do país estava enchendo o marido dela com medicamento da medicina mais avançada que a ciência poderia ter. Mesmo assim, escolher uma história de esperança, escolher dar mais atenção a uma história de renascimento em vez de uma sobre a destruição completa e absoluta das células do corpo dele foi uma parte importante do tratamento.

A escolha da história de Zara foi de vida ou morte; espero de verdade que suas autonarrativas nunca tenham que suportar esse tipo de pressão. Mas também espero que você saiba que não é preciso haver uma situação de vida ou morte para que suas autonarrativas ganhem importância.

Uma Lição sobre Curvatura do Tempo e Formação de Comunidades

Conheça Michelle.

Michelle é extremamente ocupada. Ela tem um emprego importante de tempo integral. Ela tem filhos que, como a maioria das crianças, requerem muito de seu tempo e energia. E, além disso, ela e a família têm sofrido com problemas de saúde. Após o diagnóstico de doença de Crohn do marido, o diagnóstico da própria Michelle de síndrome de Lynch, seguido por mais um diagnóstico terrível de seu marido, câncer renal, parecia que a sorte nunca estava a favor de Michelle.

Michelle tinha uma biblioteca inteira de histórias que ela podia contar, e contou, a si mesma sobre todos os motivos pelos quais ela não teve tempo para se exercitar e por que estava cansada demais para começar. E ela poderia acrescentar, ainda, a história de como, na época de nossa entrevista, os grupos de ginástica que ela adorava não existiam mais.

Mas Michelle queria *mudar*. Ela chegou à conclusão de que nenhuma mudança duraria se ela não mudasse, primeiro, as histórias que estava contando a si mesma. Então ela foi em busca de histórias que pudessem ajudá-la — ou seja, histórias sobre o tempo e a formação de uma comunidade. Ela encontrou a história do dia em que deixou a filha em uma atividade e voltou para o carro para ligar para a mãe enquanto esperava que a prática da filha terminasse —

mas, então, percebeu que havia uma pista vazia bem na frente dela. "Por que não andar na pista *enquanto* converso com minha mãe?", ela pensou. E foi isso que ela fez. Foi só uma vez, mas lembrar aquela história em todos os detalhes a deixou inspirada. Em vez de, "Não tenho tempo", sua história se tornou, "Sou muito boa em arranjar tempo."

Além disso, Michelle descobriu uma nova parte da história sobre o grupo de ginástica que ela havia esquecido. Sim, ela adorava malhar com as amigas, mas era ela que havia formado o grupo. "Fui eu quem encorajou as pessoas a se juntarem a mim. Chamei um grupo inteiro de amigas para se exercitar!" Não era *apenas* o fato de Michelle gostar de fazer ginástica em grupo. Ela também era ótima em inspirar as pessoas a *se juntarem* a ela na ginástica em grupo.

Armada com essas duas histórias que ela escolheu, Michelle se sentiu mais leve e esperançosa. Ela estendeu a mão para algumas amigas e familiares e, embora não pudessem estar fisicamente juntos, por acaso todos tinham esteiras em casa. Eles se encontrariam todos os dias após o trabalho, por meio de uma ligação em grupo, e caminhariam juntos cada um em sua esteira.

Quando um dos companheiros de caminhada dela adoeceu e não conseguiu mais participar, Michelle, para sua surpresa, continuou firme. "Isso é algo que eu não teria feito antes. Eu teria parado também", ela confessou. Mas suas histórias a mantiveram firme em seu propósito.

Para Michelle, essa não foi uma mudança pequena. Durante nossa última sessão, nós duas estávamos tristes em nos despedir (acontece que conversar com alguém sobre suas histórias íntimas cria um vínculo profundo), Michelle olhou para mim da mesa de seu escritório em casa e disse: "Tudo o que posso dizer é que isso desbloqueou a parte de mim que permaneceu morta durante muito tempo... é como se eu tivesse fechado essa parte de mim por cinco anos, porque todos ficaram doentes e passamos por alguns desafios." Michelle fez uma pausa enquanto recuperava a compostura. "Fez uma diferença imediata... Todos ao meu redor já conseguem ver essa diferença. Não posso mais *deixar* de fazer isso."

Michelle não pode mais se dar ao luxo de contar a si mesma histórias que não a favoreçam.

Nem você.

Perdendo o Sono ou Ganhando Tempo

Tenho uma amiga que tem dificuldades com o sono. Ela consegue *pegar* no sono tranquilamente e também *dorme* bem durante a noite. O problema dela, na verdade, não é dormir; é acordar. Ela sempre acorda às 3h30 ou 4h da madrugada e não consegue voltar a dormir. Ela fica deitada na cama por horas, na escuridão total, com os olhos fechados, desejando que sua mente silencie os pensamentos repentinos e indesejados — para, então, relutantemente, ela se levantar às 6h ou 7h para enfrentar a rotina diária.

Era extremamente perturbador para ela. Ela estava literalmente perdendo o sono por causa disso.

Em virtude de também ter passado por esse problema, perguntei à minha amiga se ela ficava cansada durante o dia. "Não", ela respondeu. "Não muito. O problema é que eu acordo muito cedo."

Compartilhei com ela uma história que ouvi recentemente quando estava entrevistando Ryan Serhant, do programa *Million Dollar Listing New York*. Enquanto o dia para nós, meros mortais, tem 24 horas, o de Ryan parece ter 40. Enquanto eu me perguntava como isso era humanamente possível, ele revelou uma pista. "Acordo todos os dias às 4h", ele me disse.

Uau. Não importa a época do ano ou se onde você mora tem o horário de verão, definitivamente está *escuro* às 4h da manhã e, como minha amiga lamentou, há algo que não parece certo em acordar quando ainda está escuro.

"O que você faz a essa hora?!", perguntei a Ryan. Ele disse que envia e-mails. Ele havia tentado delegar essa função a outra pessoa, como qualquer especialista em produtividade ou coach sugere. Mas, para Ryan, cuidar do e-mail era essencial e é algo que não pode ser terceirizado; ele aprendeu isso da maneira mais difícil. "Então eu acordo, respondo e-mails, malho... e é assim que começo meu dia."

"Viu?", eu disse à minha amiga depois de lhe contar a história. "Você está acordando no mesmo horário que um homem que credita parte do sucesso a acordar cedo — e nem precisa tentar! Na verdade, tenho inveja de você por conseguir fazer isso." Ela sorriu para mim. "Nunca pensei nisso por esse lado."

A partir desse dia, minha amiga escolheu contar a si mesma a história de outras pessoas bem-sucedidas que acordam antes do nascer do sol. Ela enxerga esse tempo disponível como uma vantagem em vez de uma falha e tem tido boas noites de sono desde então.

ETAPA QUATRO: INSTALE AS HISTÓRIAS QUE VOCÊ ESCOLHEU

Voltando a falar de Cori... ela era um membro nota 10 em meu grupo de pesquisa; aparecia em todos os encontros, embora tenha admitido ser um pouco cética no início. "Honestamente" — ela hesitou por um segundo — "vou ser sincera, comecei e estava, tipo, não sei se isso será útil mesmo." O ceticismo dela era bem-intencionado. Ela tinha o conhecimento para mudar — sabia *exatamente* o que fazer — e também tinha determinação. "Só me faltava responsabilidade", ela disse.

Acontece que começar o dia com suas histórias a ajudou. As histórias que Cori contou a si mesma incluíam as favoritas dos fãs de storytelling, como: "Eu odeio ir para a academia". Mas, no auge do inverno, com poucas outras opções, essa afirmação não estava lhe servindo. Em vez disso, Cori se esforçou para descobrir uma história que fosse útil. Ela encontrou duas. "Teve uma vez em que fiz a corrida mais incrível em cima de uma esteira e outra em que me diverti muito correndo em uma pista coberta."

Pode parecer loucura, mas contar a si mesma essas duas histórias pequenas todas as manhãs a motivou a se levantar e ir para a academia. E, de fato, funcionou para mais pessoas *além* de Cori. "Foi uma verdadeira epifania", ela me disse. "Foi quando tive certeza de que essa coisa de storytelling realmente funciona." Naquele feriado, em vez de ficarem sentados em casa no sofá sem fazer nada, Cori, o marido *e* os filhos se levantaram e foram para a academia. "*Jamais* teríamos feito isso antigamente. Fomos à academia três vezes em família ao longo da semana. As crianças me acompanharam na corrida ou jogaram basquete, e meu marido malhou na área de musculação. Isso fez que com criássemos algumas memórias legais e descobrimos uma maneira totalmente diferente de passar o tempo juntos em família."

Cori persistiu em começar seus dias com essas histórias — e as novas que ela descobriu no processo. "Acordar todas as manhãs e contar a mim mesma essas histórias me trouxe a responsabilidade de que precisava, a motivação... Acho que adquiri mais confiança em mim mesma depois que passei por esse processo de autonarrativa."

Se você tem sofrido para atingir uma meta com relação à sua saúde, mesmo quando tem tudo que precisa e sabe o que fazer, é provável que apenas esteja faltando mais confiança *em si mesmo*. Dizer que vai comparecer e não fazer isso repetidas vezes afeta qualquer relacionamento, incluindo o que você tem com *você mesmo*. Comece pelo compromisso com si mesmo de contar as histórias todas as manhãs — isso vai motivá-lo a adotar uma conduta que traz os resultados que você deseja e merece.

Esteja Preparado para o Gatilho

Quando se trata de metas de saúde e condicionamento físico, os gatilhos se escondem por todos os lugares — por trás da hora do dia, da porta da geladeira, de seu humor, do clima e daquele comercial da barra de chocolate Snickers que faz você ir direto para a gaveta de doces de Halloween de seus filhos. Eles surgem em uma fração de segundo, mas a somatória deles é que causa um maior impacto, principalmente composto ao longo de dias, meses ou uma vida inteira. Uma vida inteira faltando a um treino matinal em vez de uma vida inteira levantando da cama assim que o alarme soa trará resultados muito diferentes. Ter histórias prontas para esses momentos de gatilho pode mudar sua vida, não importa quais sejam os gatilhos ou quão aleatórios eles possam ser.

Ironicamente, um de meus gatilhos é Michael se exercitando.

Percebi isso em uma manhã de domingo, quando Michael entrou na sala de estar vestindo seus trajes esportivos, amarrou os tênis e saiu de casa para correr.

Eu fiquei *muito* irritada. Porque ele fez tudo parecer tão fácil. Ele não andou pela casa por uma hora, tentando evitar isso; não passou metade da manhã pensando em fazer isso e, então, decidiu não ir; não inventou os mais variados motivos como desculpa para não ir. Ele simplesmente *foi*.

Eu sabia que ele não estava fazendo nada de errado; na verdade, estava me mostrando como fazer certo. Depois que minha irritação sem motivo passou, percebi que o fato de Michael sair antes de mim para seu treino de fim de semana tem sido um gatilho há muito tempo. Quando ele sai pela porta sem esforço nenhum, uma sequência rápida de histórias "Não tenho tempo suficiente", "Tenho que cuidar das crianças" e *Alguém* precisa lavar a roupa" passa em minha mente, dando início a uma espiral que, inevitavelmente, me leva a faltar mais um treino.

Naquela manhã de domingo em particular, assim que reconheci o gatilho, decidi inserir algumas das histórias que escolhi para tentar parar a espiral e recuperar o controle.

- Contei a mim mesma a história sobre dançar a noite toda em um casamento alguns anos atrás (sim, aquela situação hipotética no Capítulo 7 era eu) — estava malhando e comendo bem e me sentia tão linda e forte.
- Contei a mim mesma a história sobre uma noite de primavera após o nascimento de minha filha — tínhamos ido a um evento de caridade e eu estava usando um vestido incrível e me sentia muito forte e cheia de energia.
- Contei a mim mesma a história sobre o elogio que um amigo me fizera no outono anterior, após eu ter reassumido o compromisso de me exercitar regularmente, e como estava orgulhosa de mim mesma.

Contei a mim mesma mais algumas histórias iguais a essas e, em noventa segundos, coloquei minhas sapatilhas de ciclismo, ansiosa para montar na bicicleta e pedalar. Disse às crianças para lerem, assistirem a um filme ou jogarem videogame; eu não me importava com o que eles fariam — eu estava indo pedalar!

Passada uma hora, com 500 calorias a menos e um olhar de inveja de Michael (porque minha sessão de spinning havia sido muito mais divertida do que sua corrida), eu me sentia uma nova pessoa.

Tomar uma atitude na direção certa pode ser difícil, principalmente se sua vida parece um campo minado de gatilhos que querem desviá-lo do caminho. Nesses momentos, esteja preparado, munido das histórias que você escolheu — histórias para lembrá-lo do que deseja alcançar e por quê.

SAUDÁVEL PARA TODO O SEMPRE

Jonathan permaneceu no hospital por um mês inteiro, um fluxo constante de quimioterapia bombeando em seu corpo de hora em hora todos os dias. O tratamento foi tão agressivo que deram a Jonathan a liberdade de autoadministrar morfina quando necessário.

O tratamento destruiu seu corpo a ponto de ele não conseguir nem engolir a própria saliva. Zara chegava todas as manhãs e encontrava o marido deitado de lado, com a boca ligeiramente aberta, para deixar que a saliva pingasse lentamente no travesseiro. Durante seis horas, ela permanecia sentada ao lado dele. Consultava os médicos, sempre tomando cuidado para Jonathan não escutar a conversa, e depois relatava para ele como o tratamento estava funcionando bem — mesmo se tivesse ocorrido alguma piora — porque ninguém esperava que fosse fácil renascer. Depois ela saía do hospital e voltava para casa, para passar o restante da noite com os filhos.

"Eu caminhava todos os dias", Zara disse. Eram cerca de três quilômetros, nada para um nova-iorquino, mas, quando ela se lembrou do trajeto, algo aconteceu. "Todos os dias, eu saía do hospital, pegava meu telefone e ligava para um de meus muitos amigos. Durante toda a caminhada para casa, eu lhes contava a história do dia... não o que deu errado, mas quão bem Jonathan estava. Como o tratamento estava funcionando. Quais eram as próximas etapas e conquistas. Meus amigos só ficavam ouvindo... Eles me deixavam contar toda a história e, no final, diziam: 'Zara, Jonathan está indo tão bem! Você vai conseguir. Vocês dois vão.' Após horas e horas no hospital — um ambiente completamente exaustivo — fazer isso, contar-lhes a história do dia era o que me dava energia."

"No momento em que entrei pela porta da frente, vi meus dois filhos mais velhos correrem em minha direção e peguei o bebê em meus braços, eu conseguia sorrir e dizer, sem nenhuma sombra de dúvida: 'Papai está indo tão bem! O tratamento está funcionando! Papai está melhorando e estará em casa conosco em breve!'" Ela fez uma pausa. "Como se eu tivesse contado aquela história... todos os dias... enquanto caminhava até em casa."

Retirei duas coisas dessa parte da história de Zara. Primeiro, o poder inegável de uma história contada em voz alta. Como você consegue contar uma história e, por meio disso, criar uma realidade. Em segundo lugar, e talvez mais importante, que bênção é ter pessoas dispostas a *ouvir* nossas histórias e como podemos *ser* essa pessoa para alguém próximo. Penso nos amigos que, certamente, tinham uma vida ocupada, mas pegaram o telefone e, por horas, dedicaram tempo e deram espaço para que Zara pudesse contar suas histórias. Todos devemos nos esforçar para ser esse tipo de amigo.

Quanto a Jonathan, fico emocionada em informar que ele aceitou bem o tratamento. Após o primeiro mês no hospital, e mais dez dias para recuperar as forças, o tratamento de Jonathan foi de uma semana no hospital para quimioterapia e três semanas em casa, em vez de cinco meses no hospital, acompanhamento por meio de exames de sangue e visitas ao médico. Seu câncer está em remissão.

Zara me contou a história de Jonathan pela primeira vez como amiga durante um passeio pelo parque no extremo leste de Manhattan. Um ano depois, quando lhe perguntei se poderia contar a história deles neste livro, ela sugeriu que eu também falasse com Jonathan — para ouvir sua versão da história. O relato de Jonathan, embora não seja incompatível com o de Zara, foi diferente — algo de se esperar, vindo da pessoa que passou pelo tratamento. No entanto, o compromisso com as histórias que ele contou a si mesmo era o mesmo. Na verdade, em ambas as versões da história, um momento era idêntico, e eles não sabiam disso.

Após receber a ligação no táxi a caminho do trabalho naquela manhã de sexta-feira de fevereiro e seguir para o hospital para agendar o tratamento que estava por vir, a médica disse a Jonathan e a Zara para tirar o fim de semana de folga para processar tudo o que estava acontecendo e aproveitar o restinho da vida "normal" que eles tinham. O tratamento começaria na semana seguinte.

Naquela manhã de segunda-feira, Jonathan se levantou cedo, beijou seus filhos e sua esposa quando eles saíram para ir à escola e se dirigiu até o banheiro para tomar um banho. Havia algo sobre girar a fechadura da porta do banheiro — como isso criou um espaço para um "intervalo" temporário. Um momento sozinho com seus pensamentos. Foi lá — com a água do chuveiro correndo, o vapor embaçando lentamente as bordas do espelho enorme do banheiro — que Jonathan agarrou-se à superfície de cerâmica fria da pia e se equilibrou. Ele ergueu os olhos e encontrou o próprio olhar refletido no espelho.

"Você tem que fazer isso."

E assim a história começa.

10

DINHEIRO E FINANÇAS

As Histórias Não Crescem em Árvores...

As histórias sobre dinheiro são transmitidas a todas as gerações de uma mesma família. Essa é a história que eu preciso impedir de seguir adiante.

— AMY

Imagine que você tenha emprestado US$100 a uma amiga.

Ou talvez você nem tenha emprestado dinheiro a ela. Talvez você tenha pagado a conta em um happy hour, para facilitar as coisas, e todas do grupo pagarão a parte delas para você. Você nem pensa duas vezes em fazer isso, pois sabe que suas amigas são corretas e, de qualquer maneira, você adora acumular pontos em seu cartão, mas não fala isso para ninguém. (México, aí vou eu!)

Todas pagam sua parte prontamente. É assim que esse grupo específico de amigas funciona. Algumas enviam o dinheiro pelo aplicativo de celular antes mesmo de você sair do restaurante; outras demoram uma ou duas semanas porque preferem lhe entregar em dinheiro vivo. Isso também não a incomoda — quando foi a última vez que você carregou notas de verdade na carteira? Vale a pena esperar.

Então, em uma quarta-feira à tarde, você está na saída da escola dos filhos e a amiga que ainda lhe deve aparece. Em meio ao caos da saída dos alunos, ela lhe entrega o que *parece* ser uma nota de US$100.

Mas só parece.

Tem a imagem de Benjamin Franklin na nota, mas parece ter sido desenhada por um aluno do 2º ano. Dá para notar que o verde é mais brilhante do que o de uma nota padrão, como se tivesse sido pintado com aquarela. O "100" no canto está escrito em canetinha — e nem é do tipo ponta fina — e o verso é todo branco. Apenas um pedaço de papel normal.

"Obrigado pela outra noite", sua amiga diz.

Você olha para o pedaço de papel em sua mão. "Isso é uma…" você para. "Isso é uma piada, não é?"

Quero dizer, o que mais poderia ser senão uma piada de mau gosto?

Sua amiga garante que ela não está brincando. Ela diz: "O dinheiro é apenas um sistema de crenças. Se todos *acreditarmos* que isso vale US$100, então *vale* US$100." Ela dá um sorriso brilhante, pega a mão do filho, que está gritando algo sobre ir à casa de Caleb, e sai andando, deixando você com o pedaço de papel inútil em suas mãos.

O problema é o seguinte: sua amiga não está totalmente errada.

Ela não está totalmente certa, é claro — aquele pedaço de papel não tem mesmo nenhum valor.

Mas ela não está errada sobre o *conceito*.

O dinheiro é a história final.

Na verdade, o poder da história é a única razão pela qual o dinheiro *existe*. O dinheiro em sua carteira e os números no aplicativo do banco em seu celular são apenas um sistema de crenças baseado em uma história de que o dinheiro tem valor. Todos escolhemos acreditar que um dólar, um franco, um peso, uma libra, um yuan ou um real têm um valor confiável e que nos permite usá-los como meio de troca.

Essa crença compartilhada sobre o valor do dinheiro é uma das histórias mais antigas, poderosas e indiscutivelmente mais importantes da humanidade. Permitiu o desenvolvimento das primeiras economias. Isso significava que podíamos comercializar mercadorias a longas distâncias. E é por isso que você não precisa tirar lascas de um bloco de ouro para comprar mantimentos e trocar trigo ou maçãs com seu encanador pelo conserto de sua máquina de lavar louça.

Mas o dinheiro não é só a história final. Também é a história mais *contada*. Talvez você tenha ouvido que "dinheiro não cresce em árvores", "o dinheiro é a raiz de todos os males" ou "dinheiro não compra felicidade". Talvez você mesmo tenha passado a adolescência revoltado repetindo insistentemente a si mesmo que não precisa de dinheiro ou que "nem tudo que reluz é ouro". Talvez você tenha visto um conhecido postar uma foto subindo com o pé direito no primeiro degrau da escada de um jato particular em uma pista de voo e pensou consigo mesmo: "Pessoas ricas são gananciosas."

Independentemente das palavras que você usa, agora você pode enxergar claramente o que essas frases significam: afirmações do tipo iceberg apontando para a enorme história sobre dinheiro escondida sob a superfície da consciência. Esses exemplos são apenas declarações *universais*. As versões personalizadas são muito mais variadas e ainda mais poderosas:

- "Não sei lidar com dinheiro."
- "Nunca serei rico."
- "Não posso comprar coisas boas."
- "O dinheiro é escasso."
- "Dinheiro não é minha praia."
- "Gosto de viver o momento, e não de economizar para momentos difíceis."
- "Preciso de um emprego com um salário estável."
- "Sempre me aperto para pagar minhas contas."

E, como se em reconhecimento da superpopulação de histórias sobre dinheiro que podem correr soltas e festejar com os frutos de quaisquer jardins que possamos tentar cultivar, há um amplo número de textos destinados a redefinir riqueza e dinheiro: *A Transformação Total do seu Dinheiro*; *Pai Rico, Pai Pobre*; *Você Pode Nadar em Dinheiro*; *A Lei da Compensação Divina*; *Pense e Enriqueça*; para citar alguns. E, claro, há clássicos como *A Ciência de Ficar Rico*.

(Eu adoraria ter visto a cara do professor do 4º ano do meu filho ao descobrir que, após ter dado como tarefa de casa a leitura de um livro de não ficção e, ao perceber que não tínhamos muitos livros apropriados para a idade dele em nossa casa, meu filho leu os primeiros capítulos de *A Ciência de Ficar Rico*. "Não entendi muito bem sobre o que eles falavam, mamãe. Mas o capítulo 1 *falava* que todos têm o direito de ser rico.")

Livros. Provérbios. Citações. Afirmações fortes e monólogos individuais. Quando se trata de histórias sobre dinheiro, não há escassez. E cada uma é inteiramente única e extremamente complexa. As histórias sobre dinheiro de cada indivíduo são moldadas por diversos fatores, incluindo, mas não se limitando a: nossa comunidade, nossa composição familiar e nossa etnia. Por exemplo, sou uma mulher branca nascida em uma família de classe média. Essa realidade significa que minhas histórias sobre dinheiro provavelmente são muito diferentes de alguém cujo [inserir gênero, etnia, expectativas culturais, faixa de renda da família em que você nasceu, a lista é grande...] é diferente do meu.

Não, nem todas as histórias sobre dinheiro têm o mesmo começo, mas, como a maioria das autonarrativas, *acontece* de, muitas vezes, não serem detectadas e permanecerem afetando nossa vida por tempo demais.

A VOZ DO DINHEIRO DENTRO DE VOCÊ

Essa história oculta sobre dinheiro — esse iceberg gigante de crenças — é exatamente o que uma das participantes estava tentando resolver quando me encontrei com ela.

Conheça Amy.

Amy, uma mulher texana de quase 50 anos, é inteligente e introspectiva. Ela fez grandes conquistas na vida, incluindo administrar um empreendimento de rápido crescimento e de enorme impacto na sociedade e desempenhar uma função de liderança de alto nível em um ambiente de educação corporativa — conquistas que exigem habilidades máximas de liderança e de comunicação. Ela também superou diversos obstáculos significativos, incluindo relacionamentos fracassados que ameaçavam seu amor-próprio e seu sustento. Resumindo, Amy é uma durona.

Não é de se surpreender, portanto, que, quando Amy veio até mim, ela tinha uma ideia muito clara do problema que está enfrentando: a voz em sua cabeça que simplesmente não parava de falar sobre dinheiro.

"Tenho um disco riscado de histórias se repetindo em minha cabeça", ela disse. "Agora que sou empresária, não recebo um salário fixo todos os meses. Estou sempre ansiosa por causa de dinheiro."

Se, assim como Amy, você já teve alguma preocupação sobre dinheiro na vida — ou se está *sempre* ansioso por causa de dinheiro — primeiro respire fundo. Você certamente não está sozinho. Em segundo lugar, é hora de percorrer as etapas de autonarrativa, porque o maior ghostwriter que já existiu está dentro de você, postando conteúdo diariamente sobre o quão rico você deve ou não deve ser.

ETAPA UM: CAPTURE SUAS HISTÓRIAS EM AÇÃO

É claro que não preciso ensinar a Amy o poder das histórias. Mas saber que há uma história não é o mesmo que ser capaz de capturá-la em ação. Amy não tem problemas em aceitar a ideia de que suas histórias a estão impedindo de seguir em frente, mas ela está perdida, sem saber o que fazer em seguida.

Sim, ela tinha muitas histórias em sua cabeça, mas eu a incentivei a ser mais específica. Sua primeira tarefa foi identificar a história — encontrar as pistas que podem ajudá-la a entender a história em ação e ser mais específica, em vez de indicar um sentimento generalizado de ansiedade em relação ao dinheiro ou à falta de dinheiro.

Quando ela apareceu para nossa próxima sessão individual, ela trouxe as histórias óbvias que encontrou.

"Não sei lidar com dinheiro", era a primeira anotação em sua lista. "Nunca tenho dinheiro suficiente. De onde virá o próximo cliente?"

Ela continua me contando mais detalhes sobre como essas declarações do tipo iceberg são acionadas. Ela adoraria fazer coisas mais divertidas com a família, como tirar férias para esquiar ou ir à praia. Mas toda vez que ela pensa em planejar um período de férias, a voz em sua cabeça a lembra de quanto isso irá custar e como ela não pode pagar. Se acontecer de ela ver outras pessoas no próprio círculo de amizades fazendo uma viagem, ela não pode deixar de se perguntar como *eles* conseguem tirar férias tão incríveis e ela não. "Quanto custa tudo isso?", ela fica se perguntando. No entanto, em vez de tentar descobrir — em vez de pesquisar para ver se, quem sabe, ela e a família *poderiam* pagar por férias na praia — ela nem sequer se permite pensar na possibilidade. "Não consigo nem pensar nisso", ela disse.

E, assim, ela permanece presa em sua rotina de histórias de "Nunca terei dinheiro suficiente".

A história de Amy sobre dinheiro, independentemente de ser verdadeira ou falsa (lembre-se, o cérebro não costuma distinguir entre essas duas coisas): a) impedia ela de aproveitar o dinheiro que *tinha*; e b) impedia ela de ganhar *mais* dinheiro. Sua história havia se tornado uma profecia que se repetia automaticamente em sua mente.

Amy suspeitava disso. Ela conseguia enxergar que essa história sobre não ter dinheiro suficiente era o motivo pelo qual, bem, ela não tinha dinheiro suficiente. E ela não estava errada. O dinheiro, além de uma história, é também energia. Se você for muito resistente, a energia do dinheiro não consegue fluir livremente. A história cria um bloqueio. Remova-a, a fim de conseguir remover esse bloqueio, permitindo que o dinheiro flua livremente e à vontade em sua vida.

No entanto, para remover a história, era importante, primeiro, explorar o que havia abaixo da superfície da água. Quais histórias do passado de Amy reforçaram essa crença sobre sua realidade atual e sobre seu futuro?

ETAPA DOIS: ANALISE SUAS AUTONARRATIVAS

O que é estranho — pelo menos para Amy — em sua história sobre dinheiro é que ela cresceu em uma família rica. "Nunca nos faltou dinheiro e sempre tivemos coisas boas. Mas havia na família uma nuance de 'não temos dinheiro suficiente'", ela disse.

Essa inconsistência parece abalar Amy de alguma forma, e mais mensagens confusas começam a surgir. Ela se lembra do padrasto comentando: "Acho que vamos ter que comer apenas arroz e feijão por um tempo."

"Nunca tivemos que comer feijão", ela disse, incrédula. "Eles não tinham ideia do que isso realmente significava."

Mas essa contradição se instalou em Amy ao longo dos anos. Crescer em meio à abundância, mas ouvindo mensagens sobre escassez, fez com que ela se tornasse uma pessoa ansiosa com relação a dinheiro, *mesmo quando ela tinha dinheiro.*

"Você cresce [com essas mensagens], olha ao redor e tem tudo de que precisa — e isso significava que você *não tinha* o suficiente", ela disse.

Agora, no entanto, após compreender claramente sua história e de onde ela veio, é hora de fazer novas escolhas. Isso é algo que Amy está motivada a fazer quando os filhos começarem a crescer e a instalar as próprias histórias sobre dinheiro.

Em algum lugar de seu passado, existem histórias que contradizem aquilo que Amy tem contado a si mesma. Essas são as histórias que precisamos encontrar.

Eu pergunto a ela: "Houve um tempo em que você realmente lidava bem com dinheiro?" Lembro a ela que, para largar o emprego e abrir uma empresa como ela fez, deve ser necessário entender algo sobre finanças. Antes de nos reunirmos novamente, ela concordou em vascular o passado em busca de histórias de uma Amy com experiência financeira — aquela com a qual acho que ela perdeu contato.

AS QUATRO HISTÓRIAS SOBRE DINHEIRO QUE VOCÊ DEVE AVALIAR

A maioria de nós, senão todos, passa por momentos de ansiedade relacionados a dinheiro. Quando se trata de analisar sua história sobre dinheiro, existem alguns lugares específicos, embora nem sempre óbvios, onde procurar. É a natureza evasiva dessas autonarrativas que as tornam algumas das mais difíceis de descobrir. Por exemplo, uma das coisas paradoxais a respeito das histórias sobre dinheiro — algo que Amy está descobrindo — é que elas *não* estão relacionadas a quanto dinheiro você tem de fato. O que significa que essas histórias perpassam todos os grupos demográficos, desde os pobres até os extremamente ricos.

Não importa qual seja nossa renda, todos temos pelo menos uma das quatro histórias básicas sobre dinheiro a seguir.

1. A história sobre quanto dinheiro você tem

Tenho uma amiga que sabe como economizar dinheiro. Ela não é do tipo de pessoa que faz uma pequena reserva para momentos difíceis. E sim do tipo que *tem uma quantia de sete dígitos em uma conta poupança.*

Embora muitas pessoas se sintam totalmente seguras financeiramente tendo essa quantia em dinheiro guardada, minha amiga fica angustiada com isso. Ela diz a si mesma que deve investir, que a inflação está corroendo todo o dinheiro, que ela está perdendo a chance de multiplicar essa quantia de maneira significativa. Então ela está sempre temerosa com relação a dinheiro.

No caso da minha amiga, analisar esse aspecto específico sobre o dinheiro pode revelar histórias de sua infância — o que seus pais valorizavam. Provavelmente, existem algumas histórias sobre liquidez. Algumas sobre como usar o dinheiro para ganhar mais dinheiro. Sobre a maneira "certa" de "fazer" dinheiro. Muito provavelmente, essas histórias são tão grandes que a mantém empacada no mesmo lugar. Em vez de falar com um consultor financeiro ou um corretor de imóveis especializado em propriedades para investimento, ela não faz nada; portanto, nada muda.

Lembre-se de que, como o dinheiro é uma história grande, ela também é totalmente relativa. Alguém de sua família que garantiu o primeiro cargo com um salário de US$25 mil poderia considerar sua história tão boa ou melhor do que a história de alguém que ganha US$250 mil, cujos amigos, porém, ganham US$1 milhão. Se você está enfrentando dificuldades com relação a dinheiro, um ponto de partida importante seria analisar as histórias que alimentam seu entendimento sobre a quantia que você tem.

2. A história sobre quanto dinheiro você precisa ter

Tenho outro amigo que, olhando de fora, parece ter tudo. Uma linda casa, uma família maravilhosa, amigos. Ele também tem um bom emprego, embora seja aí que a "vida perfeita" começa a desmoronar um pouco. Para esclarecer, *é* um bom emprego; ele ganha um salário bom e é bom no que faz. Mas há diversas coisas sobre o trabalho dele que ele não ama — as duas principais são a natureza mesquinha e microgerenciadora da liderança e o fato de não poder colocar em prática todo seu talento. Ele sente que tem muita capacidade que nunca será reconhecida dentro da empresa.

Meu amigo trabalha lá há mais de uma década.

Então, a questão é: Por que ele não larga o emprego? Por que não se candidata a uma vaga em outro lugar ou abre o próprio negócio? Essas são perguntas justas — perguntas que ele mesmo se fez. E ele explorou outras opções, mas todas as empresas com que ele teve contato e que valorizam sua habilidade de ter grandes ideias são startups com fundos limitados. Ele teria que aceitar uma redução de salário para sair do trabalho em uma grande empresa.

Outra pergunta lógica que alguém pode fazer e que ele mesmo certamente se fez é: valeria a pena fazer isso? É claro que é preciso considerar que ele receberia menos, mas também sentiria menos angústia e mais alegria e realização. E se tudo corresse bem, isso não poderia vir a significar um *aumento* de salário em algum momento? E mesmo que seja uma remuneração mais baixa, ele não poderia aceitar ganhar menos dinheiro para ter mais qualidade de vida? Afinal, é uma compensação que muitos escolhem fazer.

Para ele, a resposta é *não*.

Mesmo que a nova função o tornasse rico em muitos, senão na maioria, dos parâmetros de sua vida, ele *precisa* ganhar mais dinheiro. Mas por quê?

Porque ele ganha menos do que seu pai.

Não vou me aprofundar na história dele com o pai. Não é uma história minha, que eu deva contar e, para ser honesta, não tenho certeza se ele percebeu que ela existe. Mas o que você precisa entender é que essa é uma história sobre dinheiro. As raízes que controlam o comportamento dele estão profundamente enterradas em uma história que realmente não tem nada a ver com quanto dinheiro ele precisa ter para bancar seu estilo de vida. É uma história sobre o dinheiro que ele precisa ter para se sentir *digno*.

Essa também é a história sobre dinheiro em que Amy está se aprofundando — quanto é o suficiente? E se você tem tudo de que precisa, por que está ansioso?

3. A história sobre o lugar de onde vem o dinheiro

Eu estava conversando com um homem cuja situação de trabalho estava em transição. Ele foi confrontado com a perspectiva de ter que se mudar para uma nova cidade para manter o emprego. E ele não quer. Ele está feliz onde está. Ele tem um lar, uma vida.

"Mas não posso largar o trabalho. O salário é bom demais. Nunca vou ganhar esse salário em nenhum outro lugar", ele disse.

Ele acredita que a quantia de dinheiro que ele ganha atualmente tem uma única fonte: seu emprego atual. Mas de onde *realmente* vem o dinheiro dele? É da empresa para a qual ele trabalha ou de sua experiência e suas habilidades? É de fora ou de dentro?

4. A história sobre como o dinheiro deveria ser usado

Imagine duas pessoas. A situação financeira de ambas, para o propósito deste exemplo, é idêntica. Elas têm a mesma quantidade de dívidas, a mesma quantidade de receitas e o mesmo conjunto de despesas padrão. Tudo igual.

A pessoa A decide contratar alguém para limpar sua casa semanalmente, pagando US$100 por semana. A lógica da pessoa A é que isso lhe permite liberar uma quantidade significativa de seu tempo que costumava ser gasto na limpeza, mas que, agora, pode ser gasto em outras coisas — trabalho, atividades físicas ou tempo livre com a família.

A pessoa B ouviu dizer que a pessoa A contratou alguém para limpar a casa uma vez por semana, mas não tem interesse em fazer o mesmo. A pessoa B é perfeitamente capaz de manter a casa arrumada por conta própria e, de fato, gosta de fazer isso. A pessoa B prefere *economizar* esses US$100 em vez de gastá-los em algo que ela mesma pode fazer.

Quem está certo?

Ambas as pessoas acham que estão usando seu dinheiro com sabedoria e ambas acham que estão economizando dinheiro, mas qual delas está certa?

Ambas, desde que as histórias de cada uma sejam úteis para elas.

Esse é um grande problema. O tipo de problema que pode acabar com uma amizade e, até mesmo, destruir casamentos. Você provavelmente já ouviu falar que a principal coisa sobre a qual os casais discutem é dinheiro e, para ser honesta, há muito tempo esse é um ponto de atrito em minha casa também. Meu marido e eu temos crenças totalmente diferentes quando se trata da forma como o dinheiro deve ser usado. Elas são construídas com base em uma vida inteira de histórias. Nossas infâncias foram, em termos muito gerais, semelhantes; ambos fomos criados em famílias de classe média com dois pais. Não éramos nem ricos, nem pobres; ambas as famílias sempre foram cientes da entrada e da saída de dinheiro. No entanto, as histórias de Michael o tornam muito mais inclinado a economizar dinheiro, enquanto as minhas me impulsionaram a gastá-lo, como um pescador que lança o anzol para ver o que consegue pescar. Houve inúmeras ocasiões, grandes e pequenas, em que o choque entre nossas crenças com relação a esse tema causou tensão entre nós. Só conseguimos seguir em frente e combinar uma maneira melhor de fazer isso funcionar para nossa família a partir do momento em que passamos a interpretar essas crenças e entender de onde elas vieram.

A única maneira de evitar que essas histórias controlem sua vida como o Godzilla pronto para destruir tudo é analisando-as. É dar uma boa olhada abaixo da superfície e descobrir de onde elas vêm e por que estão lá.

Histórias sobre dinheiro são algumas das mais difíceis de definir, mas você pode investigá-las ao se fazer as mesmas perguntas que usa para analisar qualquer outra história:

- De onde veio essa história?
- Essa história é verdadeira?
- Por que essa história está aí?
- Qual é o preço pago por essa história?
- Essa história é útil para mim?
- Onde eu me encaixo nessa história?

Quando se trata de histórias sobre dinheiro, é importante abordar essa parte do processo com um senso de curiosidade, e não com julgamento. Procure entender. Não existe uma história sobre dinheiro que seja "certa". Existem apenas *histórias* — algumas das quais são úteis para você e outras, não.

ETAPA TRÊS: ESCOLHA UMA HISTÓRIA QUE SEJA ÚTIL PARA VOCÊ

Nos primeiros minutos de nossa terceira sessão, Amy disse: "Após a grande revelação de nossa última ligação... que as histórias sobre dinheiro passam de geração em geração, comecei a procurar boas histórias para substituir as antigas... [mas] sinto que estou tendo um pouco de dificuldade para encontrar histórias específicas sobre dinheiro."

Em primeiro lugar, Amy é uma excelente aluna desse método. Após analisar suas autonarrativas sobre dinheiro e determinar de onde elas vieram, ela imediatamente passou para a etapa seguinte, que era encontrar e escolher histórias melhores para substituir aquelas que não lhe eram úteis — uma tarefa que provou ser mais desafiadora do que ela esperava.

Não fiquei surpresa. Quando você tem contado a si mesmo determinadas histórias por toda uma vida — no caso de Amy, histórias sobre dinheiro — pode ser preciso mais do que uma revelação para preencher o vazio que você deixou ao colocar as histórias antigas na prateleira. Seja paciente.

Paciente e, também, aberto para ver as histórias sob uma perspectiva diferente.

Vire o Prisma

Mencionei antes que, em nossa casa, sou conhecida como gastadora. Sou aquele tipo de pessoa que se arrisca mais com relação a dinheiro. E não me interpretem mal, há muitas histórias verdadeiras em meu passado em que fui bastante irresponsável com relação a dinheiro.

A época em que aluguei um apartamento e precisei manter um segundo emprego para conseguir pagar o aluguel.

A vez que me mudei para o Novo México e tinha um namorado que morava em Minnesota, então eu comprava passagens de avião para vê-lo a cada dois fins de semana, embora fosse uma estudante de pós-graduação falida e com dezenas de milhares de dólares em empréstimos estudantis.

Ah! E por falar em empréstimos, teve a vez em que pedi um empréstimo ao banco e, depois, usei tudo para ir às compras.

Ou a vez (tudo bem, foram duas vezes) em que comprei um carro e a única maneira de pagar por ele era fazendo um financiamento de seis anos.

Eu enfrentei a Netflix, na época em que eles entregavam DVDs, insistindo que eu havia cancelado minha assinatura *antes* do vencimento da fatura mensal, e solicitei que fizessem o favor de reembolsar meus US$7 porque minha conta bancária estava no vermelho. Mesmo no colégio, eu tinha o hábito de enfiar meu dinheiro na meia. Foram inúmeras as vezes em que fiquei plantada em frente à lanchonete durante o jogo de futebol e não consegui pagar pela pipoca que havia pedido porque meu dinheiro tinha caído da meia.

Sim, não tem jeito, eu fiz algumas coisas bastante estúpidas com relação a dinheiro.

No entanto, também tomei algumas decisões financeiras que podem ter parecido irresponsáveis, dependendo da forma como você as encarasse; mas, se você a virasse levemente de lado, veria de uma forma totalmente diferente.

Cerca de uma semana depois que Michael e eu compramos nossa primeira casa juntos, eu estava na casa de uma amiga para um happy hour, e ela mencionou que a casa em frente à dela, em um bairro bastante procurado, estava prestes a ser colocada à venda. Michael vinha falando há anos sobre investir mais em imóveis, e essa parecia ser a casa perfeita. As meninas e eu fomos até a casa e espiamos pelas janelas. Tentei ligar para Michael para lhe contar, mas ele não atendeu; então liguei para nossa corretora e lhe disse para fazer uma oferta imediatamente. Poucos minutos depois, Michael me ligou de volta (ele estava no chuveiro), perguntou por que eu havia ligado e eu lhe disse que havia feito uma oferta pela casa do outro lado da rua. No início ele gaguejou, completamente em choque, e então perguntou quais eram as condições. Eu havia acertado em cheio. "Acho que podemos ver", ele disse. Compramos a casa.

Dez anos depois, essa decisão rápida e arriscada com relação a dinheiro nos rendeu um lucro de meio milhão de dólares.

Outra vez, tínhamos economizado dinheiro para finalmente fazer um projeto de reforma em nossa casa que vínhamos planejando há muito tempo. A essa altura, nosso filho estava para fazer 1 ano e eu estava grávida de quatro meses de nossa filha. Eu tinha ido a Nova York pela segunda vez para participar de um evento exclusivo para empreendedores ambiciosos. Após muitos dias sonhando alto, a realidade me atingiu em cheio: embora eu tivesse todos esses grandes sonhos, não tinha tempo disponível para torná-los realidade. Fiquei em casa com nosso filho e faria o mesmo com nossa filha, e uma dona de casa em período integral tem muito pouco tempo livre para realizar grandes sonhos empreendedores.

Lembro-me de sair de fininho do salão onde o evento estava sendo realizado — ninguém desconfiou; eu tinha feito xixi sem parar durante toda a semana — liguei para Michael. "Ei. Sabe o dinheiro que temos guardado na poupança? Por que não o usamos para contratar uma babá e tentar ganhar *mais* dinheiro?" Eu não tinha certeza de *como* ganhar dinheiro e admito que estava completamente chapada com toda aquela conversa sobre crescimento pessoal. Mas algo me disse que era a coisa certa a fazer.

Pense nisso por um momento. Eu não tinha emprego. Meu trabalho era cuidar das crianças. Mas eu queria contratar *outra* pessoa para ficar com elas. Para poder inventar um emprego usando nada além da minha imaginação?

Depois de pensar bastante e discutir a ideia, decidimos seguir em frente, e Sarah começou a vir à nossa casa várias vezes por semana enquanto eu ia até um café ou bistrô local (eu teria que tirar o leite no carro) para tentar inventar algo. Era arriscado. Não havia garantia de que funcionaria. Mas essa decisão arriscada sobre dinheiro já nos rendeu milhões. O fato de você estar lendo este livro agora é o resultado de uma história sobre dinheiro que começou quando eu estava do lado de fora do salão de um hotel e disposta a arriscar.

Se eu me arrisco um pouco com relação a dinheiro? As histórias diriam que sim.

E isso é sempre uma coisa ruim? Vire as histórias levemente para o lado, e elas lhe mostrarão uma coisa diferente.

POTE DE HISTÓRIAS DOURADAS

Como a maioria de nós, as histórias de Amy sobre dinheiro foram entregues a ela. São um produto da educação que ela recebeu em casa. Ela sabe que precisa deixar essas histórias de lado, mas com o que ela pode substituí-las? Amy não tem nenhuma história sobre dinheiro que acha que pode funcionar — ela não tem nenhuma história de quando estava apenas ganhando bastante dinheiro. Sempre foi uma batalha.

E foi aí que ela encontrou.

Amy tem muitas histórias sobre como ela se reergueu após um período de dificuldade. Poderia ser viável escolher uma história cujo enredo central não fosse necessariamente dinheiro?

A resposta é um grande *SIM*.

A primeira história que Amy observou é de quando ela saiu de casa e iniciou a vida adulta. "Nada mais me impediria", ela disse. "Se eu quisesse ir para a Flórida nas férias, eu pegaria o carro com as amigas e iria para a Flórida nas férias! Eu ainda pagava o aluguel; só vivia de maneira um pouco mais livre. Não me acomodei e disse: 'Como vou pagar o aluguel este mês?' Apenas paguei."

É uma história pequena, mas com grande significado. Acho que Amy nem percebe isso, mas contradiz tudo o que ela me contou anteriormente — sobre como ela sempre encontrou dificuldade em tirar férias por falta de dinheiro. Essa é a história de uma Amy que não pensou duas vezes em tirar férias — ela simplesmente *foi*. Se Amy quer um pouco mais disso em sua vida *atual*, tudo o que ela precisa fazer é contar a si mesma as histórias daquela época.

A outra história que ela trouxe é de quando ela já tinha suas filhas, que eram muito mais jovens, e ela se divorciou do marido. Ela estava apavorada em pensar como seria a vida daquele ponto em diante para ela e as duas filhas. Ela não queria se tornar uma mãe solteira triste e batalhadora. Foi nessa época que um empreendimento que ela havia iniciado por diversão começou a decolar de verdade. Ela conseguiu ficar na casa em que as filhas foram criadas e manter a qualidade de vida delas. Foi um período difícil, mas elas prosperaram, tudo por causa de suas habilidades financeiras.

Amy encontrou mais uma história de quando decidiu mudar de carreira e assumir uma função corporativa. Ela era muito respeitada pelos colegas, fazia um ótimo trabalho e ganhava um bom dinheiro fazendo isso.

Por fim, Amy encontrou algumas histórias sobre sua carreira atual como consultora educacional para famílias por meio de uma organização que ela mesma fundou. Embora não seja o mesmo que receber um salário fixo a cada duas semanas, a lista de clientes continua aumentando, e o dinheiro continua entrando.

Tantas histórias. Ao que parece, Amy é realmente incrível e muito boa em ganhar dinheiro.

Na verdade, após ouvir todas essas histórias, é um pouco chocante ver que ela ainda tenha dificuldade em lidar com dinheiro. Se eu fosse ela, estaria desfilando com a confiança do Rei Midas. Mas não é de se surpreender. É por isso que fazer a *escolha* de histórias melhores pode ser tão desafiador — as histórias boas gostam de se esconder. Ou, pelo menos, ir para debaixo da capa de uma experiência difícil, para dificultar a busca. Também é por isso que a escolha é uma parte tão importante do processo.

Com base nas histórias que Amy descobriu, histórias que a *favorecem*, uma nova declaração do tipo iceberg começou a surgir: "Sempre consigo ganhar o dinheiro de que preciso."

Mesmo quando as chances estão contra ela. Mesmo quando a montanha parece muito íngreme para escalar. Mesmo que isso signifique renascer das cinzas ou se reinventar completamente, Amy nunca deixou de ganhar o dinheiro de que ela e a família precisavam. E *isso* é algo maravilhoso.

ETAPA QUATRO: INSTALE AS HISTÓRIAS QUE VOCÊ ESCOLHEU

Com essa afirmação como sua nova Estrela Polar, Amy continuará a procurar histórias que sejam úteis para ela. Para garantir que ela nunca mais as esqueça, ela irá instalá-las oficialmente em sua mente como um estado permanente de ser — ou pelo menos como um ponto de partida mais preciso. E, caso ocorram eventos que desencadeiem velhas crenças — ei, acontece —, Amy estará preparada.

Como você aprendeu no Capítulo 7, existem algumas etapas bastante específicas para garantir que essas novas histórias permaneçam. Dei a ela o mesmo conselho que dei a você — cinco etapas claras:

1. Escreva as histórias — capture-as, pelo menos, uma vez.
2. Compartilhe as histórias em voz alta.
3. Planeje-se para os momentos difíceis.
4. Comece seus dias com suas histórias.
5. Observe os resultados.

Então Amy começou a colocar essas etapas em prática. Ela escreveu em um papel as histórias que compartilhou comigo e incluiu os componentes que fazem uma história inspirar: personagens, emoção, um momento e detalhes específicos. Ela compartilha com as filhas essas histórias em voz alta. Ela as revisa quase todas as manhãs e, o mais desafiador de tudo, ela conscientemente reconta a si mesma as histórias que ela escolheu durante os eventos em que se sente mais gatilhada.

Como o destino quis, não faltaram gatilhos durante o tempo em que trabalhamos juntas. Amy está trabalhando em sua história sobre dinheiro durante um período particularmente engatilhante: período de férias e de provas da faculdade. O Natal já é, naturalmente, uma época de gastos e pode ser um gatilho bastante comum para surgirem as histórias negativas sobre dinheiro. Juntando as duas filhas de Amy e os três filhos do marido dela, são cinco pessoas em quem pensar. Além disso, Amy e o marido terão três garotas na faculdade ao mesmo tempo, e só a palavra *faculdade* já é suficiente para enviar Amy de volta à espiral de história sobre "Nunca tenho dinheiro suficiente."

Amy admitiu, durante uma de nossas ligações, ter acordado no meio da noite, todas as noites, em pânico. Os olhos delas se abrem, o coração dispara e, após alguns minutos, quando ela já está tecnicamente acordada, sua mente também dispara. Como eles conseguiriam ter dinheiro suficiente?

Mas, após semanas trabalhando para instalar as histórias que ela escolheu, ela percebe uma mudança. "Nas últimas três semanas, não tive nenhum desses momentos de pânico", ela me contou. Ela também abriu uma conta de investimento para começar a negociar ações com um pouco do dinheiro extra. É algo que ela sempre quis fazer — e sempre *poderia* ter feito. E agora está fazendo.

Não apenas isso, Amy decidiu contar adiante (algo que discutiremos no Capítulo 12). Ao compreender que muitos de seus desafios com relação a dinheiro não vieram da própria experiência dela, mas foram passados para ela, Amy decidiu começar a mudar as histórias que conta às filhas. Em vez de tentar convencer uma adolescente a refazer o teste para aproveitar as oportunidades de bolsas para outras faculdades porque "eles não tinham dinheiro suficiente" — uma batalha que Amy sabia que estava destinada a perder, especialmente porque a sogra dela havia criado um fundo para a faculdade e a filha dela naturalmente achou que isso bastava —, Amy decidiu contar à filha histórias sobre nunca deixar de aproveitar o que está disponível, histórias sobre o orgulho que Amy sentia por ter se formado na faculdade. Para a alegria dela, a filha concordou em refazer o teste — e, nesse processo, Amy descartou a história antiga sobre a falta de dinheiro e elaborou uma história nova sobre dinheiro, oportunidade e abundância.

AH, OS LUGARES A QUE VOCÊ IRÁ

Na abertura dessa discussão sobre dinheiro, concordamos que o dinheiro é uma das maiores histórias da humanidade. O dinheiro não é uma coisa — ele é uma história. Também gostaria de reconhecer que é mais fácil para mim, uma mulher branca financeiramente estável que mora em uma casa administrada com a renda de duas pessoas, falar que dinheiro é uma história. E lembrar, ainda, que isso pode parecer superficial ou pior, ignorante, se atualmente você estiver desempregado, enterrado em dívidas e mal consegue comprar alimento para você e sua família; ou se sua história financeira inclui gerações de opressão racial sistêmica, ou todas as opções anteriores. Embora eu saiba que nem todas as histórias sobre dinheiro começam da mesma forma, a possibilidade de contar a si mesmo uma história nova que é útil para você está disponível para todos.

Talvez você já tenha ouvido falar da Lei da Atração — talvez tenha assistido ao filme *O Segredo*. Se você *imaginar* que tem US$1 milhão em sua conta bancária, US$1 milhão aparecerá em sua conta. Talvez você tenha visto aquela entrevista com Jim Carrey e Oprah, na qual ele admitiu ter feito um cheque pré-datado de US$10 milhões para si mesmo, com a data do Dia de Ação de Graças de 1995, muito antes de pensar em ganhar muito dinheiro, e colocado o cheque em sua carteira. E tamanho foi seu espanto quando, pouco antes do Dia de Ação de Graças de 1995, ele ganhou US$10 milhões pelo filme *Debi & Lóide*.

Independentemente de onde você estiver no espectro metafísico, é importante lembrá-lo de que o dinheiro é uma história e, como tal, pode ser moldado e mudado pela influência de sua energia com relação a ele. Embora histórias como a de Jim Carrey simplificam demais as coisas, agora você conhece o *verdadeiro* segredo.

Sua energia pode ser alterada ao simplesmente ajustar as histórias que você conta a si mesmo.

O dinheiro, ou a falta dele, é estressante, mesmo sem uma vida inteira de histórias potencialmente negativas para puxá-lo para um buraco escuro de pânico e desesperança. Não consigo contar o número de vezes que fiquei estressada por causa de dinheiro, mesmo após anos de carreira. Passei muitas reuniões sentada, discutindo o orçamento do trimestre à frente com os principais membros de minha equipe e sempre parecia que era pequeno demais. Havia poucos eventos agendados. Poucas consultas chegando. Esses momentos foram uma deixa imediata para que minhas histórias antigas entrassem em cena: "Você não é boa com dinheiro. Você sempre gasta muito e, depois, não tem o suficiente." Essas histórias lotariam a sala de reuniões e influenciariam meu julgamento. Meu instinto imediato foi fazer *mais* — mais divulgação, mais e-mails, dizer sim mais vezes, comprometendo a mim mesma e meu valor nesse processo. Cada ligação era de extrema importância.

Eu só consigo imaginar o que os clientes em potencial ficaram pensando do outro lado da ligação — tenho certeza de que ouviram minhas palavras, mas provavelmente o que falou mais alto foi a energia que eu passei em minha *fala*; sejamos honestos, o desespero desvairado disfarçado de discurso de vendas *não* passa uma mensagem muito boa.

Então, mesmo sem perceber que estava fazendo isso, comecei a trabalhar em minhas autonarrativas sobre dinheiro. Acontece que as vezes em que assumi meus maiores "riscos" financeiros foram exatamente os momentos em que alcancei maior abundância financeira. Uma história após a outra, apenas algumas das quais já compartilhei com vocês neste livro, cada uma delas termina com: "O dinheiro virá. Continue fazendo o que está fazendo e o dinheiro virá."

Lembro-me de uma reunião de equipe em particular. Estávamos em Nova York em um espaço de coworking quando minha gerente de negócios revelou os números não tão bons do mês seguinte. Depois que ela compartilhou a notícia, um silêncio desconfortável pairou no ar enquanto todos permaneceram parados, esperando eu falar alguma coisa. Respirei fundo, contei rapidamente a mim mesma algumas das histórias que escolhi e respondi: "Os clientes certos aparecerão. Estamos fazendo os movimentos certos. Continuaremos a fazer isso pelas razões certas, e os clientes (e o dinheiro) aparecerão."

Nossa reunião foi encerrada logo depois, e todos foram verificar o e-mail após sair da sala de conferências. Então minha gerente de negócios disse: "Uau! Você não vai acreditar nisso... chegaram três consultas enquanto estávamos naquela reunião! E parecem ser boas!"

Mesmo nos dias em que passei pela minha pior fase de problemas com relação a dinheiro, na primavera de 2020, quando centenas de milhares de dólares desapareceram da noite para o dia — acontece que ser uma palestrante principal em eventos ao vivo em frente a 20 mil pessoas não é o melhor lugar para se estar na era do isolamento e do distanciamento social —, eu ainda tinha a sensação de saber que esse era o meio de uma história que eu contaria algum dia. Embora houvesse motivos mais do que suficientes para entrar em pânico, e eu certamente vivenciei alguns momentos de completo terror com relação a dinheiro, ainda tinha uma sensação de paz. Estava construindo minha estrada dourada de histórias positivas sobre dinheiro o mais rápido que conseguia, colocando-as no modo repetitivo para construir um caminho que, sim, tinha um pequeno desvio, mas rapidamente voltava para a estrada até a Cidade das Esmeraldas que eu sabia que estava destinada a alcançar.

Eu entendo que as conversas superficiais sobre dinheiro podem ser um pouco demais. No entanto, nos dias de hoje, você ainda pode aproveitar o poder delas sem ter que se aprofundar muito. Basta compreender e recontar histórias *verdadeiras* sobre dinheiro, histórias que sejam *úteis*; essa pode ser a mudança cósmica de que você precisa — ou pelo menos um começo.

Foi para Amy.

Quando encerramos nossa última sessão juntas, percebi muitas mudanças na vida de Amy. Ela estava mais no controle, mais relaxada e, a coisa mais perceptível de todas, Amy teve a melhor primeira semana de janeiro em seu negócio até agora. "Tenho clientes vindo de todos os lugares", ela disse. "Seja o que for, vou continuar fazendo o que estou fazendo. Minha energia está focada no lugar certo."

Só por curiosidade, revisei algumas das minhas anotações antigas, da nossa primeira sessão, em que ela identificou uma de suas declarações do tipo iceberg: "De onde virá o próximo cliente?"

Ao que parece, a resposta a essa pergunta é: de uma história nova.

11

RELACIONAMENTOS E AMOR

Conectando-se com os Personagens da Vida

Passei toda minha vida acreditando nas histórias ruins e, pela primeira vez, prestei atenção nas boas.

— JULIA

Quase cortei este capítulo.

Quase o deixei de fora do livro.

No grupo de participantes de minha pesquisa, apenas duas pessoas se juntaram a ele com a intenção de trabalhar histórias sobre relacionamentos. Uma delas estava tendo problemas em encontrar o amor após uma decepção e, no final de nossa segunda sessão, perguntei a ela se o método de autonarrativa a estava ajudando ou fazendo com que ela se sentisse pior ainda. Minhas hipóteses foram quase todas confirmadas quando ela me escreveu uma semana depois, dizendo que precisava conversar.

Não consegui dormir naquela noite e, pela manhã, havia decidido que, talvez, relacionar as autonarrativas aos relacionamentos fosse muita coisa.

Eu não estava errada. O storytelling tem um papel enorme nos relacionamentos. A vida é feita de relacionamentos entre seres humanos, e se nós, humanos, somos feitos de histórias da mesma forma que somos feitos de células (uma conclusão segura para tirar agora, após 11 capítulos), então os relacionamentos são *essas* histórias multiplicadas exponencialmente pelas pessoas envolvidas.

Eu me perguntei como o escopo dos relacionamentos humanos poderia ser tratado em um único capítulo. Isso é assunto para um livro inteiro! O contador de histórias em minha mente sugeriu que *talvez você devesse esperar um pouco para abordar esse tema.*

Mas, então, tive aquela conversa fatídica com a participante que tinha me enviado uma mensagem.

Isso provocou uma reviravolta inesperada, uma história que vou compartilhar com vocês daqui a alguns parágrafos; eu sabia que esse seria um dos capítulos mais importantes.

Porque, embora todos os seus relacionamentos — familiares, profissionais, de amizade, românticos ou outros — envolvam pelo menos duas pessoas, uma delas é sempre *você*. Armado com o conhecimento adquirido até aqui, você tem o poder de impactar positivamente as conexões que faz com outras pessoas, o que, por sua vez, impactará o mundo positivamente.

Não há motivo para esperar para falar sobre isso. Então não vamos esperar.

TODOS TÊM UMA HISTÓRIA

Não consigo assistir aos primeiros minutos do filme *Up* sem chorar. Tentei diversas vezes e falhei em todas.

Então, quando finalmente consigo superar a tristeza inicial de ver um homem que eu mal conheço perder o amor de sua vida, vem uma cena em que os bandidos estão tentando tomar a casa do velhinho, e eles mexem na caixa de correio que o velhinho e o amor de sua vida haviam pintado décadas antes, e ele fica tão chateado que bate na cabeça do bandido com sua bengala. Depois, o velhinho precisa ir ao tribunal, o juiz não decide a seu favor e, em TODAS AS VEZES que assisto a essa cena, tenho vontade de gritar com a televisão (e, às vezes, eu grito mesmo): *"Se você conhecesse a história dele, você entenderia!"*

É claro que isso não serve só para essa obra-prima da Pixar; serve para a vida real também, e nós sabemos disso. As histórias que deixamos de contar e que desconhecemos afetam nossas conexões interpessoais todos os dias — tanto relacionamentos de longo prazo quanto passageiros.

Histórias em um Avião

Já mencionei mais de uma vez o papel enorme que as viagens desempenharam em minha vida. Em 2019, fiz tantos voos que consegui o status de Executive Platinum na American Airlines, Diamond na Delta e, inclusive, ganhei um pequeno status na United (com relutância). Basicamente, passei mais tempo no ar do que em terra firme e estaria mentindo se dissesse que isso não me deixava esgotada.

Certa tarde, embarquei em um avião pequeno e cometi o engano de pensar que uma mulher estava sentada em meu lugar. Eu disse educadamente: "Com licença, acho que você está no meu lugar". Mas eu estava errada. E ela ficou *furiosa* por eu ter cometido esse erro. Na verdade, ela ficou *tão* furiosa que, quando me sentei, ela ligou para uma amiga e lhe contou como uma mulher louca havia dito que ela estava no lugar errado. E disse, ainda: "Quem ela pensa que é?" (Uma vez que eu estava sentada *bem ao lado dela*, ela poderia ter me perguntado isso.)

Se ela ao menos soubesse que esse era meu décimo voo em cinco dias, que eu estava delirando de estresse, sentindo falta da minha família — simplesmente li errado a placa acima do assento e inverti o número da janela e do corredor. Se ela conhecesse minha história, ou se eu tivesse energia suficiente para contá-la assim que ela desligou o telefone, talvez ela tivesse agido com mais compaixão. E, é claro, se eu tivesse energia para perguntar qual era a história *dela*, talvez eu tivesse entendido por que ela teve essa reação tão forte e que sua reação, na verdade, não era *sobre* mim, mas sobre uma história muito maior enterrada dentro dela.

Mas nenhuma de nós fez isso.

Nossa vida está repleta de pessoas que não conhecemos; no entanto, às vezes, uma interação negativa de uma pessoa estranha que nunca mais verei tem o poder de me tirar completamente do meu normal. E isso também vale para o meio digital. Você já recebeu algum comentário negativo de algum engraçadinho na internet que o deixou deprimido por um dia, ou pior, fez você duvidar de si mesmo sem justificativa nenhuma?

Essa resposta, essa entrega de sua preciosa energia a uma pessoa completamente estranha e irrelevante não faz sentido. Mas isso parece não impedir que aconteça. E, até que possamos nos tornar imunes a esses ataques surpresa, a melhor coisa a fazer é reconhecer a autonarrativa em dois níveis diferentes.

O primeiro é reconhecer que o problema não é o comportamento dessas pessoas, mas que esse comportamento desencadeou uma das histórias que você carrega consigo. Um engraçadinho que deixou um comentário desagradável no YouTube sobre a música que você postou, por exemplo, pode desencadear histórias internas sobre você não ser bom o suficiente. Naquele dia, a mulher no avião mexeu profundamente com o meu contador de histórias interno, que me repreende por eu não ser perfeita.

O segundo é que essas pessoas também têm uma história. A postagem da música que você fez aciona as histórias desse *troll*, que o impedem de postar a *própria* música na qual ele está trabalhando. A mulher no avião pode ter sido criada em uma casa na qual as pessoas diziam que ela estava errada mesmo quando ela não estava.

Reconhecer que sempre há uma autonarrativa sendo contada é o primeiro passo para impedir que momentos aleatórios se transformem em espirais descendentes desnecessárias e, o mais importante, o primeiro passo em direção a um mundo com mais empatia e tolerância.

BUSQUE HISTÓRIAS

Você já teve que lidar com uma pessoa difícil no trabalho? Posso *ouvir* daqui a suspirada que você deu quando leu isso. *Hum, é claro!*

Lidar com pessoas difíceis faz parte da vida, e é difícil evitá-las porque as pessoas são inevitavelmente difíceis. Seria ótimo se pudéssemos escolher nosso local de trabalho, nossa mesa do escritório ou bloquear os canais do Slack das pessoas que não suportamos, mas isso simplesmente não é possível.

Em vez disso, use o que você sabe agora sobre as autonarrativas. Lembre-se de que cada pessoa tem dentro de si uma vida inteira de histórias que estão influenciando o modo como elas se comportam no mundo — e isso inclui as pessoas de sua equipe. Sua tarefa é procurar o maior número possível dessas histórias, em um esforço para entender melhor seus comportamentos.

Brené Brown certa vez disse: "É difícil odiar as pessoas estando perto. Mude-se." Abraham Lincoln sabiamente declarou: "Eu não gosto daquele homem. Preciso conhecê-lo melhor." Você provavelmente já viu, talvez até compartilhou, o meme implorando que você seja gentil com os outros porque nunca se sabe o tamanho da história de outra pessoa. Embora entender as próprias histórias o ajude a reagir aos eventos de maneira mais positiva e produtiva, entender as autonarrativas de outras pessoas o ajuda a fazer o mesmo — e isso pode ser bastante útil no trabalho.

Anos atrás, trabalhei com uma mulher com quem, por algum motivo, tive que fazer um esforço enorme para construir um relacionamento consistente. Em um minuto, parecíamos totalmente em sintonia — trabalhamos juntas por horas, focadas em levar adiante uma grande iniciativa. Então, alguns dias depois, ela parou de falar comigo. Eu a encontrava no escritório, e era como se eu nem estivesse lá. Passei dias repassando tudo em minha cabeça, tentando descobrir o que houve de errado.

Mas eu não era a única que se esforçava para ter um bom relacionamento com ela. Muitos outros colegas já haviam desistido e só trabalhavam com ela quando precisavam, sem nunca interagir muito. E eles sugeriram que eu fizesse o mesmo.

Quase segui o conselho deles; as consequências desse relacionamento estavam drenando minha energia e afetando meu trabalho. Mas, então, um dia, completamente por acaso, a mulher me contou uma história. Era a história sobre um evento específico em sua vida, sobre confiança e traição, e que a moldou drasticamente como pessoa. Depois que ela me contou essa história, tudo mudou. Passei a compreendê-la mais e, quando ela se comportava dessa maneira, conseguia enxergar que essa reação não tinha a ver comigo, era impulsionada pela história dela. Ao compreender isso, permiti abrir espaço para a graça e a compaixão, o que, por sua vez, criou uma espiral positiva que aumentou a confiança entre nós duas e, finalmente, nosso relacionamento no trabalho melhorou.

É isso que as histórias fazem. Elas permitem abrir espaço para a graça, a paciência e o progresso. Trazer à tona as histórias internas ajuda a resolver mal-entendidos, grandes ou pequenos, e, até mesmo, a evitar que eles ocorram. Se você tiver um relacionamento difícil no trabalho e sair do emprego não for uma opção, tente procurar as autonarrativas por trás disso. Elas não só o ajudarão a entender melhor seus colegas, como também permitirão que você entenda que a reação deles não tem a ver com você — principalmente se você tiver uma tendência a internalizar os comportamentos das outras pessoas.

Saber separar as pessoas e suas histórias faz toda a diferença.

DESVENCILHANDO SUA HISTÓRIA DA HISTÓRIA DE OUTRAS PESSOAS

Em um de nossos check-ins em grupo durante o projeto de pesquisa de autonarrativas, os participantes começaram a compartilhar que não só estavam percebendo mudanças dentro de si, como também uma mudança na maneira como eles entendiam o comportamento de outras pessoas. Do motivo pelo qual um pai era distante ao motivo pelo qual uma irmã não apoiava uma ideia, ao motivo pelo qual a esposa era fechada. Entender que o comportamento de uma pessoa tem muito mais a ver com as histórias *dela* do que com *você* pode ser um grande alívio e uma completa libertação.

Nunca esquecerei as conversas que tive com meus pais, especialmente meu pai, sobre a mudança da minha família para Nova York. Você se lembra do Mike, não é?

Eu tinha 30 e poucos anos, era casada e tinha dois filhos, uma grande carreira e muito bom senso. Por alguma razão, a vida na cidade nos chamava e, embora — eu admito — possa parecer um pouco louco ao olhar de fora, funcionou para nós... mas não para meu pai.

Lembro-me do tom perplexo em sua voz quando ele se sentou no sofá da "casa dos sonhos" que tínhamos acabado de comprar alguns anos antes. A casa que tinha vista para o campo de golfe particular do clube ao qual pertencíamos. A escola das crianças era a melhor do estado e ficava perto de nossa casa. Estávamos a 15 minutos do aeroporto. Fazíamos parte de uma comunidade e havia muitas famílias morando lá... Por que quereríamos ir embora?! Ele simplesmente não conseguia entender e não se importava que eu soubesse disso.

E eu admito que não foi fácil para mim, mesmo como uma mulher adulta, prosseguir com algo a que meu pai se opunha tão veementemente, o que me levou a alguns questionamentos internos e algumas dúvidas. Mas, então, eu me lembrei que o contador de histórias interno *dele* prefere se sentir seguro. O objetivo dele é segurança. Foi isso que o manteve em seu trabalho em vez de buscar outras opções mais arriscadas. E nossa mudança estava deixando o contador de histórias interno do meu pai louco! Tive que desvencilhar as histórias que estavam se misturando — as do meu pai e as minhas. Embora teria sido bom ter todo o apoio dele desde o início, suas autonarrativas simplesmente não permitiriam que isso acontecesse.

É importante notar que não há certo e errado aqui. Simplesmente existem dois conjuntos diferentes de autonarrativas. Reconhecer e honrar isso é a maneira mais eficaz de seguir em frente.

Mesmo aqueles participantes que não entraram no projeto de pesquisa com a intenção de trabalhar suas histórias de relacionamento tiveram percepções semelhantes sobre o poder de desvencilhar suas histórias das de outras pessoas. Muitas vezes, o desafio a ser enfrentado na vida envolvia outra pessoa — alguém com as próprias histórias e, portanto, com as próprias perspectivas e crenças sobre como viver a vida. Quando você consegue desvencilhar sua história da de outra pessoa e encontrar maneiras de ambas coexistirem, a sensação de liberdade vale cada pingo de esforço.

É DIFÍCIL DIZER ADEUS

Por fim, e o mais difícil de tudo é que, às vezes, você não tem escolha a não ser deixar de lado um personagem ruim.

Não muito tempo atrás, eu estava *muito* animada para contar uma grande novidade a uma de minhas queridas amigas: Michael e eu seríamos pais! Tenho certeza de que conversamos sobre outras coisas por um momento ou dois antes de eu simplesmente não conseguir me conter. "Estou grávida!", eu disse. Então, com o rosto congelado em um sorriso gigantesco, as sobrancelhas levantadas até a linha do cabelo, esperei pela reação dela.

Tinha um brilho diferente em seus olhos. Seria desgosto? Indiferença? Desapontamento? Fosse o que fosse, certamente não era felicidade. Em meio à minha surpresa, perguntei: "O quê?" Havia algo em meus dentes? Alguém pediu couve de Bruxelas e o ambiente estava com um cheiro ruim? Devia estar acontecendo *alguma* outra coisa porque *que tipo de amiga faz essa cara quando alguém conta que terá um bebê*?

"Ah, sim", ela deu de ombros. "Tenho tantas amigas ambiciosas que ficaram grávidas e, depois, pararam de trabalhar para se tornarem mães em tempo integral."

Eu adoraria dizer que ela falou isso com um tom de: "Mas eu acredito em você!" Ou que ela disse em seguida: "Você vai conseguir realizar todos os seus sonhos!" Mas não foi o que ela fez. Era definitivamente um tom de: "Você acabou de arruinar sua vida." E isso me deu vontade de perguntar: "E o que você sugere que eu faça? Devolva o bebê?!"

Não me lembro do restante da conversa. Mas me *lembro* que foi nesse dia que comecei a perceber que ela costumava dizer coisas assim — coisas aparentemente solidárias, porém sutilmente dolorosas. Como na época em que eu estava me esforçando muito para ficar em forma e me alimentar melhor e, um dia, pedimos comida tailandesa e eu comi só metade da minha, então ela sussurrou algo sobre eu ser anoréxica. Ou no dia em que apareceu uma grande oportunidade para mim no trabalho e ela disse em tom sarcástico: "Não vá se esquecer de nós, pessoas insignificantes."

Por fim, decidi que não queria mais esse tipo de amizade em minha vida. Foi difícil — é difícil se afastar de alguém que se tornou parte da sua história, uma pessoa de quem você gosta e com quem convive. Mas não tive escolha. Era ela ou eu, e eu me escolhi.

Com o tempo, parei de aceitar convites para almoços, jantares e cafés. Eu não estava com raiva nem queria me vingar. Apenas encerrei esse capítulo da minha história. Embora não fosse fácil dizer não para ela, foi muito bom dizer sim para *mim*.

Se houver um personagem em sua vida que desaprova suas notícias mais emocionantes ou cujo "apoio" parece ser uma crítica disfarçada, você tem minha permissão para encerrar esse capítulo em sua história. Também estou enviando alguns abraços extras, porque você provavelmente precisará deles. (E, agora, se eu conseguisse encontrar um pouco da ambição que perdi desde que tive filhos...)

REESCREVENDO SUA HISTÓRIA DE AMOR

Conheça Julia.

Esperei pacientemente para lhe apresentar Julia e estou tão animada por finalmente ter chegado a hora!

Conheci Julia no aeroporto LaGuardia no final do verão de 2019. O terminal tinha acabado de ser reformado — estava lindo, e eu estava sentada no bar de um dos bistrôs novos que faria você esquecer a frustração de um voo atrasado ou a tristeza sutil de passar muito tempo viajando. Uma jovem usando um boné de beisebol que estava sentada alguns bancos para o lado gritou: "Com licença. Como você consegue com que seu cabelo fique assim?"

Conversamos como costumam fazer dois viajantes que se cruzam e fazem companhia um ao outro para alguns drinks. Comparamos voos. Reclamamos da reforma irritante do aeroporto e, depois, nos maravilhamos com a obra-prima do terminal e avaliamos se a reforma tinha valido a pena. Discutimos sobre como modelar seu corte de cabelo novo, mais curto. E, ao notar meu anel de casamento, ela confessou que queria ganhar um. Conversamos sobre desilusões amorosas e sobre como é um relacionamento bom.

Então nosso tempo juntas acabou. O avião de Julia começou a chamar para o embarque, depois o meu. Pegamos nossos voos e, assim, aquela conexão casual havia chegado ao fim.

Mas Julia deixou uma marca em mim. Adorei o modo como ela foi franca e como ela estava disposta a declarar a um estranho seus desejos de amor. Conheci muitas "Julias" em minha vida — versões masculinas, femininas, jovens e com mais de seis décadas de experiência. Na verdade, eu mesma *sou* uma Julia. Comecei minha busca pelo grande amor, ousado e delicado, no jardim de infância; posso citar o nome de todos os meninos que estavam na disputa até o dia em que Michael Hall me beijou pela primeira vez. Pergunte a qualquer pessoa, não importa a idade, o sexo ou a orientação sexual; a busca pelo amor verdadeiro é penosa e deve ser levada a sério.

Talvez Julia e eu nunca nos encontraríamos novamente não fosse pelas mídias sociais. Mais de um ano depois, quando eu estava lançando o projeto de pesquisa para este livro, Julia se inscreveu no programa, exatamente como eu esperava que ela fizesse.

Durante nossa primeira sessão individual, Julia me colocou a par do que havia acontecido em sua vida amorosa desde a primeira (e última) vez em que nos falamos — uma conversa focada em um homem.

Ryan.

Pouco depois de nosso encontro casual, Julia estava sentada em sua poltrona do avião e, da maneira especial que só ela tem, começou uma conversa com a mulher sentada ao lado dela. No final do voo, a mulher, que já estava completamente apaixonada pela busca de Julia por um grande e belo amor, teve um momento de inspiração. "Conheço um homem que é maravilhoso. Você o *amaria*", a mulher exclamou. "E ele vai amar você também." Normalmente, esses encontros casuais caem no esquecimento assim que os viajantes se despedem na esteira de bagagem. No entanto, três dias depois, Julia entrou em um bar de ostras, e lá estava ele.

Apesar de não gostar de ostras, ela imediatamente soube que havia algo diferente nele. A conversa fluiu muito facilmente; era como se eles se conhecessem há tempos. E, embora Julia nunca beijasse ninguém no primeiro encontro, ela permitiu que ele lhe desse um beijo de boa noite. No dia seguinte, Julia estava de volta ao aeroporto, e eles conversaram todas as noites que passaram distantes um do outro — três, cinco horas, eles não se cansavam um do outro. Quando Julia voltou ao Texas, ela sabia... Era ele.

Isso aconteceu em outubro de 2019 e, nos meses seguintes, os dois se apaixonaram ainda mais. Ryan era igualmente lógico e amoroso. Ao mesmo tempo que ele abria as portas para ela e pegava em sua mão, ele também era o homem mais trabalhador, motivado e determinado que ela conhecera. "Ele se formou em finanças em uma universidade do Texas bastante renomada e, depois, ascendeu na carreira no ramo de petróleo, trabalhando duro até alcançar um cargo cobiçado na alta gerência — algo com que ele sempre sonhou", Julia me disse. Mesmo através da tela do computador, dava para ver o orgulho que ela sentia dele.

Tudo estava perfeito demais; e então tudo mudou. A indústria do petróleo foi duramente atingida pela pandemia. Ryan perdeu o emprego, o carro e o apartamento, que faziam parte do pacote. Tudo pelo que ele batalhou desapareceu da noite para o dia. Por ser alguém que tinha grandes expectativas na vida e um forte desejo de ser um provedor ao lado de uma parceira, o colapso em sua carreira demandou o fim do relacionamento. "Aos olhos dele, ele não era o homem que eu precisava que ele fosse. Seu modo de pensar bonito e lógico que eu tanto amava fez Ryan determinar que não tinha condições de estar em um relacionamento com tal compromisso. Ele teve que me deixar ir."

Antes que ela pudesse entender o que estava acontecendo, eles passaram de apaixonados a ex-namorados. "Passei da pessoa mais feliz do mundo para a que tinha o maior coração partido", Julia lembrou.

Isso aconteceu sete meses antes de ela ingressar no projeto de pesquisa. Quando ela veio até mim, estava pronta para recomeçar, encontrar o amor que ela sabia ser possível. No entanto, parecia haver uma barreira invisível. Algo que, por toda a vida, salvo alguns vislumbres de esperança e momentos de amor (Ryan tinha sido um deles), a impedia de chegar lá.

Você, é claro, já sabe o que formou essa barreira: as autonarrativas.

ETAPA UM: CAPTURE SUAS HISTÓRIAS EM AÇÃO

A primeira tarefa de Julia era capturar suas histórias — procurar aquelas afirmações que estavam tão arraigadas, automáticas e definitivas e, também, tão esquecidas e malcuidadas. Em nossa primeira sessão, ela veio com uma lista de frases que costumava dizer a si mesma, e não eram nada boas:

- "Não sou merecedora."
- "Não sou digna de amor."
- "Sou um incômodo."
- "Eu não valho todo o esforço."

Essas afirmações eram obstáculos óbvios em seu caminho para encontrar um amor e ter um relacionamento saudável e amoroso. Tão óbvios que ela poderia tentar usar o mesmo método para derrubá-los. Ela poderia ter escrito "Sou digna de amor, sou merecedora de amor" cem vezes por dia em um diário todas as manhãs, como se estivesse no colegial e precisasse escrever frases no quadro-negro repetidas vezes como castigo por ter feito algo errado.

Deixe-me lhe perguntar: escrever "Não vou conversar durante a aula" cem vezes faria com que você ficasse quieta?

Acho que não. E nesse caso, especificamente, também não funciona.

Se Julia quisesse mesmo derrubar esses obstáculos, talvez ela pudesse elaborar um quadro de visualização com fotos e imagens recortadas de revistas. Homens lindos abraçando mulheres lindas na praia, com o pôr do sol ao fundo, como fonte de inspiração para o tipo de relacionamento que ela estava buscando.

Mas, como você já sabe agora e como Julia aprendeu ao longo do processo, suas afirmações eram apenas as pontas de icebergs de histórias muito maiores e mais sinistras. Algumas frases ou fotografias apenas não seriam suficientes para conduzir seu navio até o pôr do sol, onde ela viveria feliz para sempre com o amor de sua vida.

Disposta a entrar de cabeça no método, Julia respirou fundo e tratou de encontrar as histórias que traziam à tona suas crenças. Por ser uma adulta com muita autoconsciência, ela tinha uma boa noção de onde deveria começar a procurar.

ETAPA DOIS: ANALISE SUAS AUTONARRATIVAS

Julia foi criada pela família de seu pai. Este tinha 18 anos quando ela nasceu, e sua mãe biológica os abandonou pouco depois (Julia não conheceu a mãe biológica até os 20 anos de idade). No entanto, apesar das circunstâncias nada tradicionais, Julia relembra essa época com amor. Ela foi criada pelo pai, pela avó e pelas tias, frequentou uma escola particular no Queens e participou de muitas aulas de dança.

Mesmo sendo rodeada de amor, houve uma reviravolta na história dela. Seu jovem pai acabou se apaixonando novamente, casou-se, teve mais três filhos e se mudou para o Brooklyn e, um tempo depois, para o norte de Nova York, enquanto Julia ficou no Queens com a avó e as tias. Embora ela ame seus familiares e seja muito grata por tudo o que lhe proporcionaram, ela estava ciente de que, a apenas alguns quilômetros de distância, havia uma unidade familiar perfeita que era tecnicamente dela, mas da qual ela não participava em tempo integral. Mesmo que o pai e sua esposa (a única mulher que Julia já chamou de mãe) a amassem e a quisessem bem e, ainda, que sua avó a amasse e a quisesse bem, as circunstâncias formaram um ambiente natural para histórias que fariam qualquer pessoa se sentir um incômodo.

Havia, também, as histórias de outro relacionamento longo antes de Ryan. Julia passou anos participando das festas de aniversário da família do namorado e de eventos de trabalho dele e se esforçava para socializar e passar uma boa impressão. No entanto, seu namorado não costumava aparecer nos eventos dela, tanto de família quanto de trabalho. Ele se recusava a frequentar qualquer evento que fosse importante para Julia.

Houve uma festa de aniversário da amiga de Julia em um domingo. Seria em um Malibu Wine Safari, algo que elas estavam planejando há semanas. O namorado dela adorava vinho, então Julia tinha certeza de que ele gostaria de participar, mas, quando o dia chegou, o namorado decidiu que ele simplesmente não estava com vontade. Julia implorou, suplicou, chorou — ela queria desesperadamente que as amigas conhecessem seu namorado —, mas acabou indo sozinha.

Não sou digna de amor. Eu não valho todo o esforço.

As histórias estavam todas lá, e Julia conseguiu recontá-las detalhadamente.

ETAPA TRÊS: ESCOLHA UMA HISTÓRIA QUE SEJA ÚTIL PARA VOCÊ

Assim que Julia percebeu quais histórias não eram úteis, ela partiu em busca daquelas que eram. Pedi a Julia que procurasse histórias em seu passado de quando ela *se sentiu* digna de ter relacionamentos e de receber amor.

Para muitas pessoas, é mais fácil falar do que fazer. Uma armadilha comum quando começamos a procurar as histórias poderosas e positivas em nossa vida é desconsiderar aquilo que encontramos. Colocamos restrições. Minimizamos os acontecimentos. Atribuímos as histórias a algo externo, como um golpe de sorte ou a influência de outra pessoa.

Julia enfrentou esse desafio, mesmo afirmando: "Existem tantas histórias boas — por que passei tanto tempo contando só as ruins?"

Mas, para ela, havia outro desafio, algo que pode soar familiar para qualquer pessoa que tenha encontrado um grande amor na vida e o viu evaporar da noite para o dia. Todas as histórias *boas* dela — as histórias sobre se sentir amada e digna de amor — também envolviam Ryan, o homem responsável por partir seu coração.

Estávamos em uma encruzilhada de storytelling.

Se você ouvisse a gravação da nossa segunda sessão, seria capaz de perceber que eu fiquei sem saber o que falar. Muitos *hum*, muitas pausas longas. Diversas tentativas de encontrar as palavras certas e saber que, mesmo que as palavras estivessem certas, poderia ser o momento errado. Em minha frente, eu tinha uma mulher que, claramente, ainda estava apaixonada por um homem que deixara claro, sete meses antes, que o relacionamento deles havia terminado. E aqui estava eu, prestes a incentivá-la a continuar contando a si mesma as histórias dos momentos bons que eles tiveram.

"Há algumas maneiras diferentes por meio das quais podemos fazer isso." Fiz uma pausa. No vídeo, eu olhei para os lados, mastiguei a caneta, fiquei inquieta enquanto pensava no que dizer em seguida. Finalmente, eu disse: "Há algumas maneiras por meio das quais podemos fazer isso. Uma delas é dizer a si mesma que, já que esse relacionamento acabou, isso quer dizer que você não significou nada para essa pessoa. Que não era amor. Que há algo errado com você. Que você tem diversas falhas, não é digna e simplesmente é alguém que não vale o esforço."

Julia assentiu com a cabeça. Na verdade, ela já estava contando essas histórias a si mesma. "Eu inventei histórias sobre como ele está se sentindo", ela disse. "Como ele não liga mais a mínima para mim."

"Mas...", eu respirei fundo, decidida. "Essa versão dessas histórias não servirão para você daqui *para a frente*. Entendo que contar a si mesma as histórias boas de um relacionamento que acabou pode machucar... mas é melhor do que excluí-las ou transformá-las em histórias *ruins*... porque essa versão da história se torna uma história sobre o que há de errado com *você*. E não precisamos disso. Não precisamos que você pense que há algo errado com você. Esse já é seu padrão. *Precisamos* das histórias da época em que você *experimentou* o amor. Quando se sentiu merecedora e digna de ser amada.

No entanto, eu a alertei: "Entendo que isso é muito difícil, mas quero que você experimente. Porque chegará o dia em que você estará sentada no aeroporto e o cara perfeito se aproximará para puxar papo e, nesse momento, quero que as histórias que estão passando em sua mente sejam histórias que digam: 'Sim! Sou digna de um grande e lindo amor, e talvez seja ele!'; em vez de dizerem: 'Bem, isso obviamente acabará mal.'"

Terminamos a sessão e, quando desliguei minha câmera, suspirei e balancei a cabeça.

Talvez eu estivesse completamente errada.

Talvez eu tenha dito a uma mulher ferida para revisitar as melhores lembranças com o homem que partiu seu coração.

Do ponto de vista da teoria da história, senti que era isso que eu devia fazer. Mas, do ponto de vista prático, posso tê-la enviado a uma caverna cheia de sorvete para gritar com a televisão enquanto assiste a comédias românticas. Conforme revelei no início deste capítulo, minhas hipóteses foram aparentemente confirmadas quando recebi uma mensagem de Julia dizendo que precisávamos conversar. Fazia alguns dias desde que eu tinha ouvido falar dela, então presumi que essa era sua maneira de sair da experiência de autonarrativa. Foi nesse período de silêncio que decidi que, provavelmente, era melhor retirar este capítulo de uma vez.

Eu não poderia estar mais errada.

O AMOR-PRÓPRIO EM PRIMEIRO LUGAR

Não tenho dúvida de que você já ouviu isto antes: "Antes de ser amado por outra pessoa, primeiro você deve amar a si mesmo". Ou esta outra versão: "Você só pode dar amor aos outros se primeiro amar a si mesmo." A frase faz sentido, e há poucas pessoas que discordariam de que o amor-próprio é o primeiro passo importante para encontrar o amor. Mas a questão é: *Como*? Como você se ama? Como acredita que é digno de amor? Como reconecta seu cérebro para aumentar o fluxo de amor-próprio e diminuir o suprimento constante de autojulgamento?

Julia lhe dirá que é por meio de histórias. "Todos já ouvimos sobre a importância de transformar nossos pensamentos negativos em positivos... mas fazer isso também com as *histórias* em vez de só com os *pensamentos* é o que torna tudo mais evidente. Você não está apenas dizendo: 'Ah, pense positivo.' Em vez disso, está repetindo coisas que aconteceram de verdade. Coisas *reais*. Há poder nisso." Esses foram os pensamentos que ela compartilhou em nossa ligação em grupo antes da nossa terceira ligação individual, que ela acabou reagendando.

Eu a perdoei pelo reagendamento. Ao que parecia, ela estava ocupada.

Ocupada se apaixonando novamente por Ryan.

Fiquei tão chocada quanto qualquer pessoa quando percebi que o atraso de Julia *não* era porque, para ela, era muito difícil escolher as histórias, mas porque ela as escolheu, e elas *funcionaram*. Ela decidiu que, embora Ryan fosse o personagem principal em todas as suas histórias boas e o fato de eles não estarem juntos fosse de partir o coração, a primeira vez que ela se sentiu amada, reconhecida, digna e valorizada foi com Ryan.

"Mesmo que eu nunca mais o veja, que era o que eu esperava, ele é a primeira pessoa que me fez sentir, de verdade, todas as coisas que eu não sentia por mim mesma. Então, mesmo que seja com outra pessoa, agora sei que isso é possível. Foi isso que as histórias me ajudaram a perceber... e isso *mudou* meu modo de pensar", Julia compartilhou.

Ela escreveu a história sobre quando ele pegou coronavírus e ficou muito grato por ela ter cuidado dele. Escreveu a história da primeira vez que eles se encontraram, da primeira vez em que ele disse a ela que a amava. Ela se esforçou para escolher as histórias boas para substituir as ruins e, ao fazer isso, mudou as principais crenças que tinha sobre si mesma.

ETAPA QUATRO: INSTALE AS HISTÓRIAS QUE VOCÊ ESCOLHEU

Julia foi aplicada ao instalar suas histórias novas assim que as encontrou. Ela, inclusive, substituiu as histórias antigas e negativas por essas novas. O quadro de visualização de casais felizes se tornou um sinal de esperança e possibilidades futuras. Até suas banquetas foram transformadas de "gatilhos" em uma coisa boa.

"Adoro minhas banquetas de veludo azul, muito mesmo. Mas nós terminamos o namoro sentados naquelas banquetas e, toda vez que eu olhava para elas, eu me lembrava disso." Julia, então, começou a inserir algumas das histórias que ela escolheu. "Em vez de olhar para elas e contar a mim mesma a história sobre nosso rompimento, escolhi contar as histórias de todas as refeições que compartilhamos sentados nas banquetas. Contei a mim mesma sobre as vezes em que ele disse 'eu te amo' sentado nas banquetas", Julia sorriu. "Há ótimas histórias sobre elas e, embora seja perigoso, contar a mim mesma as histórias *boas* reconectou meu cérebro e, com o tempo... comecei a me sentir mais forte. Hoje me sinto melhor. Eu *acreditava* que nosso amor era real, que eu o merecia e que o encontraria novamente."

Com a chegada dos feriados de fim do ano, Julia decidiu entrar em contato com Ryan — independentemente do que pudesse acontecer. "É Natal. E essa é minha última tentativa. As histórias me deixaram suficientemente confiante", ela disse.

Para a surpresa dela, a conversa correu bem, e eles combinaram de se encontrar alguns dias depois para tomar um café. Isso também correu bem, e Julia percebeu que as histórias que ela estava contando a si mesma sobre como Ryan se sentia após o término deles — que ele não se importava, que a havia esquecido — não eram verdadeiras. Ele estava tão desolado e solitário quanto ela.

Em pouco tempo, o relacionamento que Julia pensava estar perdido para sempre foi restaurado. Quase imediatamente, sentados juntos nas banquetas de veludo azul, Ryan a convidou para passar o Natal na casa dele para conhecer sua família.

FELIZES PARA SEMPRE, ACONTEÇA O QUE ACONTECER

Na época em que este capítulo foi escrito, Julia e Ryan ainda estavam muito apaixonados. Sim, eles passaram por desafios — novos empregos, novos horários, ajustando-se aos tempos ainda incertos após o ano de 2020. Mas Julia parece uma pessoa totalmente diferente da mulher que conheci no Aeroporto LaGuardia. "Eu simplesmente não me permito ter aqueles pensamentos novamente", ela disse com confiança. Uma chamada não atendida, um momento de frustração não se transformam em um dilúvio de histórias de "ele não me ama". "Posso entrar em uma espiral de histórias difíceis. Sou uma pessoa emotiva — é uma das minhas melhores qualidades e, durante muito tempo, foi um de meus maiores desafios. Mas, agora, com essas histórias novas, sinto que recuperei o poder." Enquanto Julia acredita que continuará assim, mesmo que as coisas mudem, sua história nova não vai mudar.

Em nossa última sessão, li novamente para ela suas declarações iniciais: "Não sou merecedora. Não sou digna de amor. Sou um incômodo. Eu não valho todo o esforço". E lhe perguntei como ela se sentia agora ao ouvir essas frases. Ela fez uma pausa.

"Isso me deixa muito triste...", ela respirou fundo. "Obviamente. Isso é triste... Mas sabe, eu me sinto poderosa por ter sido capaz de pegar essa tristeza, juntar os cacos e transformar em algo bom." Perguntei a ela se as histórias ainda pareciam tão verdadeiras quanto seis semanas atrás, quando ela as contou pela primeira vez.

"Parece que elas são grandes porque fizeram parte da minha vida durante muito tempo..." Outra pausa. Então, Julia finalizou: "Mas, pela primeira vez, assim que você acabou de contá-las, elas já pareciam fazer parte do passado. Elas ainda parecem muito grandes, mas para outra pessoa. Pela primeira vez, sinto que estou deixando aquela mulher para trás".

12

FAMÍLIA E FILHOS

Passando Adiante

Não podemos dar aos nossos filhos aquilo que não temos. Nesse sentido, meu maior presente para minha filha é continuar trabalhando em mim mesma.

— MARIANNE WILLIAMSON

Essa é uma citação de *Um Retorno ao Amor* — um livro lançado em 1992 que foi sucesso de vendas após ser citado por Oprah Winfrey. Como leitora de primeira viagem quase trinta anos depois, eu estava devorando cada palavra, e uma passagem em particular saltou da página e acertou em cheio meu coração em frangalhos. Admito que fiz uma pequena adaptação, para você ler por meio da lente do storytelling:

"Nesse sentido, meu maior presente para meus filhos é continuar trabalhando nas histórias que conto a mim mesma."

Embora *todas* as histórias sejam importantes quando se trata de se tornar uma versão melhor de si mesmo, descobri que as histórias que conto a mim mesma sobre meu papel, enfim, minha habilidade como mãe precisam de atenção extra.

O papel dos pais, guardiões ou principais modelos na vida de uma criança é inacreditavelmente grande, e nenhum trabalho é mais célebre. A pressão aumenta a partir do momento em que uma criança é entregue aos nossos cuidados, pois sabemos que muitas das histórias que contamos a nós mesmos serão transmitidas a ela pelas figuras materna e paterna. As autonarrativas, sem dúvida, ajudam a enfrentar esse desafio.

Mas é aqui que o método também se estende além de *você*.

Quando se trata de família e filhos, cada história que você conta se torna uma ferramenta não apenas para você, mas também para as crianças sob seus cuidados — equipando-as com histórias melhores para contar a *si mesmas* e, posteriormente, às outras pessoas. Não há lugar melhor para começar um movimento de histórias que podem mudar o mundo.

PRIMEIRO COLOQUE SUA MÁSCARA DE OXIGÊNIO

Não há trabalho mais difícil do que criar outro ser humano. No entanto, não há manual de instruções para isso. Lembro-me de arrumar o quarto do hospital quando me dei conta de que levaríamos o bebê conosco; ele estava sob nossos cuidados agora. Senti vontade de sussurrar para uma enfermeira: "Você sabe que eu não sei fazer isso, certo? Tem certeza de que é seguro sair?" Em vez disso, fui sentada no banco de trás do carro, gritando *"vá devagar"* para Michael durante todo o caminho até em casa, apesar do fato de ele nunca ter ultrapassado os 50km/h.

A síndrome do impostor aparece muito em conversas sobre trabalho e carreira. Mas não ouço isso com tanta frequência em conversas sobre a parentalidade porque acho que, em algum nível, estamos cientes de nossa inexperiência e a aceitamos. Mas o iceberg à espreita sobre não ter ideia do que você está fazendo nunca desaparece por completo, mesmo após décadas de tentativas. É um terreno fértil para as histórias negativas crescerem e tomarem conta de tudo. Além disso, com os aplicativos sociais, a mídia, os pais perfeitos que nunca se atrasam para deixar ou buscar na escola e com as histórias de sua *própria* infância, como alguém pode sentir que chegou à Cidade das Esmeraldas da parentalidade?

Felizmente, as mesmas quatro etapas do método de autonarrativas se aplicam a essa tarefa complicada.

ETAPA UM: CAPTURE SUAS HISTÓRIAS EM AÇÃO

Conforme compartilhei antes, essa foi uma das áreas em que enfrentei dificuldades. Observei as mães ao meu redor que faziam de um simples almoço uma obra de arte e davam festas de aniversário que pareciam ter saído de filmes da televisão. Repassei nos mínimos detalhes em minha mente todos os dias em que me esqueci de preparar o lanche das crianças, todas as apresentações de ginástica a que assisti via FaceTime, todas as festas do Dia de São Valentim em sala de aula e todas as excursões perdidas. Eu estava constantemente dizendo a mim mesma que era uma péssima mãe, que era egoísta e que, de alguma forma, estava fazendo algo errado, porque eu não era como as outras mães.

ETAPA DOIS: ANALISE SUAS AUTONARRATIVAS

Se você olhasse para as fotos de Natal de minha infância, acharia que o espírito natalino está em meus genes. Há imagens de roupas de Natal feitas à mão, biscoitos de Natal de receitas dos meus ancestrais, enfeites que meus irmãos e eu fazíamos todos os anos (sim, ainda tenho meu prendedor de roupas da Dorothy).

Há vídeos em que estamos cantando canções de Natal — "O Holy Night", "Silent Night", "Joy to the World" e, de vez em quando, o sacrílego "Rudolph the Red-Nosed Reindeer". As tradições começavam no sábado após o Dia de Ação de Graças e sempre iam, todos os anos, até 26 de dezembro — até *esse* dia se tornou uma tradição em nossa família, chamávamos de o Dia em que Fazíamos o que Quiséssemos.

Então, não bastasse as mães da escola, eu tinha mais uma história para contar a mim mesma — sobre minha mãe perfeita. Embora eu saiba que ela não era, *de fato*, perfeita, tenho muitas lembranças vívidas de histórias que servem de base para as evidências de meus defeitos como mãe, principalmente quando se trata de tradições natalinas.

Quando cheguei à idade adulta e formei minha família, essas histórias passaram de doces lembranças a padrões que eu temia nunca alcançar. Eu não sabia fazer os biscoitos com a receita dos meus ancestrais. Era terrível com artesanato e qualquer atividade manual. E meu filho, que frequentou uma escola não religiosa no jardim de infância, insistiu que "My Country 'Tis of Thee" (uma canção patriótica norte-americana) era uma canção de Natal.

Eu tinha uma boa noção de que o espírito natalino certamente *não* corria em minhas veias. Talvez tenha pulado uma geração. Mas não importava se eu não fosse naturalmente abençoada; as histórias incríveis que eu tinha da minha juventude me fizeram achar que eram essas grandes tradições natalinas que fariam de mim uma excelente mãe.

Então eu estava determinada a ter uma tradição própria.

ETAPA TRÊS: ESCOLHA UMA HISTÓRIA QUE SEJA ÚTIL PARA VOCÊ

Em uma temporada de férias, agora bastante ciente das histórias que eu sabia que estavam me impedindo de aproveitar, do *meu* jeito, tudo o que a maternidade proporcionava, decidi escolher uma história diferente. No entanto, faltava conteúdo suficiente para *substituir* o que havia em meu subconsciente; então decidi elaborar uma história totalmente nova do zero.

Eu tinha ouvido falar de uma *experiência* — chamava-se Experiência do Polo Norte. Basicamente, você paga um monte de dinheiro e vai para um lugar nas montanhas, onde você pega um bonde que o leva até um portal que o transporta até a oficina do Papai Noel.

"Isso me parece ser uma boa tradição!", pensei enquanto pegava meu cartão de crédito, simplesmente ignorando o preço. Nenhuma despesa seria poupada em um esforço para garantir uma história.

Quando o dia finalmente chegou, nós fizemos as malas, pegamos as crianças, empilhamos tudo em nosso carro e começamos nossa viagem montanha acima para encontrar o bonde. Nas passagens, havia um aviso claro para não nos atrasarmos — o bonde partia no horário, então qualquer pessoa que se atrasasse perderia a viagem. Não dei muita atenção a essa informação, pois já tinha ido até as montanhas antes; então saímos de casa uma hora e meia antes do embarque. Só inseri o endereço exato do ponto de embarque em nosso GPS quando já estávamos no carro. Assim que fiz isso, a Siri anunciou, em um tom que tenho certeza que era para me zombar:

"Você chegará ao seu destino em duas horas."

Duas horas? Duas horas! Já estávamos a caminho e ainda tínhamos duas horas pela frente? Comecei a entrar em pânico enquanto as histórias da tradição natalina da minha mãe passaram diante dos meus olhos.

Não conseguiríamos chegar a tempo de pegar o bonde. Meus filhos não iriam para o Polo Norte. Como eu poderia ter estragado isso? Olhei para Michael, que estava dirigindo e acelerou um pouco a velocidade. Olhei para meus filhos no banco de trás — eles estavam conversando alegremente sobre como achavam que seria o Polo Norte e o que fariam lá.

E foi aí que percebi... eles não tinham ideia de nada.

Eles não tinham ideia de como *deveria* ser a Experiência do Polo Norte, então não saberiam dizer se parecia um pouco diferente do site em que comprei os ingressos por uma pequena fortuna. Os ingressos para a experiência que agora perderíamos porque eu era uma mãe horrível.

Então, elaborei uma história.

Acontece que, quando você chega ao Polo Norte, o lugar se parece muito com uma loja Home Depot. Quando você entra nessa loja, pode escolher o próprio chapéu de Papai Noel — eles têm prateleiras repletas deles! Você escolhe um, coloca na cabeça e, magicamente, há fileiras de árvores de Natal com alguma iluminação embutida entre as quais você pode caminhar. É a... a chamada... Floresta do Polo Norte! E, nessa floresta, há filas de bonecos de neve iluminados e renas que mexem a cabeça. Não é incrível, crianças?!

E, então, você pode caminhar pela oficina dos elfos, onde fica toda a madeira. Uau! Olhe para essa quantidade de madeira cortada. Pilhas e pilhas de madeira! Sim, os elfos foram para casa para ficar com suas famílias; é por isso que eles não estão aqui agora, mas olhem para toda a madeira com a qual eles fabricarão todos os brinquedos.

E o corredor com as luzes de Natal — quero dizer, a área da oficina festiva. Veja como as luzes trazem luz e alegria para o mundo inteiro!

E melhor ainda! Depois de pagar pelos chapéus de Papai Noel e sair, você pode descer a rua até onde fica o café do Papai Noel. Que lugar é esse? Sim, o Papai Noel também adora Starbucks. Lá você consegue comprar dois chocolates quentes com marshmallows para as crianças e até um biscoito especial de boneco de neve ou um cupcake do Polo Norte.

E vocês sabiam que, no Polo Norte, os vizinhos adoram canções de Natal? Sim! Podemos andar para cima e para baixo nas ruas do bairro do Polo Norte, cantando "Rudolph the Red-Nosed Reindeer" e "My Country 'Tis of Thee". Depois, podemos puxar o cobertor da parte de trás do nosso carro, que deveríamos usar para fazer piquenique no verão (mas também não sou boa em piqueniques), encontrar um famoso parque do Polo Norte, nos deitarmos no cobertor e olhar as estrelas no céu para fazer pedidos especiais do Polo Norte, que *sempre* se tornam realidade.

Há momentos em que ser um contador de histórias é uma grande vantagem.

Sim, eu estava preparada. Enquanto Michael dirigia mais rápido, pesquisei no Google as lojas Home Depots nas cidades mais próximas da nossa, caso não conseguíssemos parar o bonde no momento em que ele estivesse saindo.

E acabou que não precisei contar essa história. Uma combinação de muito pouco tráfego, uma direção habilidosa e um bonde que não era tão pontual assim fez com que chegássemos a tempo.

ETAPA QUATRO: INSTALE AS HISTÓRIAS QUE VOCÊ ESCOLHEU

No final, a verdadeira Experiência do Polo Norte foi boa. Mas, quando estávamos voltando para casa naquela noite, olhando as estrelas pelo para-brisa enquanto duas crianças pequenas dormiam no banco de trás, eu me questionei que talvez isso não fosse sobre a experiência que você compra, os biscoitos que você faz ou as tradições que você tenta ter. Talvez realmente fosse sobre as histórias. Aquelas que você elabora ao longo do caminho.

Naquele ano, peguei a caixa de enfeites que meus irmãos e eu fizemos ao longo de décadas sob o olhar amoroso de minha mãe. Meu filho e minha filha tiraram cada um da caixa e me pediram para eu contar a história deles. E eu contei. E nesse processo, elaboramos uma nova história juntos.

Se você cresceu com histórias que deseja nunca reinventar ou histórias que sente que nunca conseguirá reinventar, pelo menos você tem histórias que serão úteis para você. Histórias de momentos em que você foi atencioso, ou paciente, ou generoso, ou amoroso, ou determinado. Histórias das vezes em que você teve limites claros, quando fez a coisa certa, mesmo parecendo difícil.

Essas são as histórias que fazem de você um pai ou uma mãe excelente, porque pais excelentes são apenas pessoas com histórias sobre dar o seu melhor.

A NOVA HISTÓRIA DE NINAR

Depois de toda essa conversa sobre as histórias que você, adulto, conta a si mesmo, quero aproveitar para lembrar o quanto as *crianças* adoram histórias. Elas adoram histórias ainda mais do que nós, adultos. As histórias são as principais culpadas quando se trata de atrapalhar as rotinas de sono e de repetir os mesmos desenhos a que as crianças já assistiram diversas vezes.

Em *Histórias que Inspiram,* contei a história da obsessão do meu filho pelo livro *Goodnight, Goodnight, Construction Site* [Boa Noite, Boa Noite, Obra, em tradução livre] e que a única saída que eu tinha para não ficar repetindo a mesma leitura sempre foi contar a ele uma das *minhas* histórias sobre caçar vaga-lumes quando criança.

As crianças são como esponjas, absorvem rapidamente as histórias. No entanto, apesar de todo o poder que as histórias têm, nós raramente nos aproveitamos disso na medida certa com nossos filhos. Lemos uma história de ninar para colocá-los para dormir, mas, toda vez que tentamos ensinar lições de vida importantes, recorremos a algumas afirmações ou regras simples em vez das histórias mágicas que as crianças tanto amam.

Você seria capaz de pegar, agora, todo seu conhecimento sobre as histórias e equipar *proativamente* as crianças com histórias melhores? Certamente a resposta é *sim*.

O Problema da Noite do Macarrão

Quando meu filho tinha 5 anos, ele foi convidado por um amigo para uma noite do macarrão em um clube local. Tecnicamente, seria seu primeiro passeio sem a família e, enquanto eu estava considerando isso apenas mais uma noite de brincadeiras com os amigos, dessa vez envolvendo comida, fiquei surpresa ao descobrir que ele estava nervoso.

Após uma conversa, descobri que ele só estava ansioso com a "novidade" de tudo isso. Ele iria a um lugar novo para fazer algo diferente do usual. Mas sua maior preocupação era a comida em si. Como seria o macarrão? E se fosse um tipo diferente de macarrão que ele não gostasse?

Sim. A forma do macarrão era a principal preocupação dele.

Nas horas que antecederam sua saída, assegurei a ele que tudo ficaria bem; e fiz isso novamente quando o levei até o carro da outra família; assim que saíram com o carro, ele acenou para mim da janela.

Como você pode imaginar, tudo *correu* bem. Na verdade, *melhor* do que isso. Acontece que a noite do macarrão incluía brinquedos infláveis, jogos e, sim, todos os tipos diferentes de macarrão, incluindo o favorito dele.

Naquela noite, na hora de dormir, pedi que ele me contasse toda a história, do começo ao fim. Tudo desde o "normal", ou início da história (seu nervosismo sobre a noite do macarrão), emprestando a estrutura de que falo em *Histórias que Inspiram*, até a "explosão" de vivenciar a noite do macarrão. Por fim, o "novo normal" — como ele aprendeu que fazer coisas novas pode ser divertido. Demos a essa experiência um nome não oficial, *A Grande Aventura do Macarrão* — uma história divertida com um final feliz, seguida de uma ótima noite de sono.

Algumas semanas depois, meu filho vivenciou outro rito de passagem: a transição do jardim de infância. Ele participou de um processo na escola local, em que eles entrevistam todas as crianças novas para determinar a turma mais adequada para cada uma. Falei com ele na manhã da entrevista e, assim como a noite do macarrão, isso era uma novidade e ele estava nervoso.

Dessa vez, porém, tínhamos uma história pronta.

Enquanto estávamos sentados no saguão, esperando que chamassem seu nome, pedi que ele me contasse a história da noite do macarrão — desde o início, com todo o nervosismo, até o final feliz. Ele contou sobre o medo que sentiu por não saber que tipo de macarrão eles serviriam — isso até o fez rir um pouco, ao perceber como era engraçado. Depois contou sobre os brinquedos infláveis e sobre como foi possível comer a quantidade que ele quisesse de seu macarrão favorito. "E eles nem me fizeram colocar carne nele... eu pude comer só com manteiga e sal!" Ele me lançou um olhar de lado ao perceber que poderia ter acabado de se entregar. Quando viu que eu pareci não me importar, ele continuou e contou a história até o fim; eu pude perceber sua empolgação quando ele chegou à parte sobre ter sido realmente divertido.

Nesse momento, chamaram o nome de meu filho para a entrevista. Ele se levantou da cadeira, sorriu para mim e entrou. Dez minutos depois, ele saiu e veio correndo, saltitando, me dizer quão divertido tudo havia sido.

Naquela noite, antes de dormir, pedi que ele me contasse as duas histórias, tanto a da noite do macarrão quanto a da entrevista do jardim de infância, em voz alta, com as próprias palavras, do começo ao fim.

Algumas semanas depois, meu filho, pobre criança, teve que enfrentar mais uma experiência nova e significativa. Eu diria que ele estava um pouco nervoso, como nas outras vezes, mas, quando o questionei sobre isso, sua resposta me encantou: "Estou nervoso, como na noite do macarrão e na entrevista do jardim de infância, mas, dessa vez, já sei que coisas novas também podem ser divertidas", ele disse.

Senti orgulho dele. Isso demonstrou que uma história havia se consolidado. Eu poderia apenas ter dito ao meu filho: "Não se preocupe. Coisas novas são mesmo divertidas!" Se quisesse aumentar um pouco, para reforçar a ideia, poderia ter repetido isso como um mantra sempre que ele parecesse assustado.

Em vez disso, contei a ele histórias que transformaram a ideia abstrata de "coisas novas são divertidas" em algo alegre, memorável e concreto. Assim, sempre que meu filho se deparar com um evento novo, em vez de permitir que o medo o paralise, ele pode recontar uma das muitas histórias sobre quando a novidade se transformou em algo muito melhor, mudando completamente a maneira como ele abordava uma situação nova.

A lição para os pais — e qualquer outra pessoa que convive com crianças — é que *equipá-las com afirmações não é tão poderoso quanto equipá-las com histórias.*

As histórias são memoráveis. Elas inspiram. Elas são carregadas de emoção. Cada vez que você usa histórias com as crianças, está equipando-as com uma ferramenta que, mais tarde, elas podem usar e expandir sua capacidade de colocar as coisas em perspectiva. Você as está ajudando a enxergar que algo que parece assustador, na verdade, pode ser uma pequena parte de algo muito maior.

Ao contar histórias a uma criança, você constrói a estrutura que molda como ela enxerga a si mesma e permite que ela construa a própria estrada de tijolos amarelos.

A MELHOR HERANÇA — UMA HISTÓRIA

Certa vez, um senhor idoso se aproximou de mim após um evento. Ele disse que apreciava minha mensagem e que ela se aplicava ao trabalho dele, mas que ele queria fazer outra pergunta.

"Devo contar histórias para meus filhos adultos?", ele perguntou. "Eles sempre parecem tão ocupados com os filhos e o trabalho… Nem sei se estão escutando."

Fique tranquilo, as histórias que você conta a seus filhos não são importantes apenas quando eles são jovens — podem ser em qualquer momento da vida. Conte histórias para seus filhos durante os anos difíceis do ensino fundamental. Conte histórias, também, para os filhos que estão no ensino médio — eles podem revirar os olhos ou nem sequer levantá-los da tela do telefone, mas não ache que eles não estão escutando. Conte uma história para seu filho, ou sua filha, quando ele(a) voltar da faculdade ou na noite anterior ao casamento dele(a).

Conte aos filhos as histórias deles, não importa que idade eles tenham. Cada vez que faz isso, você reforça a essência de quem eles são como pessoas. Não diga apenas que eles são espertos — conte-lhes a história sobre a esperteza deles. Não diga apenas que sempre foram curiosos — conte-lhes as histórias sobre a curiosidade deles em ação. Não diga apenas que eles são mais fortes do que pensam — conte a história daquela vez em que você testemunhou a força inacreditável que eles demonstraram.

As histórias sobre nossa juventude são valiosas, inclusive, muito depois de termos perdido a inocência da infância. Mesmo que seus filhos pareçam ocupados demais para algo tão bobo quanto uma viagem ao passado, *conte-lhes histórias*. Esse é o maior presente que você pode lhes oferecer — o dom da perspectiva. O dom de ver alguém crescer e enxergá-los de uma maneira que eles não conseguem.

ABRINDO ESPAÇO PARA AS HISTÓRIAS

Conheça Lisa.

Lisa estava passando por dificuldades. Ela se inscreveu no grupo de autonarrativa, embora estivesse fora de sua zona de conforto. E, como ela esperava, foi difícil. Ela tinha dificuldade em encontrar *tanto* histórias que fossem úteis para ela *quanto* histórias que a impedissem de seguir em frente. Ela sabia que elas existiam, mas, por alguma razão, não conseguia refiná-las a ponto de conseguir arrastá-las para a luz, a fim de conseguir escolher as boas ou deixar as ruins para trás.

Ao final do processo, Lisa havia feito um grande progresso e uma percepção igualmente importante: ela nunca havia aprendido a contar uma história.

Não em um sentido formal — não uma apresentação ou uma recitação —, mas uma narrativa natural, quando você se senta e reconta a alguém um evento que aconteceu com você.

Ela disse: "Meu marido é um grande contador de histórias. Ele começa a contar uma história na mesa de jantar, e todas as crianças se sentam e ficam olhando para ele, hipnotizadas por cada palavra. Então, quando é minha vez de contar uma história, após algumas poucas palavras, todos já estão com o olhar voltado para outra coisa."

Lisa não ficou necessariamente chateada com isso, mas ela havia descoberto algo muito importante. "A família do meu marido tem uma tradição de sempre se sentar para contar histórias. Ele chegava em casa da escola e contava como havia sido seu dia. Então ele tem muita prática." Era como se ela tivesse resolvido um mistério. A autonarrativa era difícil para ela porque ela era *iniciante*. Era uma mulher crescida e realizada, mas uma iniciante na autonarrativa.

Quando ela compartilhou essa percepção comigo, foi como um estalo.

Minha mãe me moldou como a contadora de histórias que sou. Ela adorava ouvir minhas histórias. Contei a ela as loucuras que aconteceram em minha turma do 4º ano. Contei sobre as coisas bobas que Brian W. fez no 5º ano. E já contei a você sobre quando eu jogava broomball. Quando as histórias ficaram mais desafiantes, no ensino fundamental, ela estava lá para qualquer coisa que eu estivesse disposta a contar.

No ensino médio, eu competia na equipe de discurso aos fins de semana. Os encontros aconteciam no sábado e duravam o dia todo; depois, no domingo pela manhã, eu acordava, ia para a sala de estar e lá estava minha mãe no sofá, segurando seu café e esperando para ouvir minhas histórias. E não apenas as partes mais importantes; ela queria ouvir cada detalhe insignificante. Ficávamos sentadas lá por *horas*, e minha mãe me deixava contar a história *toda*. Mesmo agora, como mãe, ainda posso ligar para ela (com meu pai no viva-voz) e contar todos os detalhes de todas as histórias que aconteceram em meu dia.

É maravilhoso ter uma mãe que ouve, mas, após minha conversa com Lisa, percebi que era muito mais do que isso. Essas sessões de histórias com minha mãe me permitiram contar minhas histórias em voz alta (lembra as estratégias do Capítulo 7?), reforçando as boas e me ajudando a processar as ruins. Cada uma dessas conversas de domingo de manhã em minha juventude me ajudaram a criar o hábito de storytelling que me deu uma vantagem para ser capaz de superar as dúvidas que surgiram e de romper as barreiras que me impediram de alcançar o que desejava.

Ao encorajar, deliciar-se e dedicar esse tempo não apenas para ouvir minhas histórias, mas também *querer* ouvi-las, minha mãe me deu a oportunidade de começar a juntar os tijolos para a estrada de tijolos amarelos que, em algum momento no futuro, eu começaria a construir.

Então me perguntei: Será que eu faço o mesmo por *meus* filhos? Eu lhes dou espaço para que contem suas histórias?

Sinceramente, acho que não. Meu ritmo de vida é tão rápido. Estamos sempre correndo para lá e para cá, mesmo que não estejamos indo a lugar nenhum. Michael e eu temos muitas coisas em que pensar. As crianças têm lição de casa, atividades, amigos. No entanto, depois desse momento com Lisa, percebi que precisava *arrumar* tempo e espaço para meus filhos compartilharem suas histórias. Não apenas porque quero ouvi-los, embora eu queira, mas porque, por ter todo esse conhecimento do poder das histórias, quero que eles comecem a praticar *agora*.

Se você convive com crianças, sejam seus filhos ou não, peça para ouvir algumas de suas histórias. Ao fazer isso, você pode mudar o futuro delas!

CONTE UMA HISTÓRIA, MUDE O MUNDO

Quando comecei em meu novo cargo como diretora-executiva na revista *SUCCESS*, eles solicitaram que eu começasse imediatamente a me inteirar do funcionamento interno da publicação da próxima edição da revista — uma edição que já estava algumas semanas atrasada. ("Estávamos só esperando sua resposta para nossa proposta!", eles disseram.)

Minha primeira tarefa foi escolher dez mulheres fenomenais para aparecer na revista daquele mês. Eu entrevistaria cada uma delas para um novo podcast em que eu era a apresentadora, bem como escreveria um artigo impresso com as histórias delas que seria publicado na revista. Eu faria isso em nosso apartamento, enquanto meus filhos iam para a escola, e tinha que gravar episódios de podcast via Zoom do meu closet do quarto.

Ou seja, eu tinha muito trabalho pela frente. E estava nas nuvens. A lista de mulheres que montamos era incrível, e me senti muito honrada por poder conversar com cada uma delas.

Teve uma que foi particularmente especial para mim. Foi o primeiro nome que me veio à mente, a mulher que eu queria na capa da revista, a incomparável Misty Copeland.

Misty é a primeira dançarina principal negra do American Ballet Theatre. Quando ela disse sim, eu quase morri. Não só porque ela é incrível, mas porque eu sabia que ganharia muitos pontos como mãe; minha filha *adora* a Misty Copeland. Por ser uma aspirante a bailarina, ela admira o poder e a graça de Misty. Ela lê cada anúncio e artigo que fala sobre Misty.

Em uma noite quente de fim de junho, no final do 1º ano de minha filha, eu a surpreendi com ingressos para o *Lago dos Cisnes*, onde ela veria com os próprios olhos e presenciaria, pela primeira vez, Misty Copeland dançando. Sentamos na última fileira do teatro do Lincoln Center e, embora a apresentação começasse *depois* da hora de dormir dela e tivéssemos que sair no intervalo, ela se sentou na beirada da cadeira, mal respirando, enquanto assistia.

Mesmo uma criança de 6 anos conseguia perceber que essa mulher era mais requintada do que qualquer livro ou artigo poderia descrever.

Após a apresentação, vestida com um collant e uma saia de bailarina amarelo neon, minha menina dançou na volta para casa pela noite de Nova York, girando e pulando pela calçada que parecia ter se transformado na própria estrada de tijolos amarelos dela.

A entrevista, realizada do meu closet, foi ótima. Misty tinha recém-chegado de um treino e se juntou a mim pela câmera de seu apartamento no Upper West Side, com os cachos escuros emoldurando seu rosto de maneira casual. Ela estava tão relaxada e graciosa na conversa quanto foi no palco.

Ela compartilhou sua história e, no final, quando mencionei que tinha uma bailarina que ficaria muito honrada em dizer um olá, Misty gentilmente agradeceu. Chamei minha filha e, em instantes, ela apareceu em frente à câmera. Sua aula de balé virtual estava prestes a começar, então seu cabelo já estava bem preso em um coque apertado no topo da cabeça.

Ela olhou para a tela e, um segundo antes de acenar nervosamente e dizer seu nome a Misty, vi algo diferente no rosto de minha filha. Era aquele olhar do momento em que uma pessoa conhece sua ídola e percebe que essa mulher tão magnífica, tão glamourosa, que estabelece um padrão tão desejável que é completamente inatingível, parece uma garota normal.

Uma garota como você.

Misty, obviamente, tem experiência em conhecer bailarinas fascinadas. Apesar do constrangimento natural de conhecer alguém por uma conversa pelo Zoom de dentro de um closet, ela fez algumas perguntas à minha filha, de bailarina para bailarina. Então, nos despedimos, apaguei a luz que estava pendurada nas prateleiras do armário e fui até a sala onde minha filha estava pulando em estado de êxtase por ter ouvido sua ídola dizer o nome dela.

"O que você achou?", eu perguntei.

"Isso foi incrível!", ela respondeu empolgada.

"É? Ela é muito legal, não é?", eu perguntei.

"Sim! Muito legal!", ela respondeu empolgada.

"Alguma coisa com relação a Misty a surpreendeu?", eu perguntei. Ela parou um momento e virou a cabeça ligeiramente para o lado, revelando seu pescoço longo e gracioso.

"Bem...", ela começou devagar, pensativa, como se estivesse tentando organizar os pensamentos e transformá-los em palavras. "Ela não era como eu pensei que seria."

Embora alguém possa pensar que era uma afirmação relacionada à etnia dela — Misty como uma bailarina negra que quebrou barreiras —, não era. Minha filha sabia que Misty parecia diferente e, também, que a jornada de Misty era diferente da dela. Isso era sobre Misty, sem aquelas fantasias lindas, sentada em seu apartamento do outro lado do parque, ser uma garota normal... assim como minha filha.

Sim, Misty é uma superestrela, mas ela também é um ser humano. Com esperanças e dificuldades como todo ser humano.

Conversamos sobre como as bailarinas incríveis também são garotas normais. Elas ficam suadas por causa dos exercícios; seus cabelos ficam bagunçados. Elas trabalham muito; descansam. Têm amigos e familiares e usam roupas normais. Então minha bailarina em ascensão entrou na sala para sua aula de balé.

Foi um momento breve, mas isso não o tornou menos importante. Uma história nasceu naquele dia. Uma história que anotei em meu diário e, agora, estou contando neste livro. Uma história para quando chegar o dia em que as comparações que minha filha fará não forem mais tão doces, simples ou diretas, como admirar uma verdadeira superstar; em vez disso, serão comparações com uma colega de classe, uma amiga ou alguém que ela segue nas redes sociais. Uma história para quando ela começar a se perguntar se essas garotas têm algo de especial que ela não tem. Uma história para quando ela começar a olhar os destaques das outras garotas da idade dela nas redes sociais e esquecer como é a vida por trás dos "bastidores", ou quando você as vê de perto e percebe que são garotas normais, assim como ela.

E se *elas* conseguem fazer isso, por que minha filha não conseguiria?

O esforço de mudar o mundo começa aqui. Imagine o que seria possível se a geração seguinte crescesse totalmente equipada com histórias que a ajudassem a se reerguer quando se sentisse para baixo e a ter coragem quando se sentisse fraca. Imagine o que seria possível se o padrão da geração seguinte não fosse deixar as histórias negativas correrem soltas na mente, mas, sim, as positivas. Imagine se a geração seguinte estivesse equipada com histórias de todas as lições que já havia aprendido e, portanto, não tivesse que enfrentar espirais de dúvida e descrédito. Teríamos uma geração inteira de pessoas que viram o brilho em si mesmas e poderiam, por sua vez, acreditar no brilho de outras pessoas. Que mundo lindo seria.

E esse mundo é possível. Mas tem que começar por você.

Você precisa passar isso adiante.

É verdade que você não pode voltar e "reescrever" o passado.

Mas pode começar *agora*.

Você pode capturar, elaborar e contar histórias para seus filhos ou para *outras* crianças. Pode dar o presente da história a outros pais, para ajudá-los a preencher os vãos na vida deles e oferecer vislumbres extras sobre o verdadeiro valor de seus filhos. Você pode ouvir e construir espaços abertos para que as histórias deles sejam contadas e ouvidas e, consequentemente, processadas e fortalecidas. Para cada história que captura e compartilha em um esforço para equipar alguém com histórias que lhe serão úteis, você está fazendo sua parte para formar uma geração de pessoas que, francamente, não precisarão deste livro. Pessoas que não precisarão de instruções sobre como escolher histórias melhores para viver vidas melhores, porque elas já sabem como fazer isso.

Porque você mostrou a elas.

Por meio das histórias que contou.

13

A CIDADE DAS ESMERALDAS

Tudo se Resume a Histórias

> Não somos quem somos por causa de nossos átomos, nossas moléculas, nosso DNA. Somos quem somos por causa das histórias que contamos a nós mesmos — sobre a dor que sentimos, a esperança que temos, os sonhos que sonhamos.
>
> — SETH GODIN

Depois que as cortinas daquela fatídica produção amadora de *O Mágico de Oz* se fecharam, minha mãe e eu fomos para o saguão para cumprimentar os atores e pedir o autógrafo das celebridades de cidade pequena em meu programa.

Para minha alegria, minha mãe conhecia o ator que fez o Espantalho. Provavelmente era um cara da igreja, mas fiquei muito impressionada e, aparentemente, o sentimento era mútuo; ele deu uma olhada em meu vestido xadrez azul e branco, depois se agachou ao meu lado e perguntou: "Você quer conhecer a Dorothy?"

Meus olhos arregalados e aceno de cabeça imediato foram um claro *sim*. Ele me pegou pela mão e me levou até os bastidores.

Ainda me lembro de ver o rasgo de palha em sua fantasia enquanto ele me conduzia pelos corredores dos fundos do teatro, descendo uma escada. Paramos diante de uma porta com a placa "Camarim Feminino", ele ergueu as sobrancelhas de Espantalho para mim e bateu à porta de maneira dramática.

"*Dorothy*", ele disse, com a voz de Espantalho que ele fazia no teatro. "Há alguém aqui que quer conhecê-la."

A porta se abriu lentamente, revelando nada menos do que... uma bela jovem.

Ela não tinha cachos castanhos esvoaçantes e laços azuis no cabelo; estava preso em um rabo de cavalo. Ela não estava usando um vestido xadrez azul e branco igual ao eu; usava jeans e camiseta. Nada de sapatos vermelho-rubi; só um par de tênis.

A jovem olhou para mim. Olhei para o Espantalho, o qual disse, como se fosse uma deixa: "Kindra, esta é Dorothy."

Ela sorriu e iniciou um bate-papo do tipo "de Dorothy para Dorothy". Durante todo o tempo que ela falou, eu me lembro de olhar para ela como se estivesse resolvendo o mistério de uma vida.

Você é a Dorothy?, era o que eu tinha vontade de dizer. *Você se parece com uma garota normal, como eu. Poderia ser eu no seu lugar,* eu pensei.

Foi nesse dia que uma história nasceu dentro de mim.

No início, quando eu era criança, era apenas uma história divertida sobre o dia em que conheci a garota que se vestia de Dorothy.

À medida que fiquei mais velha, tornou-se a história que conto a mim mesma quando sinto a nuvem de comparação se aproximando ou identifico um iceberg de dúvida no horizonte. Sempre que começo a me perguntar se outra pessoa tem algo que a torna mais especial do que eu, lembro-me da Dorothy.

Sempre que começo a pensar que talvez eu *não seja capaz*, lembro que, no momento em que tirava os sapatos e o vestido, ela era só uma garota normal, assim como eu.

É fácil esquecer algumas das partes mais importantes da história de *O Mágico de Oz* em virtude de toda a maravilha e esplendor que ela envolve, toda a mística dos macacos voadores e dos sapatos mágicos.

Dorothy acabou em Oz porque fugiu para escapar de seus problemas. Ela estava procurando por aquele "lugar além do arco-íris" perfeito. Um lugar onde todos os desejos se realizam, onde ela não precisava mais temer os velhos vizinhos mesquinhos ou, conforme a história se desenrolava, as bruxas malvadas.

Mas o medo sempre estará presente. Sempre haverá árvores que lançam maçãs para nos desencorajar ou campos de flores que nos fazem adormecer. Haverá vozes agitadas e últimos pedidos tão impossíveis quanto cuidar das vassouras de nossos inimigos. E, em mais de uma ocasião, frequentemente nos encontraremos olhando para uma ampulheta... imaginando para onde foi o tempo... e se ainda há tempo suficiente.

Não se engane, sempre haverá uma escrita no céu sinalizando para que desistamos.

Não temos como escapar desses temores.

O que *podemos* fazer... é escolher o que fazer diante deles.

Podemos escolher as histórias que contamos a nós mesmos.

Sim. *Mudar sua vida é tão simples quanto escolher histórias melhores para contar a si mesmo.*

É isso.

Sim, é simples, mas não é *fácil*.

E é essa a estrada que você tem à sua frente — que você pode chamar de estrada de tijolos amarelos.

Essa estrada é feita de histórias. Cada tijolo é diferente, é um momento distinto. E nem todas essas histórias são boas. Nem todas são úteis. Nem todas são *favoráveis*.

Alguns desses tijolos são entregues a você; outros chegam por acidente. Alguns tijolos chegam até você pelas asas do destino; outros estão envoltos em má sorte. As histórias não tão boas assim estão no meio deles...

Mas as boas também.

Muitos tijolos *servem*. Ou *poderiam* servir, se permitirmos. Se os *escolhermos*. São os tijolos da boa fortuna, da oportunidade de ouro. São os tijolos da bondade e da esperança. São tijolos dos desafios enfrentados, das habilidades adquiridas e da sabedoria arduamente conquistada. São os tijolos do riso, do amor e da alegria. Embora às vezes pareçam pequenos demais para ter importância, eles estão lá.

Todos temos tijolos.

Apenas temos que procurá-los.

Não importa o tijolo, não importa a história, você *escolhe* como enxerga e onde coloca cada um deles. Você pode construir uma estrada de tijolos amarelos que o ajude a atravessar os vãos da vida ou construir uma que o conduza em círculos.

A escolha é sua.

E quanto à Cidade das Esmeraldas? Acho que todos nós precisamos de uma Cidade das Esmeraldas para chamar de nossa. Todos precisamos ter esperança e sonhar. Mas lembre-se do que Dorothy descobriu ao chegar lá: a verdadeira magia estava na jornada para chegar até lá, não na cidade em si. A verdadeira magia estava nas histórias.

E, no final das contas, a própria lenda do Mágico era uma história. E a jornada de Dorothy? Também era uma história.

Tudo se resume a histórias.

Cabe a você escolher as boas.

Kindra Hall
Primavera de 2021

> Se eu jamais voltar a buscar os anseios do meu coração,
> não vou procurá-los além do meu quintal. Porque,
> se não estiverem lá, é porque nunca foram realmente meus.
>
> — DOROTHY, *O MÁGICO DE OZ*

NOTAS

Capítulo 1

1. Michelle Scalise Sugiyama, "The Forager Oral Tradition and the Evolution of Prolonged Juvenility", *Frontiers in Psychology* 2 (2011), https://doi.org/10.3389/fpsyg.2011.00133.
2. Polly W. Wiessner, "Embers of Society Firelight Talk Among the Ju/'hoansi Bushmen", *Proceedings of the National Academy of Sciences* 111, n. 39 (setembro de 2014), p. 14027–14035, https://doi.org/10.1073/pnas.1404212111.
3. D. Smith *et al.*, "Cooperation and the Evolution of Hunter-Gatherer Storytelling", *Nature Communications* 8 (2017), https://doi.org/10.1038/s41467-017-02036-8.
4. B. Geurts, "Making Sense of Self Talk", *Review of Philosophy and Psychology* 9 (2018), p. 271–85, https://doi.org/10.1007/s13164-017-0375-y; Amy Morin, C. Duhnych e F. Racy, "Self-reported Inner Speech Use in University Students", *Applied Cognitive Psychology* 32 (2018), p. 376–82, https://doi.org/10.1002/acp.3404.

Capítulo 2

1. P. J. Zak, "Why Inspiring Stories Make Us React: The Neuroscience of Narrative", *Cerebrum* 2015, n. 2 (2015).
2. Brian Boyd, *On the Origin of Stories: Evolution, Cognition, and Fiction* (Cambridge, MA: Harvard University Press, 2009).
3. Michael Kosfeld *et al.*, "Oxytocin Increases Trust in Humans", *Nature* 435, n. 7042 (2005), p. 673–76, https://doi.org/10.1038/nature03701.
4. Julio González *et al.*, "Reading 'Cinnamon' Activates Olfactory Brain Regions", *NeuroImage* 32, n. 2 (maio de 2006), p. 906–12, https://doi.org/10.1016/j.neuroimage.2006.03.037.
5. Véronique Boulenger *et al.*, "Subliminal Display of Action Words Interferes with Motor Planning: A Combined EEG and Kinematic Study", *Journal of PhysiologyParis* 102, n. 1–3 (2008), p. 130–36, https://doi.org/10.1016/j.jphysparis.2008.03.015.

6. Simon Lacey, Randall Stilla e K. Sathian, "Metaphorically Feeling: Comprehending Textural Metaphors Activates Somatosensory Cortex", *Brain and Language* 120, n. 3 (2012), p. 416–21, https://doi.org/10.1016/j.bandl.2011.12.016.
7. Aimee Groth, "The Mental Strategies Michael Phelps Uses to Dominate the Competition", *Business Insider*, 16 de junho de 2012.
8. R. Rosenthal e L. Jacobson, "Pygmalion in the Classroom", *Urban Review* 3 (1968), p. 16–20.
9. P. D. Blanck *et al.*, "Measure of the Judge: An Empirically-Based Framework for Exploring Trial Judges' Behavior", *Iowa Law Review* 75, n. 3 (1990), p. 653–84.
10. David Keith Fitzhugh, "Pygmalion in the Athletic Training Room: A Qualitative Case Study Approach" (Tese de Doutorado, Universidade do Tennessee, 2004).
11. L. A. Learman *et al.*, "Pygmalion in the Nursing Home: The Effects of Caregiver Expectations on Patient Outcomes", *Journal of the American Geriatrics Society* 38 n. 7 (1990), p. 797–803, https://doi.org/10.1111/j.1532-5415.1990.tb01472.x.
12. Dov Eden, "Leadership and Expectations: Pygmalion Effects and Other Selffulfilling Prophecies in Organizations", *Leadership Quarterly* 3, n. 4 (1992), p. 271–305, https://doi.org/10.1016/1048-9843(92)90018-B.
13. A. Vaish, T. Grossmann e A. Woodward, "Not All Emotions Are Created Equal: The Negativity Bias in Social-Emotional Development", *Psychological Bulletin* 134, n. 3 (2008), p. 383–403, https://doi.org/10.1037/0033-2909.134.3.383.
14. A. M. Paul, "Your Brain on Fiction", *New York Times*, Sunday Review section, 17 de março de 2012.

Capítulo 3

1. Stephanie Yang, "New York Rats Emboldened by Lockdowns Have a New Enemy: Sundrop", *Wall Street Journal*, 27 de julho de 2020.
2. Melanie Gray and Dean Balsamini, "Giant New York Rats Overtaking Central Park and the UWS", *New York Post*, 21 de novembro de 2020.

Capítulo 4

1. "How Large Was the Iceberg That Sunk the *Titanic*?" The Navigation Center of Excellence, US Department of Homeland Security, https://www.navcen.uscg.gov/?pageName=iipHowLargeWasTheIcebergThatSank TheTITANIC.
2. "Ninety Percent of an Iceberg Is Below the Waterline", USGS image, https://www.usgs.gov/media/images/ninety-percent-iceberg-below-waterline.
3. OnePoll survey for Wrangler, dezembro de 2016.

4. J. C. Norcross e D. J. Vangarelli, "The Resolution Solution: Longitudinal Examination of New Year's Change Attempts", *Journal of Substance Abuse* 1, n. 2 (1988–1989), p. 127–34, https://doi.org/10.1016/s0899-3289(88)80016-6.
5. The Conference Board, *The Job Satisfaction Survey*, 2014.

Capítulo 5

1. R. Yehuda *et al.*, "Holocaust Exposure Induced Intergenerational Effects on FKBP5 Methylation", *Biological Psychiatry* 80, n. 5 (1º de setembro de 2016), p. 372–80, https://doi.org/10.1016/j.biopsych.2015.08.005; B. Dias e K. Ressler, "Parental Olfactory Experience Influences Behavior and Neural Structure in Subsequent Generations", *Nature Neuroscience* 17 (2014), p. 89–96, https://doi.org/10.1038/nn.3594.
2. Amy Morin, *The Verywell Mind Podcast*, 1º de março de 2021.

Capítulo 7

1. "Matthew McConaughey—The Power of 'No, Thank You', Key Life Lessons, 30+ Years of Diary Notes, and The Art of Catching Greenlights", *The Tim Ferriss Show*, Episódio 474, 19 de outubro de 2020.
2. K. M. Krpan *et al.*, "An Everyday Activity as a Treatment for Depression: The Benefits of Expressive Writing for People Diagnosed with Major Depressive Disorder", *Journal of Affective Disorders* 150, n. 3 (setembro de 2013), p. 1148–51, https://doi.org/10.1016/j.jad.2013.05.065; A. N. Niles *et al.*, "Randomized Controlled Trial of Expressive Writing for Psychological and Physical Health: The Moderating Role of Emotional Expressivity", *Anxiety Stress Coping* 27, n. 1 (2014), p. 1–17, https://doi.org/10.1080/10615806.2013.802308.
3. P. A. Mueller e D. M. Oppenheimer, "The Pen Is Mightier Than the Keyboard: Advantages of Longhand over Laptop Note Taking", *Psychological Science* 25, n. 6 (2014), p. 1159–68, https://doi.org/10.1177/0956797614524581.
4. G. Lupyan e D. Swingley, "Self-directed Speech Affects Visual Search Performance", *Quarterly Journal of Experimental Psychology* 65, n. 6 (2012), p. 1068–85, https://doi.org/10.1080/17470218.2011.647039; E. Kross *et al.*, "Self-talk as a Regulatory Mechanism: How You Do It Matters", *Journal of Personality and Social Psychology* 106, n. 2 (fevereiro de 2014), p. 304–24, https:// doi.org/10.1037/a0035173.
5. S. Milne, S. Orbell e P. Sheeran, "Combining Motivational and Volitional Interventions to Promote Exercise Participation: Protection Motivation Theory and Implementation Intentions", *British Journal of Health Psychology* 7, n. 2 (maio de 2002), p. 163–84, https://doi.org/10.1348/135910702169420.

Capítulo 8

1. "How to Explain Gaps in Your Employment Record", Cutting Edge, 16 de outubro de 2020, https://cuttingedgepr.com/how-to-explain-gaps-in-your-employment-record/.
2. G. Oettingen e D. Mayer, "The Motivating Function of Thinking About the Future: Expectations Versus Fantasies", *Journal of Personality and Social Psychology* 83, n. 5 (2002), p. 1198–1212, https://doi.org/10.1037/0022-3514.83.5.1198.
3. Lisa D. Ordóñez, Maurice E. Schweitzer, Adam D. Galinsky e Max H. Bazerman, "Goals Gone Wild: The Systematic Side Effects of Overprescribing Goal Setting", *Academy of Management Perspectives* 23, n. 1 (2009), p. 6–16, https://doi.org/10.5465/amp.2009.37007999.
4. Michael Shayne Gary, Miles M. Yang, Philip W. Yetton e John D. Sterman, "Stretch Goals and the Distribution of Organizational Performance", *Organization Science* 28, n. 3 (2017), p. 395–410, https://doi.org/10.1287/orsc.2017.1131.
5. "Ryan Lochte", Wikipédia, https://en.wikipedia.org/wiki/Ryan_Lochte.
6. "How Do You Define Success?" podcast *SUCCESS Stories com Kindra Hall*, 13 de abril de 2020, https://open.spotify.com/episode/6JgH0C6aBvF6BkBIHL K4qq?si=-029145f7a5d54b55.

ÍNDICE

A
absorção da história pelo corpo, 21
   sequestro mental, 18
abundância, xx
afirmações
   desculpas esfarrapadas, 63
   sou, não sou, 62
ameaças, 12
ancestrais, 7, 9
ansiedade, 39
áreas-chave, xviii
assumir o controle, 99
atravessar o vão, 99
autocuidado, 166, 167
autonarrativas, xvi, xvii, 10, 11
   automáticas, 45
   controle sobre, 41, 49
   em ação, 62
   engatilhadas, 41, 44, 45, 48
   escolha da, 51
   impacto, 79
   invisíveis, 42, 48
   poder da, 38
   positivas
      estratégia para escolhê-las, 104
   processo de, 38, 40, 53
   repetitivas, 41, 45
   subconscientes, 41
autossabotagem, 62

B
base neurológica, 119
boas histórias, 98
   armadilhas, 99

C
caminho da prosperidade, xx
caneta vermelha, 107
cérebro, 7, 8, 9, 10, 12
   e histórias, 17, 18, 30
      conexão, 22
      refém, 17
   impacto, 79
   refém, 37
coisas novas podem ser divertidas, 231
confiança, xx
consciência, 27
contador de histórias, 8, 9, 11
   legado neurológico, 17
controle sobre as histórias, 47
crenças
   compartilhadas, 184
   limitantes, 62, 99

D
desculpas esfarrapadas, 63, 64
diferentes oportunidades, 6

E
editor forte, 107
Efeito
    Golem, 27
    Pigmalião, 24
elenco de personagens, 78
emoção voadora não identificada
    UFE, 66
estagnação, 6
estrada de tijolos amarelos, 241
evolução, 9, 10, 17
exemplos de situações, 153
Experiência do Polo Norte, 226

F
fogueira interna, 9

G
gatilhos, 96, 178, 179

H
hábitos, 10, 41, 46, 48, 119, 136, 234
    quebrar, 47
história da Árvore
    , 130
histórias
    acabadas, 95
    antigas, 119, 135, 136, 194, 200, 201, 221
    assustadoras, 98
    automáticas, 47
    bem selecionadas, 38
    boas, 122, 173, 198, 218, 219, 220, 221
    capturar, 144
    certas, 152
    como se manifestam, 167
    de autocuidado, 167
    emprestadas, 110, 111
    entre vãos, 29
    escolhidas, 120, 152
    escondidas, 98
    falsas, 39
    habituais, 47
    icebergs, 58
        âncora, 70
    individuais, 11
    instaladas, 118
    internas, 210
    invisíveis, xvi, 47, 55, 57, 58
        mergulho
            mais profundo, 71
            polar, 58
        seis principais perguntas, 84
    libertadoras, 52
    mágicas, 229
    maiores, 6
    marcantes, 100
    melhores, 96, 99, 104, 109, 111, 118, 119, 120, 128, 132, 154, 167, 194, 198, 224, 229, 238, 241
    não trabalhadas, 46
    negativas, 27, 81, 98, 102, 103, 104, 129, 143, 150, 151, 199, 224, 238
    novas, 119, 120, 121, 136, 221, 222
    ocultas, 47, 60
    o meio das, 95
    pegajosas, 80
    pegam, 79

poderosas, 1, 218
positivas, 52, 70, 98, 99, 103, 120, 121, 123, 126, 127, 131, 143, 151, 202
predefinidas, 109
processo de reescrever, 48
prontas, 178
que pegam, 77
   detalhes específicos, 80
   emoção genuína, 78, 83
   momento significativo, 79
   personagens identificáveis, 78
reais, 70, 101, 102, 107
ruins, 25, 48, 173
sem sentido, 88
significado das, 37
sobre dinheiro, 189, 191, 193, 200
tristes, 25
úteis, 132, 193, 203
verdadeiras, xvii, 194, 203

I
instalar histórias novas, 119
   estratégias, 121
intenções de implementação, 129
interação negativa, 207

L
Lei da Atração, 201
liberdade, 62, 180, 211

M
"maneira certa", 10
medo, 39
   vende mais, 26
memórias de eventos reais, 73

método de autonarrativas
   analise, 147, 170, 188, 216, 225
   capture, 144, 167, 187, 215, 225
   escolha, 173, 194, 217, 226
   instale, 152, 177, 221, 228
momentos iceberg, 58, 60, 62, 67
   análise, 82
   tipos, 60
      comportamentais, 65
      emocionais, 66
      fisiológicos, 65
      verbais, 60
mudanças significativas, 58

N
natureza linear, 35
nível da consciência, 58

O
oportunidades de interrupção, 48

P
padrão de pensamento automático, 10
poder das histórias, 17, 60
ponta do iceberg, 6
prática mental, 22

R
razão lógica, 64
realidade, 14
rede neural, 9
redirecionamento, 107, 108
reprogramar seu tempo, 144
responsabilidade de escolher, 99

S

sentir-se digno, 191
síndrome do impostor, 224
sobrevivência, 11
storytelling, ix, xviii, xix, 7, 8, 9, 18, 20
   "caixa preta", 38, 42
   compartilhar informações, 7
   "conectado", 46
   monólogo interno, 9
      autonarrativa, 9
   muda nosso cérebro, 17
      aprender, 18
      atenção, 18
      confiança, 18
   substância
      cortisol, 18
      dopamina, 18
      oxitocina, 18

T

Teste de Aquisição Infletida, 23

V

vão, 6, 11, 16, 56, 133, 149, 170, 242
   aberto, 47
   histórias que preenchem, 29
   natureza humana, 5
   para onde quer estar, 5
   segredo, 38
viés
   da negatividade, 26
   de confirmação, 24
   negativo, 150

Z

zona de conforto, xvi

Projetos corporativos e edições personalizadas
dentro da sua estratégia de negócio. Já pensou nisso?

Coordenação de Eventos
Viviane Paiva
viviane@altabooks.com.br

Assistente Comercial
Fillipe Amorim
vendas.corporativas@altabooks.com.br

A Alta Books tem criado experiências incríveis no meio corporativo. Com a crescente implementação da educação corporativa nas empresas, o livro entra como uma importante fonte de conhecimento. Com atendimento personalizado, conseguimos identificar as principais necessidades, e criar uma seleção de livros que podem ser utilizados de diversas maneiras, como por exemplo, para fortalecer relacionamento com suas equipes/ seus clientes. Você já utilizou o livro para alguma ação estratégica na sua empresa?

Entre em contato com nosso time para entender melhor as possibilidades de personalização e incentivo ao desenvolvimento pessoal e profissional.

PUBLIQUE SEU LIVRO

Publique seu livro com a Alta Books. Para mais informações envie um e-mail para: autoria@altabooks.com.br

 /altabooks   /alta-books   /altabooks   /altabooks

CONHEÇA OUTROS LIVROS DA ALTA BOOKS

Todas as imagens são meramente ilustrativas.

ROTAPLAN
GRÁFICA E EDITORA LTDA
Rua Álvaro Seixas, 165
Engenho Novo - Rio de Janeiro
Tels.: (21) 2201-2089 / 8898
E-mail: rotaplanrio@gmail.com